新 多国籍企業経営管理論

藤澤武史・伊田昌弘

【編著】

文眞堂

はじめに

　多国籍企業の経営管理について，おそらく最初に体系的な研究を残したのは，E. R. バーロウ（1953）である。当時バーロウは，輸出と現地生産という2つの経営オペレーションを抱える米国企業がメキシコでの市場を巡って，生産・人事・財務といった直面する本社と現地子会社の経営管理に関する意思決定問題を扱う中で，それが新しい企業スタイルの問題だと考えていた。今では国際的に活動する多くの企業にとって当たり前になっているこれら本社と現地子会社との間に横たわる調整問題を描き出し，多国籍企業の経営管理における基本問題ともいえる「本社 VS 自律的子会社」という経営管理上の軋轢（あつれき）について先駆的に考察したのである。今から60年以上前にバーロウが明らかにしようとした経営管理の問題は，21世紀の今日においても様相を変えつつ，未だに存在する多国籍企業の基本問題のひとつである。

　従って，本書では，現象面だけを表象的に追いかける最近の多国籍企業の経営戦略に関する本ではないことを，最初にお断りしておきたい。持続的競争優位を達成するために如何にポジショニング構築をするのか，A社の経営戦略とは何か，またはA社〜N社までの複数企業による経営戦略を比較する，などといった，よく見かける経営戦略に関する流行の書物ではない。むしろ，もっと古典的で伝統的で本質的な問題，すなわち，21世紀の現在すでに存在する多国籍企業における「配置と調整」の問題が最初の出発点であり，これらの問題について多国籍企業がどのように自身の持つ経営資源を活用し，各々の機能を活かすのかといった，もっぱら経営管理上の問題に立

ち入って，これを今日的視点から改めて掘り下げて問う，というスタイルの書物である。

　本書は，21世紀に入って多国籍企業が追求している経営管理スタイルの真相を経営機能の領域別に解明していくことを目指して各分野の専門家の執筆によって構成されている。以下，本書の内容を具体的に概観しておこう。

　第1章では，全般管理について述べられている。いわば，本書全体を貫く経営管理の総論にあたる章である。最初に「集権化 VS 分権化」といった2つの理念的な意思決定方式を提起し，どういう要因がそれぞれ優位に働くのかといったことを考察している。意思決定権限が本社に集中する「集権化」と自立的な子会社に権限が委譲される「分権化」という図式における考察である。続いて，意思決定手続きやオペレーションを標準化するマニュアル作成によって経営管理が行われる「公式化」について考察している。「公式化」は官僚的なコントロールといった性格を持つことが指摘されている。さらに企業文化（組織文化）や企業理念といった規範的な調整メカニズムである「社会化」に触れている。これは今日ますます有効視されてきている非公式コントロールであり，国際的なM&Aの際の企業事例などを掲げてわかりやすく叙述している。最後に，トランスナショナル型とメタナショナル型という新しい学説を踏まえた考察がなされている。ここでは，「集権化」と「分権化」の同時達成を企図するトランスナショナル型が，徹底した外部資源活用型のメタナショナル型よりも「社会化」に適合的であると結論されている。

　第2章では，研究開発管理が扱われている。この分野では，これまで長い間，本社によって研究開発が集権的に行われると考えるのが定説であった。しかし，近年では海外子会社が主導的に研究開発を行なったり，他社と共同で基礎・応用・開発研究を行なったりする事例が多く散見されている。こうした変化を踏まえて，「トランスナショナル型（統合的情報ネットワーク

組織)」と「メタナショナル型（本社本国に捉われない組織)」の2つを統合して新たな説明原理とすることを筆者は提唱している。親会社（および地域本社）と子会社の連結度の強弱，オープンネットワークの他社連携の強弱によって，4つのエリアを描き出し，親子の連結度が強く他社連携が弱い場合に「トランスナショナル型」，親子の連結度が弱く他社連携が強い場合に「メタナショナル型」が選好されると主張している。したがってこの両者は，補完的というよりも代替的な関係にある。「トランスナショナル型」は相互依存的な組織能力・創造力の活用であり，「メタナショナル型」は分権的な組織構造をもつ（自律的）子会社が高い成長率をめざして他社連携（外部資源）が多くなる，と主張されていて興味深い。

　第3章では，マーケティング管理が扱われている。ここでは，世界市場到達範囲と世界標準化（統一）度という2つの軸を基礎にして，人的販売促進，流通経路，広告，価格設定，製品政策，包装政策などマーケティングミックス諸要素について，考察している。特に価格設定に関しては，輸出マーケティング，国際マーケティング，グローバル・マーケティングという多国籍企業の発展段階に応じて，価格に関する主要なテーマがそれぞれ異なることを論じている。輸出マーケティング段階では自社シェアを伸ばすためのダンピング問題を扱い，国際マーケティング段階では各国の法人税率の違いからトランスファープライシング（移転価格）の問題，「範囲の経済性」から複数製品を製造した場合の平均生産コストの推移を扱っている。またグローバル・マーケティング段階では自社内の分業と他社との協業を扱い，技術，生産コスト，ブランドを総合的に扱っている。東南アジアの製造企業と日米などのおける自社工場を持たないファブレス企業を想起すると，興味深い。さらに，グローバル・ブランド化粧品の価格設定に関して，所得の伸びに対する高級化粧品への需要という，いわゆる所得弾性値の測定から現実を説明しようと試みている。

　第4章では，ブランド管理が扱われている。ここでは，競争企業間で絶

えず繰り返されてきた模倣と同質化の結果であるコモディティ化を出発点として,「脱コモディティ化」のための顧客との関係性を考えるブランド構築とその管理に焦点があてられている。ここでいう「脱コモディティ化」とは,信頼性を提供する製品力の部分よりも意味を提供する観念・感覚の部分が大きくなってきたという認識である。したがって,第4章で扱われるブランドとは,顧客(消費者)と共感を持つ関係性であり,模倣困難な無形資産として持続的収益性の実現を促進するものであると定義される。具体的には(1)ブランド管理組織・担当者とその権限,(2)消費者行動の視点に立ったブランド管理,の2点から,本社のトップ・マネジメントによる集権的なグローバル・ブランドと国籍・文化・歴史などの要因から消費者によって意味付けの異なることを理解する現地発のリージョンとローカルなブランド形成とのはざまにブランド管理の本質があることを説いている。現実のブランド管理を知るために,約1万種類の商品を扱うネスレの事例から,今日のブランド管理について理解が進むと思われる。

　第5章ではロジスティクス管理が扱われている。ここでは,調達活動(生産材料の購買と仕入)から生産・配送までの合理化というロジスティクスの課題を進化論的に日本企業の事例を交えて論じていることが特徴となっている。すなわち,1970年代までのトヨタとセブンイレブンの事例から製造業と流通業における国内のロジスティクスの状況を作業上と物流から具体的に論じ,次いでポーター(1985)以降のサプライチェーンマネジメントの議論を考慮した場合のロジスティクスとの関係を考察し,1980年代以降の荷主による外注化(アウトソーシング)というサードパティの議論,1990年代以降の急速なIT化,サービスの高度化に伴うフォースパティの議論というふうに議論を展開している。これらを基礎にして,2000年以降の課題であるグローバルロジスティクスを扱い,災害時のバックアップの面や進出国でのローカルルールの面などから多国籍企業が直面する問題について論じている。最後にタイの直接投資優遇制度と中国の非居住者在庫をという事例を扱っている。総じて,ロジスティクスとは,単純で切り離された物流管理機

能のことではなく，ビジネス展開のあり方と関係して，これと共に進化するものだと理解できるであろう。

　第6章では，人的資源管理・人材開発が扱われている。ここでは，最初に近年の日本企業を取り巻く経営環境として，日本からの派遣者（駐在員）の平均年齢の上昇と派遣期間の長期化，若手世代の海外勤務や海外留学を敬遠する傾向を各種調査から取り上げ，他方でアジア新興国等での経済成長から現地市場での拡大に伴う人材のニーズが製造業に加えサービス産業にまで全般的に広がっていることを指摘している。結果，国籍を問わず有能な人材を獲得し活用する必要があることになるが，この際，「グローバル統合」と「現地適応」という従来から指摘されてきた2つの概念を軸に，先行研究を紹介しつつ，内部の統合と市場・ニーズ・特性への感応性・柔軟性の連携や移転・学習といった双方向の深化と融合といった企業事例に言及している。後半では，今後の日本企業の課題として，①日本人の若手・中堅社員の育成，②高度外国人材の採用・活用，③本社の国際化（「内なる国際化」）といった，3点が論じられている。読者にとっては，有能な人材が組織内でのキャリアアップに制約を受ける「ガラスの天井」と呼ばれる現象がなくなる日を考えるための絶好の章となっているといってよいだろう。

　第7章では，ITマネジメントが扱われている。ここではコンピュータが「業務効率化」のために大きなツールになっているという従来型の主張にとどまらず，「新たな価値創造」の重要な源泉になっているということが主張されている。具体的には「クラウド」と「ビッグデータ」という2つの新しいトレンドについて論じられている。自社でシステムを持つ必要がない外部資源活用型のクラウドは「既存の巨大企業」だけでなく，「中小企業」や「ボーン・グローバル」とよばれるベンチャーにとって多国籍企業として発展するチャンスでもある。また「既存企業」にとっても余剰資源を外部化して提供するビジネスチャンスにもなり得る。人事管理情報や代理店管理，在庫管理，資産管理などグローバルでもローカルでもハイブリッドでも対応可

能であることがクラウドの特徴であるが，結果，「クラウドのロングテール化」が進み，組織の多様化が進展すると論じている。ビッグデータは，日々大量に発生している非構造化データをビジネスに取り込むことで今までにない大きな利益が得られると想定されている問題である。企業内部の蓄積情報だけでなく，食物収穫量・交通量・病気の発症数などの外部資源活用には，国ごとの法・習慣・宗教などのコンプライアンスと組織改編，そしてデザインセンスを持ったグローバルIT人材が求められている。

第8章では，組織構造が扱われている。ここでは，主に日本を代表する巨大な多国籍企業について，地域統括本社の役割を通して，集権型組織と分権型組織のあり方について論じられている。まずチャンドラーの「組織は戦略に従う」という命題から「戦略」が「組織」に与える影響を考察し，次にパールムッターの学説を基礎にしながら経営者の志向性による組織構造の変化を論じ，3番目に知識を源泉とする優位性の構築が組織形態にどう変化を与えることを考察するためにバートレット＝ゴシャールのトランスナショナル論を展開することで組織構造を決める3つの要因（戦略・経営者・知識）を導出している。ここで問題になるのは，かつて本社からの一方的な知識移転（ワンウェー）のゆえに本社による集権型を好んだ日本企業の多くが1980年代後半から1990年代にかけて分権型ともいえる地域統括本社を設立した事情である。さらに，2000年代に入って分権型を解消して集権型に変えてグローバル経営に移行した事例（資生堂とコマツ）と今なお分権型の事例（豊田自動織機）が併存する状況をどうみるのか，どう考えるのか。執筆者の造詣の深さに触れることだろう。

第9章では，組織文化が扱われている。最初に「意図された戦略」と実際に「実現された戦略」の間には一般的にいって相当の差があり，この差を生む原因のひとつが組織文化であるという。したがって組織文化を上手にマネジメントすることは持続的競争維持のための源泉となるというのが執筆者の認識である。また，国によって異なる国民文化を変えるのは難しいが組織文

化は変えられるという。こうした認識の下に,キャメロン&クイン(2006)のモデルを実際に利用して組織文化の診断を行ない,企業が経営改革に成功した事例を紹介している。次にグローバル人材のダイバシティ(多様化)について,異質なメンバーのインクルージョン(一体化)問題が述べられている。執筆者はこれを創造的摩擦と呼び,企業価値の向上に寄与するものとして考えている。グーグルに代表されるオフィスの空間,サムソンの時間管理,オープンイノベーションの仕事スタイル,など様々に適用されている。最後に,本社志向と現地志向の両方を束ねる両手利き(Ambidextrous)のマネジメントについて考察を行い,バートレット=ゴシャールのトランスナショナルに類似のものとして結論づけている。サムソン日本法人から創発された企画製品が多くの海外居拠点や本社から注目を受け,新しいビジネスを開拓した事例が取り扱われている。

　第10章では,中国の民営上場企業におけるコーポレート・ガバナンスを扱っている。ここでは,株主をプリンシパル,経営者をエージェントとみなして分析する,いわゆる「プリンシパル・エージェンシー理論」を援用して,中国における民営上場企業の特徴を明らかにしようとしている。具体的には,まず,日本企業(先進国企業)における先行研究から,プリンシパルとエージェンシーの利得関数の定式化=一般化を行ない,次に中国における伝統的な中国国有企業,大型複合型で株式分散が進んだ近代の国資企業,経営と分離が進んだ近年の民営上場企業といったタイプの異なる中国企業を扱い,企業統治の相違を検出していくという手法が取られている。そこでは,中国国資企業に存在する多重・政治性エージェント,民営企業の場合は同族企業経営者による究極の所有者支配構造の多重エージェントによる弊害が指摘されている。また,報酬モデルの定式化から導かれた最適解の違いについても論じている。興味深いことは,中国の独立取締役設置の義務付けにより,取締役がプリンシパル,独立取締役がエージェントという利害関係が生まれたという,論点である。最後に,実際の事例として,中国民営上場企業のコーポレート・ガバナンスにおける最大の特徴ともいえる,所有権と支配

権の両方を握る同族経営による「究極の支配者」によって生じる「横領効果」の優位を導出し，「モニタリング」強化の必要性を指摘している。

　第 11 章では，インドの IT 企業である HCL 社が扱われている。ここでは，2010 年までに国際的に注目されてきたインドのソフトウェア産業のビジネス形態が「BPO」（ビジネス・プロセス・アウトソーシング）から「IT-BPM」（IT を駆使したビジネス・プロセス・マネジメント）に急速に変貌していることが示されている。2008 年以降，いわば「下請け業務」から次第に発展してきた「BPO」から脱却し，顧客企業の業務プロセスの問題点を発見し，改善を提案する「パートナー」としてマネジメント全体までに及ぶ「IT-BPM」が台頭してきたのである。執筆者は，インド IT 企業大手 4 社のひとつである HCL 社に着目して，「バリューゾーン」の認識と「従業員第 1 主義」の理念の確立，そのための「信頼」の醸成と「透明性」の担保，「情熱」と「責任感」，そして「ピラミッド構造の逆転」といった「破壊的企業」について論じている。こうした経営管理面での現象は，インドにおいて，先進国の多国籍企業が「外部化の要求」という世界的需要に対応して「IT-BPM」を自ら行うケースと自社開発の社内センターを設置するケース（内部化）の合計よりも，「ネットワーク構造」「情報の共有」などの新しいタイプの組織構造を持ったインドの企業が完全に凌駕している点に注目し，従来の「内部化行動」を軸とした理論学説の変更を強く示唆している。

　末尾になるが，本書は当初 2014 年春に発刊される予定であった。一部の原稿の遅れなど，諸般の事情によりだいぶ遅れた出版になってしまったこと，大変申し訳なく思っている。それゆえ，引用される文献，データやケースなどが，章によって 2013 年〜2015 年と混在することになっている。読者には，もしかしたら時間的に前後してわかりにくいことになっているかもしれない。しかし，本書全体の構成からみれば 2010 年代に生起している諸問題を通して次の 10 年間を考えるという趣旨から，どうか寛容であって欲しい。また，文眞堂編集部の前野隆氏にあっては，この間，常に辛抱強く温か

いご配慮をかけていただき，無事，上梓できたこと，心より感謝したい。

2015 年 8 月　信州白馬の山麓にて

執筆陣を代表して　伊田昌弘

目 次

はじめに ……………………………………………………………………………… i

第 1 章　全般管理 …………………………………………………………… 1

概要 ……………………………………………………………………………… 1
1．全般管理の意義 …………………………………………………………… 2
2．全般管理の方式と選択決定因 …………………………………………… 2
3．社会化効果の事例 ………………………………………………………… 6
　(1)　オムロン ……………………………………………………………… 6
　(2)　花王 …………………………………………………………………… 7
4．経営統合後の全般管理に不可欠なインナーコミュニケーション …… 7
　(1)　事業統合後におけるインナーコミュニケーションへの関心の
　　　高まり ………………………………………………………………… 7
　(2)　異国間 M&A の PMI をテーマとした調査の結果 ………………… 8
　(3)　B 社の M&A 事例から学ぶ ………………………………………… 10
5．トランスナショナル型とメタナショナル型でみる全般管理スタ
　イルの違い ………………………………………………………………… 14

第 2 章　研究開発管理 ……………………………………………………… 21

概要 ……………………………………………………………………………… 21
1．はじめに …………………………………………………………………… 21
2．R&D 管理の変転 ………………………………………………………… 22
3．多国籍企業経営の全般管理における RHQ と子会社の位置付け
　と役割 ……………………………………………………………………… 24

(1)　Fayerweather の「分散化対統一化原理」 ………………… *24*
　(2)　「トランスナショナル」モデル ……………………………… *25*
　(3)　「メタナショナル」モデル …………………………………… *26*
　(4)　全般管理における RHQ と子会社の関係 ………………… *26*
4．R&D 子会社の経営管理におけるトランスナショナルとメタナショナルの比較考察 ……………………………………………… *28*
5．トランスナショナル型 R&D vs. メタナショナル型 R&D 命題の定立 ………………………………………………………………… *31*
6．結論 ……………………………………………………………… *34*

第3章　マーケティング管理 ………………………………………… *37*

概要 ………………………………………………………………… *37*
1．はじめに ………………………………………………………… *37*
2．マーケティング・ミックス要素の世界市場到達範囲と世界統一化度 ………………………………………………………………… *38*
　(1)　人的販売促進管理 …………………………………………… *39*
　(2)　流通経路管理 ………………………………………………… *40*
　(3)　広告管理 ……………………………………………………… *40*
　(4)　価格設定管理 ………………………………………………… *42*
　(5)　製品政策管理 ………………………………………………… *42*
　(6)　包装政策管理 ………………………………………………… *46*
3．価格設定管理 …………………………………………………… *46*
　(1)　輸出マーケティング段階 …………………………………… *47*
　(2)　国際マーケティング段階の価格設定管理 ………………… *48*
　(3)　グローバル・マーケティング段階の価格設定管理 ……… *53*

第4章　ブランド管理 ………………………………………………… *60*

概要 ………………………………………………………………… *60*
1．コモディティ化時代におけるブランドの持続的競争優位次元の

           変化 ………………………………………………………… 61
　2．企業と消費者による価値共創 ……………………………… 62
　　(1) ブランドの持続的競争優位性 ………………………… 63
　　(2) 企業と消費者によるブランド価値共創 ……………… 64
　3．ブランド管理に関する先行研究 …………………………… 65
　　(1) ブランド管理組織・担当者とその権限 ……………… 65
　　(2) 消費者行動の視点に立ったブランド管理 …………… 67
　4．グローバル・マーケティングの進化プロセスにおけるブランド
　　 管理 …………………………………………………………… 69
　5．グローバル・ブランド・アーキテクチャー管理とネスレの事例 … 71
　　(1) ブランド間の関係 ……………………………………… 72
　　(2) グローバル・ブランド・アーキテクチャー ………… 74
　　(3) ネスレの事例 …………………………………………… 75

第5章　ロジスティクス管理 … 80

概要 ………………………………………………………………… 80
1．ビジネスのグローバル展開におけるロジスティクスの役割 ……… 80
2．ロジスティクスの概念と機能の変遷 ………………………… 82
　(1) 1970年代以前のロジスティクスと（ビジネス）ロジスティク
　　　ス活動の一般概念 ……………………………………… 82
　(2) トヨタ生産システムを事例としたロジスティクスの機能の可
　　　視化 ……………………………………………………… 82
　(3) 流通業におけるロジスティクス機能の可視化 ……… 85
　(4) ロジスティクスの作業導線 …………………………… 88
3．SCMとロジスティクスの関係 ……………………………… 91
　(1) SCMとロジスティクス ………………………………… 91
　(2) バリューチェーンの中のロジスティクス …………… 92
　(3) ロジスティクス論の視座からビジネス活動の位置づけ ………… 93
　(4) ロジスティクスの延長としてのSCM ………………… 95

(5) 3PL（3rd Party Logistics）における荷主企業とロジスティクス企業の位置づけ ……………………………………………… *96*
 4．グローバルロジスティクスの特徴と戦略的管理の重要性 ………… *99*
　(1) グローバルロジスティクスの特徴―国際調達・災害時のバックアップの面から― ………………………………………………… *99*
　(2) 進出先国でのローカルルールとロジスティクス ……………… *102*
　(3) タイと中国でのローカルルールとグローバルロジスティクスの事例 …………………………………………………………… *103*
 5．ロジスティクス論の視角からの総括 ……………………………… *108*

第6章　人的資源管理・人材開発 …………………………………… *111*

概要 ……………………………………………………………………… *111*
 1．はじめに―日本企業を取り巻く経営環境の変化 ………………… *111*
　(1) 海外駐在員（とその候補者）の状況 …………………………… *111*
　(2) アジア等新興国の経済発展と市場としての重要性の増大化 …… *112*
　(3) 企業のグローバル競争の激化 …………………………………… *113*
 2．先行研究に示される主要な論点 …………………………………… *113*
　(1) 国際人的資源管理の概念と「グローバル統合と現地適応」について …………………………………………………………… *113*
　(2) 国際人的資源管理論の代表的モデル …………………………… *115*
　(3) 日本企業を念頭においた論点やモデル ………………………… *119*
　(4) 先進的なグローバル企業の人的資源管理に共通して見られる要件 ……………………………………………………………… *120*
　(5) 日本の多国籍企業における国際人的資源管理の課題と最近のトレンド ………………………………………………………… *126*
 3．グローバル人材の育成・活用について …………………………… *133*
　(1) 日本人の中堅・若手人材の育成 ………………………………… *133*
　(2) 高度外国人材の採用・活用 ……………………………………… *134*
　(3) 本社の国際化の重要性 …………………………………………… *137*

4．まとめ ･･･ *137*

第7章　IT マネジメント
　　　　―新しいトレンド：「クラウド」と「ビッグデータ」 ･･････････ *141*

　概要 ･･ *141*
　1．IT マネジメントの新しいトレンド（2005〜） ････････････････ *142*
　2．クラウド ･･ *144*
　　（1）　SaaS：サース（Software as a Service） ･･････････････････ *146*
　　（2）　PaaS：パース（Platform as a Service） ･･････････････････ *147*
　　（3）　IaaS：アイアース（Infrastructure as a Service） ･･･････････ *148*
　　（4）　オンプレミス（On-premises） ･････････････････････････ *149*
　3．ビッグデータ ･･ *153*
　4．クラウド，ビッグデータの経営管理上のインプリケーション ････ *161*

第8章　組織構造 ･･･ *168*

　概要 ･･ *168*
　1．はじめに ･･ *168*
　2．組織構造の決定要因 ･･ *169*
　　（1）　戦略 ･･ *169*
　　（2）　経営者の志向性 ･･ *170*
　　（3）　優位性の源泉：知識 ･･････････････････････････････････ *172*
　3．日本企業の分権型組織構造の試み ･･････････････････････････ *176*
　4．集権化と分権化：地域統括本社を巡って ････････････････････ *180*
　　（1）　リージョナルからグローバルへ：コマツの事例 ･････････ *181*
　　（2）　リージョナル中心の経営：豊田自動織機の事例 ･････････ *184*
　5．まとめ ･･ *187*

第9章　組織文化 ･･･ *190*

　概要 ･･ *190*

1．戦略実現ドライバーとしての組織文化 ………………………… 191
2．国民文化と組織文化 …………………………………………… 192
3．戦略的意図の実践と組織文化の変革 …………………………… 195
　(1) 変化の動因と戦略的意図 ………………………………… 195
　(2) 組織文化の診断と変化方向の明示 ……………………… 197
　(3) 変化ドライバー（Change Drivers）……………………… 200
　(4) 変化管理プログラム（漸次的変化と変革的変化）……… 202
4．グローバル・ダイバシティの活用と組織文化 ………………… 203
　(1) ダイバシティ＆インクルージョン（D&I；Diversity & Inclusion）………………………………………………… 203
　(2) 創造的摩擦を生み出す組織文化活動 …………………… 206
5．両手利きマネジメントと組織文化 …………………………… 209

第10章　中国民営上場企業におけるコーポレート・ガバナンス
―プリンシパル・エージェンシー理論を踏まえて― ………… 214

概要 ………………………………………………………………… 214
1．はじめに ………………………………………………………… 215
2．プリンシパル・エージェンシー理論における日中企業の比較 …… 217
　(1) 日本企業におけるプリンシパル・エージェンシー理論 …… 217
　(2) 中国国資企業におけるエージェント関係 ……………… 220
　(3) 民営上場企業のエージェント関係 ……………………… 222
　(4) 国務院国有資産監督管理委員会の役割とエージェント関係 … 223
3．コースの所有権理論による中国民営上場企業の企業統治 …… 224
4．民営上場企業における究極の所有者によるコントロール権とキャッシュフロー権 ………………………………………… 227
　(1) 究極の所有者による支配型構造の理論分析 …………… 227
　(2) 2社の究極の所有者による支配者構造例 ……………… 230
　(3) 外部株主集団と独立取締役のモニタリング効果 ……… 232
5．おわりに ………………………………………………………… 234

第11章　インドIT企業にみる経営管理
―「IT-BPM」と「HCL社の事例」― ………………… *238*

概要 …………………………………………………………………… *238*
1．インドのソフトウェア産業―BPOからBPMへ ………………… *238*
2．「破壊的」な企業としてのHCL ………………………………… *243*
3．HCLにおける権限の委譲 ……………………………………… *248*
4．まとめ ……………………………………………………………… *253*

索引 …………………………………………………………………… *257*

第1章

全般管理

概要

　多国籍企業にとって全般管理がなぜ重要なのかをまず明らかにする。次いで，本社が海外子会社をどのような手段によってコントロールしているかを示す。かかるコントロール手段は大別して3つある。第1に，意思決定権限を本社が集中化するか，それとも子会社がそれを強く行使するかである。前者を「集権化」，後者を「分権化」と呼ぶ。その選択決定因子を提示する。続いて，「公式化」と「社会化」の重要性に言及する。特に，「社会化」は，国際M&A（企業の合併・買収）後の経営統合を成功させる上で，インナーコミュニケーションの導入に伴って重要性を増している。また，多国籍企業の経営管理モデルの中で比較してみて，「社会化」が最も積極的に導入されるのは，トランスナショナル型である。反面，集権化と分権化を区分する意味合いが薄らぐ。最も新しいメタナショナル型に至っては，他社とのオープンネットワーク構築に力を入れるあまり，集権化vs.分権化，および公式化にとらわれない経営意思決定が進みやすい。場合によっては，散在する事業体ごとに他社との接点を多く求めるあまり，親会社と子会社の企業文化に分化が生じ，社会化さえも通り越す可能性がなくもない。

キーワード：
集権化，分権化，公式化，社会化，インナーコミュニケーション

1. 全般管理の意義

　多国籍企業とは，本国の親会社ないし本社と海外子会社が連結される事業体を総称する。多国籍企業が親会社単体と国内外の子会社や関連会社と連結決算の数値，とりわけ営業利益，経常利益，税引き後純利益，キャッシュフローを伸ばしていくには，経営資源や経営戦略の内容だけでなく，これらを活かすべく，国境を越えた子会社の経営管理が肝要である。日本企業の中で最大の売上高利益を誇り，インターブランド（Interbrand）社による世界ブランドランキングで10位以内に入るトヨタが営業利益の単体ベース（親会社単独決算）で営業利益が赤字ながら，2014年度連結決算では過去最高営業利益3兆円を計上しているのは興味深い。

　こういった点に着目すれば，海外子会社の生産，マーケティング，ロジスティックス，研究開発，財務，人事などの経営機能が果たす役割に加えて，親会社あるいは本社（以下，本章では「本社」を統一的に使用）が海外子会社の上記各種経営機能を統括して管理し，子会社組織を全社的にどのように管理するのかも見逃せない。海外子会社の経営機能と組織をトータルに管理することこそ，本社の使命となる。このことを「全般管理」（general management）と呼ぶ。全般管理がうまくいくかどうかで連結決算の数値に影響が及ぶ。それだけに，全般管理の在り方は多国籍企業全体にとって常に大きな問題となる。

2. 全般管理の方式と選択決定因

　全般管理では，本社が海外子会社をいかにしてコントロールするかがまず問われる。コントロールの手段については主に3つが挙げられる。第1に，「集権化（centralization）か分権化（decentralization）」がよく知られる。
　ここで，集権化とは，本社の経営者が海外子会社の経営活動や組織の在り方に対して意思決定権限を握ることを意味する。本社の経営者が子会社

の経営管理の在り方までを決める管理であり,「集権的管理 (centralized management)」に他ならない。分権化とは,各子会社の経営者が自主的に意思決定を行える状態を指す。現地子会社任せの管理であり,「分権的管理 (decentralized management)」と呼ばれる。

では,意思決定権限を本社に集中化すべきか,子会社にその権限を委譲すべきか,に影響する要因には何があるか。ここでは,図表1-1に沿って,集権化が採択されやすい要因を中心にみていくとしよう。

本社側に関わる要因の1つとして,当該企業が全社的に志向する業務が販売志向というよりは研究開発志向型というケースが挙げられる。この点は,製造企業にとりわけ当てはまる。研究開発志向が販売志向よりも強いと,研究開発資源への集中管理に目が行き,本社の技術資源と人的資源への集中管理が進み,全般管理にも当然影響する。逆に,市場志向型であれば消費者志向型となり,消費者特性を十分に理解できる各国別子会社に権限を与えるのが得策となる。

第2に,本社の経営能力とりわけ経営者能力が海外子会社のそれを数段上回り,社長や部長ら海外事業経験が豊かな経営管理者が多数揃っていると,集権化に結び付きがちだ。自信を持って子会社の事業活動に身を乗り出せる要員が多い。

第3に,本社から子会社に対する出資比率が高いと,集権化に向かいやす

図表1-1　集権化対分権化の決定要因

	集権化	分権化
企業全体の業務志向性	研究開発志向	販売志向
本社経営者の国際経験・経営資質	豊富かつ秀逸	やや不足
本社から子会社への出資比率	大	小
本国と進出先国の事業環境特性	同質的	異質的
子会社の戦略的使命・役割	グローバル戦略動機	現地適応化戦略
子会社の販売製品・サービス特性	世界標準化型	文化感応型
子会社の現地操業年数	短期間	長期間

出所）各種文献サーベイとヒアリング調査より筆者作成。

い。特に売上高や利益が大きく，かつ過半数出資先となる子会社であれば，その業績によって連結決算の数値が左右されやすい。こうした場合，本社としても，子会社への業績コントロールを欠かせない。必然的に本社は，子会社の事業活動全般にわたり経営意思決定権限を行使し，全般管理を子会社任せにはできにくい。

次に，子会社側に関係する要因として，第1に子会社を取り巻く事業環境が最重視されよう。子会社の事業環境特性が本社のそれと大きく異ならなければ，本社は集権化を進めやすい。類似した事業環境であれば，本国での意思決定スタイルを現地子会社に適用する際のリスクが少ないためである。

第2に，本社のグローバル戦略（全世界的戦略）に子会社が強く組み込まれると，集権化を要する。グローバル戦略の一端を子会社が担う以上，子会社自体の戦略を本社はもとより他の子会社の戦略とも調整を重ねなければ，最適なグローバル戦略の策定が難しくなるからだ。まさに，子会社の戦略使命が親会社のグローバル戦略に欠かせないとなれば，集権化はやむを得ない。

第3に，上記とも関係するが，子会社の販売する製品とかサービスが世界標準化型であれば集権化の度合いが強まる。子会社所在国の文化によって消費が影響を受けやすい製品・サービスとは対照的である。すなわち，文化感応型製品・サービスには，その国独自の文化を熟知する現地子会社に研究開発，調達，生産，マーケティングなどの個別管理を総括した全般管理を任せるのが無難である。

第4に，子会社の現地操業年数がまだ浅い時，本社が子会社を管理する度合いが割合に強い。操業年数仮説が示すとおりである。すなわち，子会社の操業年数が経つにつれて子会社は現地化の度合いを深めていき，分権化が年々進んでいく。

以上，集権化か分権化のいずれが選択されやすいかを，集権化が採択されやすい決定要因に主眼を置いて説明してみた。だが現実には，意思決定権限の中心的所在の使い分けだけで，子会社の経営管理を成功裏に導くのは難しい。特に，集権化を進めると，経営管理コストがかさむ。本社からの要員派

遣を多く伴うからだ。

　そこで，多国籍企業内の全般管理における第2のコントロール手段として，「公式化（formalization）」が用いられる。公式ルールを作り，意思決定の手続きやオペレーションを標準化（standardization）することに他ならない。マニュアル化（文書化）を進め，そのマニュアル通りに意思決定を行えば，官僚的コントロール（bureaucratic control）に等しい。

　公式化が進むと，社内外からは公正に見えるが，子会社の経営管理者にとって意思決定の裁量権が付与されにくく，組織硬直化が懸念される。とはいえ，意思決定の迅速化には役立つ。海外進出を急拡大し，成長著しく，成功を収めてきた企業にあっては，公式化を急ぎたくなる。

　第3に，「社会化（socialization）」が今日ますます有効視されている。本社が子会社を管理しやすくなるには，企業文化（組織文化）と経営理念の果たす役割が大きい。多国籍企業組織内に非公式で，文化や理念の共有といった意味での規範的な事業調整メカニズムが有効に働けば，長期的に全社的な経営管理コストを抑えられるように見える。ただし，本社の企業文化や企業理念を海外子会社の将来的な有力者が正しく理解し，経営現場で実践できるようになるまで，本社は中長期的に人材派遣・訓練コストをかけなくてはならない。人的交流がうまくいき，国境を越えて価値観を全社的に共有できると，意思決定が迅速に行え，実践に移しやすくなる。実際上，コーポレート・ブランドがグローバルに高く評価されている企業にとっては社会化を導入しやすい。また導入メリットという面からは，全世界的に子会社を設営している企業に有利に働く。

　全般管理へのコントロール方式として以上3つを挙げた。「集権化」はおそらく全般管理の仕方の中でいまなお最重要な位置付けにあるかもしれない。しかしながら，本社が主導するトップダウン方式の重要性は薄れる傾向にある。むしろ，企業文化（組織文化）と企業理念を手段とした「社会化」によって海外子会社をコントロールする傾向が強まりつつある。多国籍企業の全般管理方式に関する研究の重点が「社会化」にシフトしている点からも伺える。

社会化を利用した非公式コントロールを重視する傾向が今後も続くとなれば，理念だけで終始するのではなく，実践との結び付きが大事だ。その点に着眼して，近年ますます要注目となっているナレッジ・マネジメント（knowledge management）との連結と連動を企業関係者も注視するようになっている。

　今日，社会化は企業の既存組織内部にとどまらず，戦略提携やM&Aなどを通じて他社の事業を自社組織内に取り込む際にも貢献し得るものとなっている。そこで第3節において，戦略提携やM&Aに成功し，社会化を効果的に利用してきた日本企業を紹介し，全般管理に及ぼす社会化の影響力を探ってみるとしよう。

3. 社会化効果の事例

(1) オムロン

　オムロンは「企業理念の浸透で世界一を目指す経営革新」を標榜してきた。日本企業の中でもオムロンは創設時から企業理念が明確に確立した企業としてよく知られる。グローバル No.1 のプロジェクトを有するオムロンが経営理念主導型企業としてあり続けるのも，企業理念・社憲をイネーブラー（enabler）として根底から知の創造をサポートしてきたからに他ならない。加えて，他社との協業によるオープン・イノベーションを推進してグローバル協創ネットワークを活用し，最適な協創パートナーの適宜更新にも重点を置いている。つまり，オムロンは内外を見通したバランス経営に卓越している。以上より，オムロンにとって他社との差別化を図る最重要なキーワードは「企業理念」であり，その強みが事業機会を生み出すのに役立っていると理解される。

　確固とした企業理念および理念主導型の経営などの強みが，どこまで自社内はもとより，他社との事業機会を結びつけるイネーブラーになれるかどうかは，新技術開発の成功への結び付きにとどまらず，企業理念に裏打ちされた知の創造と知識マネジメントの独自性にかかっているようだ。

(2) 花王

「花王ウェイ」に基づく商品開発と実践知の創造はユニークとされる。「花王ウェイ」という花王の創業者精神を包含する企業理念が，実践知を生み出すグローバルな共通の意識基盤としての役割を果たし，社内に浸透している。ところが，国内市場でこそ花王ウェイを武器として圧倒的に強みを発揮できる反面，花王ウェイはグローバル化に不適と見られている。花王のように，組織文化が強固過ぎても，却ってグローバル競争に不利となるケースもあるようだ。まさに知の創造と管理を世界的に進める上での問題解決アプローチが，花王の場合，経営理念が世界市場戦略と連動するトヨタウェイとは対照的である。

では，課題となる花王ウェイのグローバルな定着のための方策は何であるか。花王ウェイ自体を変えるのは決して得策でない。むしろ絶えざる社内・社外研修を繰り返して，本社とグループ内で花王ウェイの浸透運動を盛んにできるよう期待するしかない。2006年以降，国内外でM&A（Mergers & Acquisitions：企業の合併・買収）を活発に展開しているだけに，花王ウェイが経営成果に効力を発揮できるかどうかは，社内・社外研修を含めた「インナーコミュニケーション（inner communication）」の仕方にもあると考えられる。次節では，近年重要性を増しているインナーコミュニケーションがM&Aを多用する多国籍企業の全社的かつ全般管理にいかに重要かを示すとしよう。

4. 経営統合後の全般管理に不可欠なインナーコミュニケーション

(1) 事業統合後におけるインナーコミュニケーションへの関心の高まり

インナーコミュニケーション（以下，ICと略記）への注目は2010年以降，目覚ましい。とりわけ，M&Aを重要な戦略として駆使する企業にとって重要視される。それには，次のような背景がある。M&Aの成否は近年，企業価値で測られ，その価値に企業の「ブランディング（branding）」の成

果が強く反映される。

　PMI（Post Merger Integration）といった「M&A 成立後の統合」は，M&A 成立前における被統合資産の価値およびそれへの評価額と比べても，企業価値への影響力を強く持つとみなされている（Koo 2012；Gaughan 2013；Insight, Vol. 2, 2010 年 4 月「特集　M&A／経営統合を成功に導く PMI」を参照）。2010 年 3 月に株式会社産業編集センターが実施した IC アンケート調査によれば，IC が重要になってきている理由として，第 1 位に「部門間の壁」（66 社），第 5 位に「合併や統合（買収）による企業規模の拡大」（44 社），第 6 位に「ブランディング」（41 社）が入っている（産業編集センター 2011, p. 16）。

　以上より，IC → PMI と IC → ブランディング→ PMI → ブランディング→企業価値という因果関係が想定できよう。そこで，異国間 M&A（cross-border M&A）の実施後，当該企業が企業価値を上げるため，どのような PMI を実施すべきかを提起し，PMI との相互作用を念頭に入れ，ブランディングにおける IC の役割に言及したい。こうして，多国籍企業の事業統合後の全般管理における IC の重要性を把握できる。

(2)　異国間 M&A の PMI をテーマとした調査の結果

　国境を越えた M&A には，「外国籍という債務」（liability of foreignness）と「二層型の文化の変容」（double-layered acculturation）に注意を要する。国別文化の差異，顧客の選好，経営慣行，政府による規制が，計画化された戦略成果を生むのに障害となるからだ。外国市場には不確実性があり，情報の非対称性も加わって，経営環境も買収標的の企業も，他国から来る企業にとって精通しにくい。特に，情報の非対称性は IC の阻害要因となるため，ブランディングは余計に難しくなる。

　ところが興味深いことに，異国間 M&A の実証研究をサーベイした Koo（2012）によると，独立変数となる企業文化の差異が買収側と被買収側の間で大きくても，被買収会社の社長が統合後も引き続き組織に強く関与し続け，協力体制を取ったため，事業統合後の成果が良いというケースも生まれ

ているという。この場合，既存の社長のおかげで子会社の業績が良いのであれば，文化の差異を乗り越えて，IC が行われやすく，ブランディングを実施しやすい。

また，国家間の文化的差異が大きいために，現地の被買収会社の社長を異動させたところ，経営成果に負の影響を及ぼすという調査結果もあり，企業の組織と国の文化の差異を乗り越えて，買収後も成功を収めたという例は散見される。もちろん，多くの調査から明らかなように，両国の文化も当事者たる企業文化も類似した方が M&A の成功率は高い。したがって，M&A 後の経営成果を左右するものは，国の文化や組織文化の違いよりも，「組織・人員の配置」にあると考えられる（山本 2010）。

PMI の役割が最重要となるのは，両社の企業文化が大きく違ったケースになろう。かかる条件下でも，買収側と被買収側が全社的目標に向けて双方から知識移転が戦略的に生じ，相互組織学習が進めば，組織文化が融合しやすくなり，組織統合も進む結果，ポスト M&A の成果が大きく期待できる。こうなれば，IC の機能を最大限発揮でき，全社的な観点から長期的ブランディング計画が立てやすい。こうした計画を遂行するには，組織・人員の再配置が必須となる。

図表 1-2 が示すように，買収後の成功につながるのは，組織文化と人的資源の統合度である。統合チームを結成し，統合段階の仕上げとして，買収側が被買収会社の社長に新たな人材を送り込むよう要請される。組織統合の速度は遅いよりも速い方が好ましく，統合過程で買収側と被買収側の経営管理者や従業員らが融合しつつある組織文化との一体感を意識的に感じられるよう，IC を積極展開することが先決となる。

以上より，PMI を効率的かつ効果的に実行する上で，IC の役割の重要性が確認できよう。驚くべきことに，PMI が複雑で難易度が高くなりやすい事業統合のケースの方が，全体として成功度が高くなっているという指摘もある。危機感を持って，PMI に積極的に取り組み，意識的に IC を高めようとする誘因が生まれるため，結果として組織との一体感を違和感なく社員同士で共有でき，その一体感が浸透するのも，より速くなるのかもしれない。

図表 1-2　異国間 M&A における買収成果の成功決定因研究に提起される合成調査モデルのコンセプト

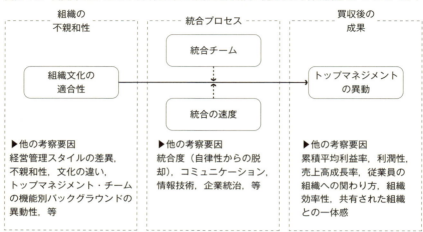

―異国間のコンテキスト―

出所）Koo, Ja Seung（2012）, p. 50.

　そういった意味では、図表 1-2 のモデルは、日本企業の海外企業買収でよくありがちな、買収した会社を子会社にしながらも、組織人事も経営陣も一切変えないというタイプを否定する。異国間で統合チームを結成し、統合の速度を上げてこそ、M&A 成果が期待されるのであるから。事業統合の段階だけに終始して、組織統合ができないようだと、長期的な発展は望めそうにない。IC のプラットフォームが立派であっても宝の持ち腐れになりかねない。グローバルなブランディングにも乗り遅れてしまうだろう。

(3)　B 社の M&A 事例から学ぶ

　以下、2013 年 12 月にヒアリングしたことを踏まえて PMI に関わるコミュニケーションを中心として記述していく。

　日本の精密機器大手メーカーの B 社は、アップル社ブランド品向けにも製品を供給しているドイツのハイテク中規模メーカーを株式取得により、2012 年に買収した。被買収企業は自社ブランドの世界的競争力を背景にして業績は順調で、B 社の連結利益に貢献している。被買収会社のブランディ

ングにB社が口を挟む余地はないのであろうか。

　買収後もドイツ人社長が留任し，経営意思決定を任されている。B社は伝統的に，買収後も，買収前からの社長をそのまま据え置くケースが割合に多い。被買収会社で人員が配置転換されたら，既存の社長も社員もやる気を失い，却って買収後の事業統合メリットを享受できなくなると考えたからだ。逆に，日本から人を送り込むポジションは，二番手の経理・財務担当が最も多く，海外経験を積ませる方針だ。B社に絡んで，日本の本社から派遣されてきた中には，経理担当者も含まれ，当該M&Aに関わった人員でもある。企業理念やコーポレートガバナンス，環境への考え方には，グループ企業としての一体感を持たせるべく，日本からすべてをコントロールしようとは意図しないところに，グループ経営を尊重するB社らしいPMIの経営哲学が滲む。

　ドイツ人社長はかつて買収交渉のテーブルに着いた瞬間，日本から派遣されてきた経理担当者に気さくに話しかけたらしい。買収後のICに期待を持たせるかのようであった。

　被買収会社には，日本人駐在員が本社から送り込まれ，経営に関する細かな指示が彼に頻度多く届いている。にもかかわらず，その指示をドイツ人社長にいちいち伝えようとはしない。両者ともに本社から入ってくるICで情報が十分事足りているのであろうか。

　買収の前と後で競争能力の構築や事業の運営体制に変わり映えがないように見受けられる。高付加価値な上級品を製造・販売し，買収された後も経営成果は順調で，経営の手腕にドイツ人社長は自信たっぷりのようだ。ドイツ人固有の性格に加え，彼の経営姿勢を洞察するうちに，ある程度の滞在日数が経って，現ドイツ人社長ならば本社側の細かな要求に応じるわけがないと日本人駐在員が腹をくくったのか，本社からの詳細な指示を伝えるに至っていない。業績さえ良ければ，日本人駐在員から指示を仰ぐにも及ばないということなのか。

　このケースは，日本人駐在員を介しても本社からの指示はそこで遮断され，被買収会社に本社からの業務指示が伝わりにくいという典型例と考えら

れる。
　現実には，社内広報が紙媒体以外にWeb上でも公開され，情報共有に抜かりはない。社内広報が使えるからこそ，ドイツ人社長を信頼して経営を託せると逆説的に捉えて良い。
　いずれにせよ，世界的シェアのハイテク品で好業績を上げ，買収を受ける前から社長のポストにあったドイツ人社長が被買収後も経営トップに君臨していることで，コーポレートブランドは維持されているようだ。ブランディングに揺るぎなしといったところか。
　買収側と被買収側との間で，新製品開発に関して協議を進める場を持っても，相変わらず被買収側主導のコミュニケーションがしばらく続きそうな様相だ。このように，在ドイツ被買収会社は現時点まで買収前と変わらないほど独立的存在感を示現している。
　だが，日本の本社としてはいずれ早いうちに日本人の執行役員を現地子会社の社長というポストに就任させたい意向を持っていると思われる。その方が，本社と共同して新製品開発を進めやすくなる。そうなると当然，ICがいっそう重要性を帯びるようになろう。
　果たして，本社からの経営命令が子会社に十分伝わり，それに従って経営管理を行うのが企業や製品のブランド強化に役立つのか，既存のドイツ人主導型の経営管理スタイルを継続させた方がブランドの高さをキープできるのか，要注目である。
　もとより，技術の面でドイツ人には妥協しないという国民的資質があり，それは日本人にも通ずる。とはいえ，B社といえば，EUを地域別市場の中で最大の販売高を誇る標的とし，フランスやベルギーなどの進出先で現地に貢献した優秀な企業として表彰を受けてもいる。それならば，足下の短期的な業績よりも，全社的かつ長期的な戦略上の視点を重視し，B社がICを強化して企業ブランド価値，株主価値，ひいては企業価値を高めることを狙うべきであろう。そのためにも，近い将来，日本人が被買収会社の社長に就任し，本社との組織統合を実質完全なものにする方が好ましいのではないか。
　かかる提案は予想の域を出ないかもしれないが，国際経営戦略論の視点に

4. 経営統合後の全般管理に不可欠なインナーコミュニケーション

立つと，根拠が見出せる。第1に，B社グループが世界ナンバーワンに位置する製品事業領域は，在ドイツ被買収会社の事業ドメインと重複するが，お互い異なる製品部門でトップを分け合う。B社にとって在ドイツ被買収会社は連結決算の対象だけに終わることなく，製品ラインアップの拡充に貢献し得る。いわんや研究開発面でもシナジーが働く。こうなると，B社としては，被買収会社の当該事業ドメインを自社も重複する得意領域と重ね合わせ，いずれ経営完全統合する方が経営効率は高い。その意味で，ドイツ人社長と交渉の場を設けようと考えているのかもしれない。ともに将来性豊かで高収益な部門を抱えるだけに，集約化に伴う研究開発費，生産管理費，販売管理費，組織管理コストなどの節約効果は大きい。

こうした1事業での完全組織統合を狙いとしながら，第2に，同じB社グループ内の他の事業会社との間で統合事業向け投資資金の獲得をめぐって競い合う場面が出てこよう。その際，中長期計画の中でグループ全体に占める当該戦略事業体の使命を規定するよう，B社のホールディングカンパニーから要請があるかもしれない。

これら2つの要件が揃えば，在ドイツの被買収会社がB社グループ内のカンパニーと組織構成上，統合化に向かわざるを得ない。完全組織統合の前段階で，在ドイツ被買収会社の社長に日本人派遣管理者が任命されていれば，上記の次なるステップへと進めやすい。

第3に，在ドイツ被買収会社は技術力に定評があり，その優れた技術をB社が吸収し，使いこなせるようになるまでの間，共同研究開発方式が一番理に適っていよう。技術の共同開発や新製品開発に乗り出すには，両事業体ともに日本人社長が就任しているのが望ましい。契約を交わす相手が日本人同士なら，技術移転契約もまとまりやすく，移転が円滑に行われやすいためだ。そうなれば，組織文化の壁が取り払われ，IC戦略も全社的に浸透しやすくなり，ブランディングも容易になる。

在ドイツ被買収会社は中小企業であり，グローバル・カンパニーという知名性では，B社が圧倒的に上回る。いずれドイツの被買収会社に本社から派遣された日本人管理者が，世界的な視野からブランディングを手掛ける可能

性もある。

　これら一連の改革を早期に進めていくには，社内報を中心としたICの効力に大いに期待がかかる。組織改編や人員の配置転換に対して，マネジメント層をはじめ全社員が納得できるよう，ICにどれだけの説得力があるのかが課題ともなろう。言うまでもなく，ICだけに頼ることなく，口頭によるダイレクトコミュニケーションの活用を抜きには語れない。

　以上みてきた経営統合成果におけるICの重要性は，トランスナショナル型の多国籍企業にとっては一番大きいかもしれない。そこで，近年注目を集めているメタナショナル型との対比により，全般管理スタイルがどういった点でどのように違うのかを明らかにしてみよう。

5. トランスナショナル型とメタナショナル型でみる全般管理スタイルの違い

　本節では，多国籍企業の経営管理モデルと組織モデルに応じて，全般管理が異なることを示す。とりわけ，トランスナショナル型とメタナショナル型における全般管理の対比に重点を置く。以下，学説に沿って比較検討してみる。

　Bartlett & Ghoshal (1989) は，経営戦略と経営管理と経営組織という面から以下4つのタイプの多国籍企業類型を掲げた。最終的に提起したのは，グローバル型（本社集権型）とマルチナショナル型（子会社自律型）の弱点を補完する多国籍企業経営モデルとしての「トランスナショナル」である。4類型の違いは以下に示される。

①　マルチナショナル（multinational）：異なる環境コンテクストで多様な経営活動を展開。能力の分権的開発。国境を越えた知識と資源の共有は限定的。子会社に意思決定権限が集中化し，内面化傾向。

②　インターナショナル（international）：さまざまな国における国境を越えた経営資源の運用。中央本部での能力開発が鍵。本社から他国への知識と資源の移転が活発。研究開発などの中核的経営機能には公式

化，その他の経営機能では非公式化の傾向。
③ グローバル（global）：供給と需要のグローバル・ネットワークの統合管理。効率と運用の伸縮性を追求。中央本部での能力開発に重点。本社がビジネス・プロセスと政策を指揮するため，事業活動のグローバル調整プロセスは本社に集中化し，意思決定過程は公式化。
④ トランスナショナル（transnational）：規模経済と現地反応の同時追求。統合化されたネットワークの活用。技術と能力の世界的開発と共有。グローバルとローカルの適正バランスが取れた共同意思決定の遂行。

諸上（2005）と高橋（2012）に従って，上記4つの類型間比較を試みると，図表1-3のように例示される。図表1-3の矢印の方向性は，3つの経営戦略・管理・組織類型がトランスナショナルに向かう可能性を示唆する。

全世界的視野でグローバルに事業展開する究極的な方向性に「トランスナショナル」を位置付ける試みは理念型とはいえ，統合化された情報ネットワーク組織がトランスナショナルを実現する母体となり，このようなトランスナショナル型の多国籍企業にこそ，グローバルな観点から自社内最適事業

図表1-3 トランスナショナル型への移行に関わる調整システム

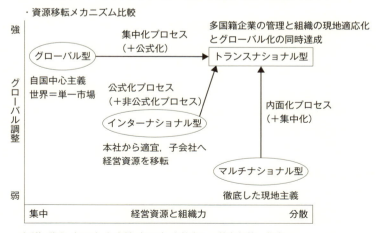

出所）諸上（2005）と高橋（2012）を統合し，筆者加筆・作成。

分業と経営機能分割に関する意思決定をうまく行える事業単位が存在するものと解せる。全社的に本社と子会社および子会社相互間の調整が成果の鍵を握るという点から見ても，意思決定権限の集権化か分権化かという議論は，分権化を支持するマルチナショナルや集権化を強調するグローバルに比べ，トランスナショナル型では意味をなさないと解される。公式化についても，グローバルに比べてトランスナショナルでは弱い。その分，トランスナショナルでは他の 3 類型以上に社会化を浸透させていかねばなるまい。前節で述べた IC の役割も，トランスナショナル型において重要性を際立たせよう。

21 世紀に入ると，Doz, Santos & Williamson（2001）がメタナショナル（metanational）といった概念を編み出して，本国本社に捉われない在外子会社の自由裁量，意思決定，諸活動の展開に注目し，新しいタイプの多国籍企業経営モデルの存在を唱えた。

メタ（meta）とは beyond と同義であり，メタナショナル経営の本質とは，自国優位性に立脚した戦略を超え，グローバル規模での優位性を確保する戦略であり，その管理の仕方と組織のあり方が，本国のみでなく世界中で価値創造を行い，競争優位を構築する企業戦略であり管理の仕方と組織のあり方と一致するものに他ならない。

浅川（2003）が要約するように，Doz, Santos & Williamson が唱道したメタナショナル型経営では，同多国籍企業自体における，① 自国至上主義からの脱却と自国の劣位の克服，② 既存の力関係からの脱却，③ 現地適応はあくまでも現地のためであるといった既成概念からの脱却，が着眼点となる。そのため，新たなイノベーションを確保できるのは世界のどの国であり，どの拠点かが企業経営の中で問われ，その解決に向けて多国籍企業ネットワークの拡張を企業内はもとより，企業外にも求めていくことになる。

こうしたメタナショナル型はトランスナショナル型と比較して，自社内事業活動の相互依存性が弱いと考えられる。

前述したように，トランスナショナル・モデルの特徴には，① どの事業単位も重要な戦略的地位を有し，差別化された能力を持つ，② 本国の本社は必ずしも強大な機能を持つ必要はない，③ グローバル・ネットワーク型

組織を採択する，④ 世界規模の効率と各国対応を可能にする柔軟性と世界規模の学習といった3要件を満たす，が挙げられる。

他方，「メタナショナルとは何か」を規定するなら，「自国の優位性のみに依拠せず，世界中に点在するナレッジ（knowledge：知識）を探索，獲得し，移転，活用することで，グローバル規模の優位性を確立するアプローチ」とみなせる。そして，浅川（2003）によると，メタナショナルに必須となる能力に以下が欠かせない。1) 新たなナレッジを感知するための能力：① 新たな技術や市場を予知する能力，② 新たな技術や市場に関するナレッジを入手する能力。2) 確保したナレッジを流動化する能力：① 入手したナレッジを本国，第三国に移転する能力，② 新たなナレッジをイノベーションに向けて融合する能力。3) ナレッジを活用しイノベーションを行うための能力：① 新たに創造されたナレッジを日常のオペレーションに変換する能力，② 新たに創出されたイノベーションを活用する能力，が要求される。

上記の能力が自社内に欠けていれば，外部資源の獲得を狙い，最適なオープン・リソースの活用によって子会社の能力構築が実現し得るであろう。

ゆえに，両モデルの比較を通じて，図表1-4が描けよう。

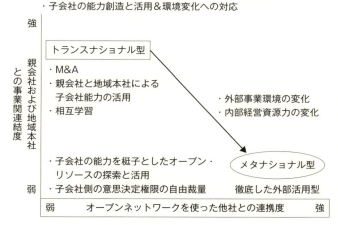

図表1-4　トランスナショナル型とメタナショナル型の区分

出所）文献などを参照して筆者作成。

図表1-4で示されるように，メタナショナル型はオープンネットワークを使った他社との連携を在外子会社が積極的に求める一方，トランスナショナル型では自社相互学習が競争優位に強く影響するといった違いが浮き彫りになる。

　より注記すべきは，図表1-4の縦軸に「親会社および地域本社と子会社との事業間連結度」を取った点にある。従来まで，トランスナショナル論でもメタナショナル論でも，親会社ないし本社と子会社との事業間連結度には焦点が当てられてきたが，地域本社（Regional Headquarters：RHQ）と子会社の間での事業間連結度に関しては具体的に議論されてこなかった。

　日系多国籍企業の場合，本国の本社が地域本社（地域統括会社）を設置するよりも先に，多地域と多数国に子会社を設立するのが一般的である。地域本社には当該地域内における在外子会社の統括機能が付与されるため，親会社にとっての子会社でもある地域本社には直接投資の際，完全所有が選択される。地域本社は近年，持株会社となるケースが増えている。地域内子会社を統括管理するだけでなく，金融子会社とか研究開発（R&D）機能を担うといった兼務型も見られる

　最近の海外進出動向を日系多国籍企業だけに限ってみても，地域本社の役割がかなり大きくなっているのは明らかである。その意味で，在外子会社の戦略的役割を洞察するにあたり，本社との関係だけでなく，むしろ地域本社との関係において捉える方がより意義深いと考えられる。したがって，親会社および地域本社と子会社との事業間連結度を類型化のための主要な分析軸に採用するのは適切である。その意味で，図表1-4は有効視できる。

　トランスナショナル型はメタナショナル型に比べて，子会社にとって親会社との相互学習が全社的な競争優位の構築のために欠かせない以上，親会社が子会社との関係を分権的にしていくにつれて地域本社との相互関係が子会社にとっても重要性を増すとみなせる。他方，メタナショナル型では子会社の地域本社への依存度は低いと想定される。自社内資源よりもオープン・リソースを求めて外部資源の活用を図る子会社が多いためである。したがって，図表1-4で表されるように，地域本社との事業間連結度に関して，メタ

ナショナル型多国籍企業の子会社は親会社との連結度と同様，トランスナショナル型多国籍企業の子会社と比べ，一段と弱くならざるを得ない。なお，トランスナショナルの場合，外部資源を獲得する際に，M&A特に買収を実施し，子会社化するケースがメタナショナル型に比べて多いと考えられる。買収すれば，子会社化できて，親会社ないし地域本社が当該戦略事業単位（子会社）に戦略的役割を付与できるからだ。加えて，親会社ないし地域本社にとっても子会社との間で相互学習がしやすくなる。

それゆえ，全般管理の在り方を，地域本社に対する子会社の依存度を交えて比較しても，全社的視点で，トランスナショナル型は相互依存的，メタナショナル型は分権的であることに変わりはない。全般管理の手段として社会化の導入を最重視するタイプの企業は，メタナショナルではなくて，トランスナショナルだと結論付けられる。

【用語解説】

集権化
海外子会社の意思決定権限を本社の内部に集中化すること。全社的な戦略動機や経営機能別に集権的コントロール度は異なる。集権化が進むと，本社側は要員の派遣費など経営管理コストを多く負担せざるを得ない。

分権化
海外子会社の意思決定権限を本社が子会社に委譲すること。子会社の自立性は高い。

公式化
組織内の職務がどの程度標準化されているかを示す。本社が海外子会社の意思決定の手続きや事業活動の進め方をマニュアル化（文書化）する程度で表される。

社会化
海外子会社に向けて本社が共通の企業文化，組織文化，企業理念，価値，規範を植え付けようとする試みを指す。

インナーコミュニケーション
本社と子会社の間および子会社相互間におけるイントラネットや社内報，社内研修などを通じたコミュニケーション。全組織構成員に企業との一体感を促し，帰属意識を強め，自社のブランディングへの意識付けを図るという狙いがある。

【参考文献】

Bartlett, C. A. & Ghoshal, S. (1989), *Managing across borders: the transnational solution*, Harvard

Business School Press.（吉原英樹監訳（1990）『地球市場時代の企業戦略：トランスナショナルマネジメントの構築』日本経済新聞社。）
Doz, Y., Santos, J. & Williamson, P. (2001), *From Global to Metanational*, Harvard Business School Press.
Koo, Ja Seung (2012), "Theoretical Research on the Determinants of Successful M&A Focusing on Post Merger Integration and Organizational Culture in Cross-Border Transaction: A Research Review"『商学研究科紀要』第75号（早稲田大学大学院商学研究科）。
Ghoshal, S. & Nohria, N. (1989), "Internal differentiation with multinational corporations," *Strategic Management Journal*, Vol. 10.
Leong, A. & Tan, C. (1993), "Managing Across Borders: An Empirical Test of the Bartlett and Ghoshal," *Journal of International Business Studies*, Vol. 23, No. 4.
Nohria, N. & Ghoshal, S. (1993), "Horses for courses: Organizational forms for multinational corporations," *Sloan Management Review*, 34.
Patrick, A. Gaughan (2013), *Maximizing corporate value through mergers and acquisitions: a strategic growth guide*, Wiley.
浅川和宏（2003）『グローバル経営入門』日本経済新聞社。
岩下充志（2012）『ブランディング7つの原則』日本経済新聞社。
植木英雄編著（2013）『経営を革新するナレッジ・マネジメント』中央経済社。
産業編集センター（2011）『組織と人を活性化するインナー・コミュニケーションと社内報』産業編集センター。
高橋意知朗（2012）「トランスナショナル組織」江夏健一・桑名義晴編著『理論とケースで学ぶ国際ビジネス（三訂版）』同文舘，第8章。
中村久人（2010）「トランスナショナル経営論以降のグローバル経営論―メタナショナル企業経営を中心に」『経営論集』75号，東洋大学。
藤澤武史（2007）「グローバル企業組織」諸上茂登・藤澤武史・嶋正編著『グローバルビジネス戦略の革新』同文舘，第11章。
茂垣広志（2003）「国際経営管理の特徴」竹田志郎編著『新・国際経営』文眞堂，第4章。
諸上茂登（2005）「グローバル企業の組織―意思決定プロセスにおける「手続き公正」の役割」竹田志郎編著『日本企業の市場開発』中央経済社。
諸上茂登（2007）「グローバルビジネス戦略の革新」諸上茂登・藤澤武史・嶋正編著『グローバルビジネス戦略の革新』同文舘，第1章。
山本紳也（2010）「ポストM&A成功の鍵―ヒトと組織の融合なくしてビジネスの成功はなし」『Insight』Vol. 2，4月号。

（藤澤武史）

第2章

研究開発管理

概要

近年，多国籍企業の研究開発管理体制には伝統的な本社集権型が影を潜めつつある。新技術の中でも基礎技術には開発企業が内部化して利用したり，管理したりする傾向が弱まってきたようだ。したがって，諸外国で技術開発を行う企業の新しい研究開発管理の進展を追い求めるには，比較的新しくて有機的かつ柔軟性に富む多国籍企業経営管理モデルの適用が望ましい。

本章では，本社と地域統括本社と在外子会社の事業連結度にも着眼して，「トランスナショナル」と「メタナショナル」という多国籍企業の戦略／経営管理モデルの違いが研究開発管理体制の違いを生み出すことを説明する。これに関連して提示された命題と仮説の有効性が問われる。

キーワード：
トランスナショナル，メタナショナル，地域統括本社（RHQ），技術使用料，能力開発型（創造型）R&D子会社

1. はじめに

研究開発（Research & Development；以下，R&Dと略記）管理は企業の経営機能領域の中で財務管理に次いで集権的というのが，国際経営管理論の中で定説とされてきた。まさに，本社主導型が主流を占めたのである。中でも，シーズ（seeds）に相当する基礎研究の方が，製品市場（マーケッ

ト）に近い開発研究よりも，本社集権的にならざるを得ないという見解が支持されてきた。

ところが，近年，多国籍企業は本社，子会社を問わず，他社との共同による基礎技術開発，ハイテク製品技術の無償供与などに積極果敢に乗り出している。本社集権的管理とは余程無縁または逆の原理に従ったR&Dへの国際経営管理が示される。もはや，こうしたケースは例外視できなくなっている。加えて，本社主導型から在外子会社主導型のR&Dも目立つ。

かかる現象を洞察する限り，多国籍企業の戦略経営の観点から，経営戦略と経営管理と経営組織のタイプに応じて，研究開発管理のあり方が異なるのではないかと推測できよう。

そこで本章では，まさに多国籍企業戦略経営モデルを代表するトランスナショナル（transnational）とメタナショナル（metanational）に焦点を当て，両タイプのR&D管理スタイルの相違を説明するとしよう。

2. R&D 管理の変転

研究開発（Research and Development；以下，R&Dと略記）は伝統的に，基礎研究，応用研究，開発研究と3つの段階に分かれる。「基礎研究」とは，技術を知的資産として蓄積することを目的とする。「応用研究」は事業推進を目的とし，基礎研究で開発されたものなどを活用し具体的な商品を作ることが主となる。「開発研究」は応用研究で生まれた技術を複数組み合わせる研究に等しい。

R&Dの職務はますます非定型的となってきている。そのため，R&Dの組織構造としては，柔軟性のある「有機的組織構造」が適する。権限の分権を推進している経営管理スタイルと組織構造が望ましく，官僚的組織は不向きとされる。その意味で，グローバルなR&Dには，多国籍企業の経営管理スタイルとして，トランスナショナル（transnational）またはメタナショナル（metanational）が適しているようだ。

R&Dに有効な組織構造に加えて，1980年代前半と後半との間に基礎研究

と開発研究における主体の入れ替えが見られた点にも注視したい。

1980年代前半までは,「基礎技術」を技術全般の優位性の最大源泉と目し,全社内でも技術的資源に恵まれた本社を中心として自社内開発が促進された。一部は,先進国に立地した子会社でR&Dが遂行されたものの,基礎技術開発の進め方については,きわめて本社集権型にならざるを得なかった。基礎技術の開発に資する基礎研究を自社内で疎かにしたら,長期的成長を逃すも同然と危惧された。あるいは,基礎技術を他社と共同開発すれば,自社特有の技術特性がパートナー企業に漏洩して,かかる技術優位を失うリスクに直面すると恐れられた。

ところが,1980年代後半より流れが変わった。基礎技術の開発を本社単独で遂行すると,年数もコストもかかる割に新製品の開発がなかなか進まず,旧態依然から焦りが生じた。そこで,海外子会社を積極的に活用するか,他社の技術資源を利用すべく戦略提携を結んで共同開発するか,あるいはM&A（Mergers & Acquisitions；企業の合併・企業または事業の買収）を実施するかというように,選択肢が増えた。

他方,開発研究は基礎研究と逆の流れに向かった。世界市場を対象として新商品を開発する場合は特に,新製品の市場投入のスピードも競われるが,それに加えて,Apple社のスマートフォンのように,他社が生み出せない新製品の早期発売も消費者愛顧を得るために重視されるようになった。こうして,研究開発部門が消費者やユーザーに近くなればなるほど,自社ブランドを確立して販売付加価値を得たいがために,本社または海外子会社が中心となった自社単独型の新製品開発が選好され,開発における戦略提携は第2選択肢と位置付けられた。とりわけ,海外市場の拡大に伴って,現地市場への適合をも意識して海外子会社による開発研究に進展が著しい。先進技術で本社をリードした子会社も出現し,子会社発となる世界市場向け新製品開発も珍しくない。

1980年代にR&D段階で見られたこのような逆行現象を反映して,R&D管理への本社集権度に,かつての基礎研究で圧倒的に強く開発研究ではやや弱いといった偏重型からの脱却が見られる。R&D段階における本社集権度

を相対比で測れば，開発研究が集権度を増すのと対照的に，基礎研究では分権度を増す一方となろう。ただし，絶対値で測れば，基礎研究に対する本社集権度は大きく下がり，開発研究でも基礎研究程ではないにせよ，集権度の低下は免れない。むろん，より重要なことに，多国籍企業の経営管理スタイルがトランスナショナルかメタナショナルかによって，基礎研究であれ，開発研究であれ，集権度の違いが及ぶ点は無視できない。

そこで以下，トランスナショナル型とメタナショナル型のR&D管理について比較検討し，両タイプの差異を検出してみる。最後に，R&D戦略やR&D管理の在り方が，時として多国籍企業の経営管理スタイルを変える可能性もあるので，R&Dの戦略＆管理を全般管理と関係付けて，トランスナショナル経営とメタナショナル経営の全社的な差異とR&D管理の違いを示唆したい。両タイプの多国籍企業の経営管理スタイルにおける子会社の役割の違いだけではなく，地域本社（Regional Headquarters；RHQ）と本社ならびに子会社との関係付けや役割の相違点を比較検討する。両タイプの経営管理スタイルと地域本社との関連性を問う試みは類似研究が割合に少ないだけに，その解明にこそ本章の特徴を見出せるかもしれない。

3. 多国籍企業経営の全般管理におけるRHQと子会社の位置付けと役割

(1) Fayerweatherの「分散化対統一化原理」

1980年以前には，本国と異なる経営環境への「適用と適応」議論から出発する研究が多く現れた。とりわけ，Fayerweatherによる「分散化対統一化原理」（fragmentation vs. unification）という多国籍企業の経営戦略と経営管理のあり方を示す鍵概念が注目された（Fayerweather 1969）。Fayerweatherは，米国多国籍企業が海外で基礎研究や製品開発活動を二重に行うこと，すなわち，R&D拠点の分散化に異議を唱え，統一化を唱道した。R&A資金の投入に関係した財務の面でも，本社は集権的コントロールを強めると示唆し，子会社は本社にとってプロフィット・センターとして機

能すると主張している。

かくして，現地適応化戦略となれば多国籍企業は分権化を推進し，子会社の成功と成長につなげ，他方，グローバル効率性を高めるには本社からのコントロール（統制）を要し，R&D 子会社の経営管理では集権化が選ばれると説く。

(2)　「トランスナショナル」モデル

トランスナショナル・モデルを提唱した Bartlett & Ghoshal（1989）の貢献は，多国籍企業論者に子会社の役割論へと目を向けさせた点にある。Bartlett & Ghoshal 説と時期を同じくして，Ghoshal & Nohria（1989）の「分化ネットワーク（differentiated network）論」が子会社役割論の典型例となる。多国籍企業における経営資源の地理的分散と内部分化に着眼して，本社と子会社および子会社間での経営資源交換関係と事業活動の相互依存性が重要だと論じられた。

Birkinshaw & Morisson（1995）は Bartlett & Ghoshal が規定した子会社の戦略類型などを参照して，3 タイプに分けた子会社の役割の存在を実証し，子会社の戦略的自律性（親会社による官僚的コントロールとは逆）に関して，世界戦略指令者型が最大で，現地実行者型が最小という統計的に有意な結果を導いている。

Bartlett & Ghoshal 説からは，その関連研究を踏まえて，次のような示唆が得られる。つまり，全世界的視野でグローバルに事業展開する究極的な方向性に「トランスナショナル」を位置付ける試みは理念型とはいえ，統合化された情報ネットワーク組織がトランスナショナルを実現する母体となり，こうしたトランスナショナル型の多国籍企業こそ，グローバルな観点から自社内最適分業と経営機能分割に関する意思決定をうまく行える。

その意味で，統合ネットワークは多国籍企業の戦略と管理と組織が進化する必然的方向性を示すものであり，多国籍企業経営の 4 類型の発展度を区分するための鍵的要因になる。

例えば，研究開発管理に言及した場合，YKK のファスナー事業の R&D

管理については，本国本社から海外子会社にR&D資源が一方向的に移転されているので，「グローバル」タイプとみなせる。他方，武田薬品のR&D管理は，「トランスナショナル」型の典型といえよう。新薬開発のため積極的に海外子会社を買収して技術リソースの全社的活用を図っているからだ。世界本社では，全社的な管理に力点が置かれる。本社の執行役員に外国籍マネジャーが半数以上登用されているのが，その証しとなる。こうして，本社の内なるグローバル化の進捗度は，後で述べるメタナショナルよりも一段と進む。

(3) 「メタナショナル」モデル

浅川（2003）が要約したとおり，Doz, Santos & Williamsonが唱道したメタナショナル型経営では，同多国籍企業自体における，①自国至上主義からの脱却と自国の劣位の克服，②既存の力関係からの脱却，③現地適応はあくまでも現地のためであるといった既成概念からの脱却，が着眼点となる。そのため，新たなイノベーションを確保できるのは世界のどの国であり，どの拠点かが企業経営の中で問われ，その解決に向けて多国籍企業ネットワークの拡張を企業内はもとより，企業外にも求めていくことになる。

したがって，R&D子会社は親会社からの独立性を保ち，自社内外でR&D成果を生みやすいと想定される。

(4) 全般管理におけるRHQと子会社の関係

図表2-1が表すとおり，日系多国籍企業の場合，本国の本社がRHQを設置するよりも先に，多地域と多数国に子会社を設立するのが一般的である。RHQには当該地域内における在外子会社の統括機能が付与されるため，親会社にとっての子会社でもあるRHQには直接投資の際，完全所有が選択される。RHQは近年，持株会社となるケースが増えている。地域内子会社を統括管理するだけでなく，金融子会社とかR&D機能を担うといった兼務型も見られる。金融センターが所在する国とか低税率国に金融子会社を設立するとか，技術レベルや研究開発能力が高い国にR&D子会社を設立するため

図表 2-1 地域本社と在外子会社の事業関係パターン

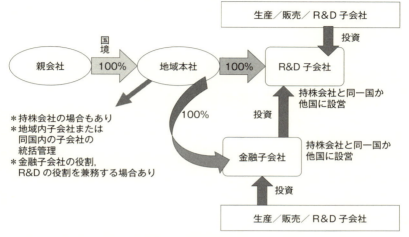

出所) 東洋経済臨時増刊号『海外進出企業総覧』を参照して作成。

に，RHQ が主体となって直接投資を行うこともしばしばある。むろん R&D 子会社の設営には，本社，RHQ 以外に，金融子会社がプロフィット・センターとしての機能を果たすべく，投資実績を挙げて資金をプールし，R&D 子会社の設立のタイミングに合わせて投入するケースも見かける。

　最近の海外進出動向を日系多国籍企業だけに限ってみても，RHQ の役割はかなり大きくなっているのは明らかである。その意味で，在外子会社の戦略的役割を洞察するにあたり，本社との関係だけでなく，むしろ RHQ との関係において捉える方がより意義深いと考えられる。したがって，第 1 章の図表 1-4 で記すとおり，親会社および地域本社と子会社との事業間連結度を類型化のための主要な分析軸に採用するのは適切である。

　図表 2-1 で確認される近年の日本製造企業の多国籍企業化現象の特徴を洞察してみた結果，全般管理（general management）の在り方を，RHQ に対する子会社の依存度を交えて比較しても，全社的視点で，トランスナショナル型は相互依存的，メタナショナル型は分権的であることに変わりはない。

　次節では，その証明のための予備的考察として命題を導く。また，仮説を

構築し，現象面のトレンドから検討し，最後に，トランスナショナル経営論とメタナショナル経営論との差異を反映させたR&D管理の在り方の相違を示し，比較考察を行う。

4. R&D子会社の経営管理におけるトランスナショナルとメタナショナルの比較考察

R&D子会社への経営管理に関して両タイプでどのような違いが生じるかを検討する。R&D子会社を両タイプの比較考察対象に取り上げるのは，多国籍企業の経営機能別領域の中でR&Dは財務に次いで最も集権的になりやすいし，実際，かかる比較考察をする上で最も多く適用されているから，意義深い。

例えば，浅川（2011）は，メタナショナル型R&Dに関してグローバルR&Dリンケージによる海外R&D拠点中心モデルを描き，次の2つの命題を導き出している。

命題1：日本の多国籍企業におけるR&Dのグローバル化は，現地のR&D拠点に与えられている自律性の度合いと関連して，本社と海外R&D拠点との間に大きな組織的緊張をもたらす（浅川 2011，40頁）。
命題2：日本の多国籍企業の本社と海外R&D拠点との間で両者の現在の情報共有度について大きな組織的緊張をもたらす（浅川 2011，41頁）。

メタナショナル型R&Dの命題は浅川によって検証され，有意なものとなっている。浅川は命題の中で本社を扱っており，地域本社を分析対象としていない。ここで，命題の中の本社を地域本社に置き換えても，両タイプの多国籍企業経営モデルを比較するには大きな問題がないと仮定しよう。となれば，海外R&D拠点（子会社）の自律性の高さが，本社との組織的緊張度ならびに情報共有度における組織的緊張度を増幅するので，子会社において

RHQのR&D成果を上回るような動機付けがメタナショナル型で高くなると推察される。

メタナショナル型では本社やRHQへの資源依存度が割に低く，オープンネットワークを使って他社の資源を獲得しようという意欲が強い。そのため，最適なR&Dパートナーを得られさえすれば，R&D成果が早期かつコスト効率的に得やすいとみなせる。むろん，子会社側にも十分な技術力やR&D成果が保持されていなければ，技術獲得先や共同R&Dパートナーという相手が存在する以上，外部資源の獲得機会に恵まれない恐れもある。そのため，子会社内での自助努力は欠かせない。そういった刺激は子会社にR&Dへの努力に向かわせることにもつながりやすい。それゆえ，トータルに見て，メタナショナル型では子会社のR&D成果の高さが期待され，RHQにR&D成果を依存する度合いはかなり小さくなるはずである。ということからも，図表2-1に示された事業関係パターンはトランスナショナル型の方に当てはまりやすい。

浅川が示した図表2-2と図表2-3における両タイプのR&D子会社の自社内における関係図からも差異の大きさが裏付けされよう。

次に，海外研究開発拠点の類型化を用いて比較してみる。Kuemmerle（1997）は本国ベース補強型研究開発拠点（Home-base-Augmenting Laboratory Site）と本国ベース活用型研究開発拠点（Home-base-Exploiting

図表2-2 トランスナショナル型R&D

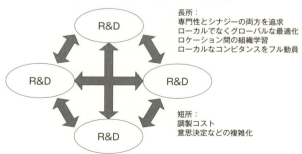

出所）浅川和宏（2003）『グローバル経営入門』日本経済新聞社，204頁。

図表 2-3　メタナショナル型 R&D
・グローバル R&D リンケージによる海外 R&D 拠点中心モデル

出所）浅川和宏（2011）『グローバル R&D マネジメント』慶應義塾大学出版会，39 頁。

Laboratory Site）といった 2 つの類型化を行っている。

　本国ベース補強型研究開発拠点は，現地環境にある科学的知識を吸収して新たな知識を創造し，多国籍企業内の研究開発拠点へ移転することが目的である。そのために，本国よりも科学的優位性が高い国へ拠点を設立することと，現地の研究開発機関との関係構築が重要となる。本国ベース活用型研究開発拠点は，本国にある知識の移転を受けて，さらに現地の販売・生産拠点へ移転することで，知識の商業化を目的としている。そのために，現地の販売・生産拠点に近接して設立される（多田 2014）。

　両類型の研究開発拠点のうち，メタナショナル型では，本国ベース補強型研究開発拠点に偏るのは間違いない。トランスナショナル型では，両タイプの研究開発拠点が混合し，子会社の海外事業年数が経つにつれて，本国ベース補強型研究開発拠点への比重が増すはずである。

　Bartlett & Goshal の説と Doz, Santos & Williamson の説のエッセンスを交えて，図表 2-4 において，横軸に子会社の本社（親会社）への R&D・生産資源依存度，縦軸に子会社の意思決定における自由裁量度を取る。上述の本国ベース補強型か本国ベース活用型かといった研究開発拠点のタイプの議論と一致している。トランスナショナル型が能力活用型と能力創造型の海外子会社を有するのに対して，メタナショナル型では自社内外の情報ネット

図表 2-4　多国籍企業の戦略と管理と組織の類型別 R&D へのコミットメント（関与）方式
・子会社の R&D 活動の類型化との関連付け

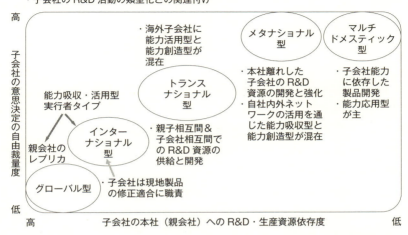

出所）Bartlett & Goshal（1989）と Doz, Santos & Williamson（2001）などを参照して，藤澤が作成。

ワークを活用して能力吸収型と能力創造型の R&D 子会社を設営するという図式になる。子会社の意思決定権限の自由裁量度はメタナショナル型の方が高い。自社外ネットワークを構築して R&D 資源を外部企業にも求めていくためである。

5. トランスナショナル型 R&D vs. メタナショナル型 R&D 命題の定立

　R&D に関する軸を定めて図形の中でトランスナショナル型 R&D とメタナショナル型 R&D を洞察し，違いを求めてみたが，比較命題として定立するには何らかの定式化が必要となる。そこで，第 4 節で紹介したメタナショナル型 R&D に関する浅川命題のエッセンスなり含意を定式化の中に組み入れて，トランスナショナル型 R&D かメタナショナル型 R&D かといった臨界点を判断する基準に役立てたい。

本国本社に対して海外 R&D 子会社が開発した技術を供与し，技術使用料を得るとする。1 製品当たり技術使用料を p とする。子会社が 1 製品当たりに投じた研究開発費用を C で表す。

$$C = C^0 + X - E \cdots\cdots\cdots\cdots\cdots\cdots\cdots\cdots\cdots\cdots\cdots\cdots\cdots\cdots\cdots(1)$$

ここで，X は確率変数であり，事前には予想できない新製品需要とのミスマッチによる子会社側の追加的 R&D 費用を指す。新製品が売れれば，X＜0 となる。C^0 は子会社が投じる研究開発費用の見積もり値である。E は R&D 子会社による R&D 努力を通じた技術開発効果（効率性アップ）に伴う R&D コストダウンを意味する。

(1)式は，R&D 費用が新製品需要とのマッチングと R&D 努力によって変動することを示唆する。新製品技術の価格に匹敵するものとして，1 製品当たりの子会社が本社から得るライセンス使用料を変数として特定化し，P とおく。

$$P = b + a(c - b) \cdots\cdots\cdots\cdots\cdots\cdots\cdots\cdots\cdots\cdots\cdots\cdots\cdots\cdots(2)$$

b と a（0≦a≦1）はパラメータで，b＞c＞0 とおく。本社と子会社がライセンス契約締結前に，使用料率の交渉で合意したとみなす。a＝0 の時，P＝b となる。これを固定技術使用料契約と呼ぶ。a＝1 の時には，P＝c となる。コストプラス契約と呼ぶ。観察されたコスト（正常利潤を含む）に等しい値を技術使用料価格として本社が払うという契約である。0＜a＜1 の時をリスク分担（risk sharing）型の契約と呼ぶ。

(1)式により，研究開発費用は確率的要因を表す X によって変動する。a＝1 の時には，すべて価格変動に転嫁されるから，技術使用料価格は P＝c と変わらず，子会社には R&D から利益が出ない。1 製品当たり R&D 費用相当が子会社に技術使用料価格として確実に入るのでリスクはないものの，利益が出ない。逆に，a＝0 の時には p＝b となり，技術使用料は固定技術使用価格契約も同然なので，x の変動によるリスクは親会社が負う。

0＜a＜1 であれば，リスクは両者で分担され，a が高いほど子会社が負担

する比率は高い。そこで，aをリスク分担係数と呼ぶ。

　aにはもう1つの意味がある。(1)で示されたように，子会社のR&D努力によりR&D効率性が高まってE＞0となるから，Cは低下する。しかし，a＝1の時，技術使用料価格は同じだけ低下するから，研究開発成果に向けてのインセンティブは生まれない。逆に，a＝0であれば，価格は一定であるから，R&D効果を研究開発成果に繋げようとする努力が生まれる。

　ゆえに，aが高いことはR&D子会社がリスクをより多く負担し，子会社のR&D成果を生みにくくする原因ともなろう。その場合，本社としては技術使用料価格が小さくなるので，子会社からの技術導入を増やしたくなる。ところが，子会社からすれば，R&D成果への対価，すなわち，本社からの技術使用料価格で表されるR&Dへの評価が低いことに不満を持ちやすい。そのため，a＝1に近いほど，企業内よりも企業外でR&Dを効率的かつ効果的に行いたいという誘引が強まる。

　以上より，以下の命題が導ける。

命題1：「トランスナショナル型R&D子会社は本社－子会社相互調整型ゆえに，パラメータaが0に近くなれば，トランスナショナル・タイプが選好される。逆に，aが1に近くなれば，本社からの自律性が強くて組織的緊張が強く表れるメタナショナル型R&D子会社が生まれやすい。」

　メタナショナル型にあっては，企業成長率が重要目標となり，成長率を急速かつ大幅に引き上げようとすると，無理な投資が起こりがちとなって，企業価値を失うリスクもある。それゆえ，企業内資源の拡充のための投資を控え，外部の企業が持つ資源を獲得する機会を窺うようになり，メタナショナル型の特徴が示現されやすくなる。R&Dに関して他社との共同開発形態が多くなりがちである。

6. 結論

　本章では，トランスナショナル型とメタナショナル型を対比させ，全般管理との関係からR&D管理のあり方の違いを説明するよう試みた。
　トランスナショナル型では全般管理スタイルが親子（親会社と在外子会社）相互調整型であり，企業目的が企業価値志向に近い。子会社における自社内開拓が奏功しない場合には，外国企業をM&Aの標的とする可能性が高い。つまり，他社のR&D子会社や研究所を買収するケースが多くなる。
　メタナショナル型では，分権的であり，成長志向に近い。ゆえに，子会社内での積極投資と国際戦略提携を組み合わせた戦略展開とその管理を必須とする。しかしながら，当該子会社主導型の積極投資が他の子会社の投資案件と重複した場合や，子会社自体の経営資源能力を超える場合には，その投資に無駄が生じ，企業価値を失う恐れがある。そのため，子会社が目標とする成長率を達成し，かつ企業価値の喪失を抑えるため，必然的に外部資源の獲得に向かう。国際戦略提携型の共同研究開発が盛んになるのもうなずける。
　R&D管理の次元では，トランスナショナルの場合，RHQよりも在外子会社に主導権があると考えられるが，メタナショナルでは，さらに子会社の主導権がいっそう増す。子会社の研究開発成果はメタナショナルにおいてより重要となろう。
　本社と子会社に加えて，本章の特徴でもあるRHQが持つ戦略的役割を鍵的要因に導入したところから，以下のR&D管理仮説が構築される。

H1「トランスナショナル型に比べて，メタナショナル型では，全般管理においてRHQ（地域統括本社）よりも主要子会社の役割がいっそう重視される。ゆえに，メタナショナル型ではR&Dへの全世界的な管理体制がR&D子会社の能力と自律性に依存しがちとなり，R&D子会社の技術資源管理の仕方いかんで全社的なR&D成果への影響が大きく及ぶ。」

H2「メタナショナル型のR&D管理では,トランスナショナル型に比べて,RHQよりも主要子会社にその意思決定権限が移譲される。特に能力開発型(創造型)R&D子会社の場合,技術情報や顧客情報の質と量の面で本社を大きくリードすれば,本社からのコントロールを要しない。」

　これら仮説の吟味には,地域本社と子会社の間での事業連結度で採用される役割分担・共有関係を全般管理とR&D管理の中で比較考察することを要する。

【用語解説】

トランスナショナル
Bartlett & Ghoshal(1989)が唱えた多国籍企業の経営戦略・管理・組織モデル。全社的に規模の経済性と現地への反応を同時追求すべく,統合化されたネットワークを活用して技術と能力の世界的開発と共有を行うところに特色が見られる。グローバルとローカルの適正バランスが取れた共同意思決定が遂行されやすい。

メタナショナル
Doz, Santos & Williamson(2001)がメタナショナル(metanational)といった概念を用いて,本国本社に捉われない在外子会社の自由裁量,意思決定,諸活動の展開を明らかにした。メタナショナル経営の本質は,自国優位性に立脚した戦略を超え,グローバル規模での優位性を確保する戦略やその管理の仕方や組織のあり方が,本国のみでなく世界中で価値創造を行うところから,競争優位が生み出せるとした点に示現される。

地域統括本社(RHQ)
北米,南米,ヨーロッパ,アジア,中東,アフリカなどの地域に,各地域内の子会社を統括管理するために,多国籍企業の親会社または本社が設立した事業体。それぞれの地域に共通する意思決定を統一的かつ統合的に行うが,地域統括本社の設置目的や子会社へのコントロール度はさまざまである。

技術使用料
ロイヤルティ(royalty)とも呼ばれる。ライセンス契約に基づき,特許権や著作権料を保有している者に,それらの使用に際して対価として支払われる料金のことをいう。支払い方法として,一定の金額を支払う定額支払いや,期間中の生産高または販売高に応じて支払うランニング・ロイヤルティがある。

能力開発型(創造型)R&D子会社
親会社または本社に頼らずとも,自ら技術やスキルを開発できるような研究開発に特化した海外子会社。能力利用型R&D子会社と区別される。

【参考文献】

Bartlett, C. A. and Ghoshal, S.(1989), *Managing across borders: the transnational solution*, Harvard Business School Press.(吉原英樹監訳(1990)『地球市場時代の企業戦略：トランスナショナルマネジメントの構築』日本経済新聞社。)

Birkinshaw, J.(1996), "How multinational subsidiary mandates are gained and lost," *Journal of International Business Studies*, Vo. 27, No. 3.

Birkinshaw, J. and Morisson, J.(1995), "Configuration of Strategy and Structure in Subsidiaries of Multinational Corporations," *Journal of International Business Studies*, Vol. 26, No. 4.

Doz, Y., Santos, J. and Williamson, P.(2001), *From Global to Metanational*, Harvard Business School Press.

Fayerweather, J. H.(1979), *International Strategy and Administration*, Ballinger.

Ghoshal, S. and Nohria, N.(1989), "Internal differentiation with multinational corporations," *Strategic Management Journal*, Vol. 10.

Hedlund, G.(1986), "The Hypermodern MNC-A Heterarchy?," *Human Resource Management*, Spring, Vol.25.

Kuemmerle, W.(1997), "Building effective R&D capabilities abroad," *Harvard Busines Review*, Vol. 75, No. 2.

Leong, A. and Tan, C.(1993), "Managing Across Borders: An Empirical Test of the Bartlett and Ghoshal," *Journal of International Business Studies*, Vol. 23, No. 4.

Nohria, N. and Ghoshal, S.(1993), "Horses for courses: Organizational forms for multinational corporations," *Sloan Management Review*, 34.

Stonehill, A. and Moffett, M., eds.(1993), *International Financial Management*(United Nations library on transnational corporations, vol. 5), Routledge.

浅川和宏(2003)『グローバル経営入門』日本経済新聞社。

浅川和宏(2006)「メタナショナル経営論における論点と今後の研究方向性（特集メタナショナル経営論）」『組織科学』Vo. 39。

浅川和宏(2009)「メタナショナル経営の実証研究をめぐる課題（特集21世紀の重要な国際経営論の研究課題（研究分野）は何か）』『立教ビジネスレビュー』第2号。

浅川和宏(2011)『グローバルR&Dマネジメント』慶應義塾大学出版会。

岩田智(2006)「グローバル・イノベーション―メタナショナル経営論に向けて（特集メタナショナル経営論）」『組織科学』Vo. 39。

植木英雄編著(2013)『経営を革新するナレッジ・マネジメント』中央経済社。

椙山泰生(2009)『グローバル戦略の進化：日本企業のトランスナショナル化プロセス』有斐閣。

多田和美(2014)『グローバル製品開発戦略』有斐閣。

中村久人(2010)「トランスナショナル経営論以降のグローバル経営論―メタナショナル企業経営を中心に」『経営論集』75号，東洋大学。

藤澤武史(2007)「グローバル企業組織」諸上茂登・藤澤武史・嶋正編著『グローバルビジネス戦略の革新』同文舘，第11章。

茂垣広志(2003)「国際経営管理の特徴」竹田志郎編著『新国際経営』文眞堂，第4章。

諸上茂登(2007)「グローバルビジネス戦略の革新」諸上茂登・藤澤武史・嶋正編著『グローバルビジネス戦略の革新』同文舘，第1章。

（藤澤武史）

第3章

マーケティング管理

概要

　最初に，国際マーケティング・ミックス要素ごとに，世界市場到達範囲と世界標準化度を軸にして，どういった位置付けにあるかを比較考察してみる。次いで，広義の国際マーケティングにおける3つのタイプ，すなわち，輸出マーケティング，国際マーケティング，グローバル・マーケティングの中で，価格政策管理に照準を当てて，価格形成原理の違いを識別する。「範囲の経済性」や「連結の経済性」という観点から，「需要の所得弾力性」および「需要の価格弾力性」をも交えて，国際マーケティング，グローバル・マーケティングの価格形成を考察する。また東南アジアのビール市場，中国や世界の化粧品市場を対象に，世界標準価格形成がマーケティング管理上好ましいかどうかを事例とデータを参照しながら結論付けていく。

キーワード：
マーケティング・ミックス，世界標準化 対 現地適応化，需要の所得弾性値，需要の価格弾力性，世界標準価格

1. はじめに

　国際マーケティングは，輸出マーケティング，国際マーケティング，グローバル・マーケティングというように大別して3つに分かれる。企業が展開する製品事業が世界的に多様化し，地理的市場の範囲が世界的に拡大する

とともに，グローバル・マーケティングに接近する。なお，国際マーケティングとグローバル・マーケティングとの間に，多国籍企業マーケティングが存在するという学説が多いが，本章では上記3類型間でマーケティング管理という側面から違いを見ていく。以上，3つのタイプのマーケティングを総称して広義なる「国際マーケティング」と定義される。

以下，マーケティング・ミックス（marketing mix）の中で，製品政策（ブランド政策は第4章で論じられるので省く），価格政策，広告政策，流通経路政策に関して世界標準化と現地適応化の観点を交えてみていく。ここで，世界標準化とは，本国式のマーケティング・ミックスを外国市場にそのまま導入する場合を指す。マーケティングコスト上，規模の経済性が得られるため，ミックスへの投資コストが節減可能である。こうした効率性に加えて，企業のブランドや製品ブランドにグローバル性や統一的イメージを消費者に持たれ，反復購買が期待できるという効果も大きい。だが一方，どの企業もが同じように製品や価格や販売方式や販売経路を世界標準化すれば，消費者に対して差別化が付かなくなり，また世界標準化を好まない消費者が多い国では製品が売れにくくなろう。そうなれば，マーケティング効果は下がる。

その意味で，マーケティング・ミックスを世界標準化の方向に向かわせるか，現地適応化に重点を置くかは，国際マーケティング管理の要諦となる。以下，どういった要因に配慮して，マーケティング・ミックスを管理すればよいか，述べてみる。

2. マーケティング・ミックス要素の世界市場到達範囲と世界統一化度

図表3-1では，マーケティング・ミックス（以下，MKGMと略記）の諸要素の中で，どの要素において世界市場到達範囲が広く，統一化度が高いかが示される。一般的には，世界市場到達範囲が広ければ，その要素は世界統一化度が高いと予期され，マーケティングにおける集権的な意思決定が行わ

2. マーケティング・ミックス要素の世界市場到達範囲と世界統一化度

図表 3-1　マーケティングミックス要素の世界市場到達範囲と世界統一化度

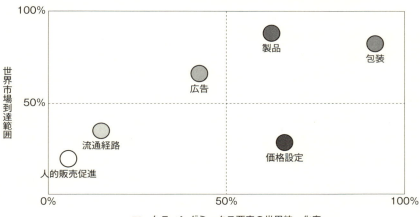

出所）Kotabe, M. & Helsen, K.（2000）, *Global Marketing Management*, Second ed., Wiley.（横井義則監訳／谷地弘安・丸谷雄一郎・『グローバル・ビジネス戦略』同文舘出版。）

れやすいと考えられる。なぜなら，世界市場に通用するMKGM要素であれば，自社にとってグローバル統一化のメリットが多く享受できるからだ。

図表3-1は，各社各様ではなく，MKGMの要素に応じて両軸を構成する次元の平均的なレベルを位置付けている。なぜ，要素間で大きな違いがあるのかが興味深い。マーケティング管理という面から，その理由を考えてみよう。

(1) 人的販売促進管理

MKGM要素の中で，世界市場到達範囲とMKGMの世界統一化度が最も低いのは，人的販売促進である。売り手と買い手の間には互いに異なる国の文化を背景とし，価値観も異なる。そのため，売り手・買い手間のコミュニケーションにギャップが生まれやすい。当然ながら，双方の意思疎通は難しく，壁ができる。それゆえ，同じコミュニケーション方法を取って販売促進するにしても，適用可能な国は限られる。まさに人的販売促進方法に関しては，国境を考えずに統一化するのに無理がある。

(2) 流通経路管理

　世界市場到達範囲と MKGM の世界統一化度の組合せが人的販売促進に次いで総じて低いのは，流通経路である。国によって卸売業や小売業を介した流通制度，流通システムに違いがあり，こうした制度的環境に適応しなければ，多国籍企業の製品にブランド力があったとしても，現地の流通ルートで販売されない場合も出てくる。また，流通系外資への出資規制（インドやマレーシアでは大型流通企業に進出時の出資比率は50％までと制限）とか，売り場面積を規制するような大店舗法を設けて，外資系の大型店が現地の流通経路を支配するのを阻止するケースも見られる。

　メーカーとしては，同じ国に本拠を置き長年取引先となっている流通業者が現地へ自由に進出しにくいという事態を迎えると，現地販売面で不利になる。こうした制度的な障壁がのしかかる結果，多国籍企業にとって流通経路政策を集権化するよりは，現地適応化が必至となる。

　ただし，21世紀以降，インターネット販売が盛んとなってきており，かかる流通手段が多数国の消費者間で，また企業同士で頻繁に用いられるようになってきている。図表3-1は，B to B（企業間電子商取引），B to C（企業と消費者間の電子商取引）に代表されるグローバル・インターネット販売という流通システムを考慮に入れていない。というわけで，インターネット販売ルートを流通経路の中に加えると，図表3-1の中で流通経路管理は右上にシフトしていく。

(3) 広告管理

　広告政策は，マーケティング・マネジャーにとって非人的販売促進手段の中で最重要と目される。媒体別広告支出額（広告出稿料）で第1位と第2位のTV広告，印刷物広告は売上高を直接左右し，ブランド差別化にも貢献するからだ。また広告支出額は企業の年当たりで換算して，設備投資額，研究開発費に次いで，大きな支出項目となる場合が多い。国際広告となれば，これら費用面でのウェイトや広告の使命・役割以外に，本国の経済発展段階と文化の性質が販売促進対象国のそれらとどの程度異なるかを注視しなければ

ならない。したがって，メッセージの作成と広告媒体別利用が本国とどの程度異なるのかが，図表3-1の広告の位置付けを決めるのに大いに関係する。

　本国式の広告メッセージが諸外国の言語にそのまま翻訳される以外に実質何も変更がなければ，世界の多数の市場国に広告メッセージを広められ，そのメッセージを現地消費者の間で得やすい媒体が選ばれる。

　一般に，完全に世界統一化された広告メッセージと同一の利用媒体が組み合わされるケースは少ない。人的販売促進程ではないにせよ，国籍が異なる消費者の間で広告メッセージが好んで受容されるかどうかは，本国と標的国の文化的なコンテクストの違いによる影響を受けざるを得ないからだ。また好まれる広告媒体にも文化的な価値観が及び，世界中で同じ媒体を利用して広告メッセージを流すというわけにはいかない。反面，自社が企業イメージとか製品イメージを世界の消費者のマインドの中にグローバル・レベルに達したというように植え付けるべく，世界の多くの国で同種の広告メッセージを展開し，利用媒体も統一化する。媒体間で共通利用が進む結果，広告制作費を少なく抑えられる。

　逆に，媒体別の普及度と利用度が違うとなれば，同じ広告メッセージであっても，媒体を国によって変えないわけにはいかない。それが原因となって，広告の場合，世界市場到達範囲が広い割に，広告の世界統一化度は弱くなる。

　しかしながら，21世紀を迎えてから，インターネット広告が短期間で世界に浸透しているのは見逃せない。だが，図表3-1では，かかるインターネット広告の普及を織り込んでいない。ネット広告の世界的な普及は利用媒体の統一化を意味するから，横軸の世界統一化度は大きく前進し，現時点で表すと，かなり右側に位置することになろう。媒体だけでなく，ネット広告には，広告メッセージの中に紙媒体としての「情報の手がかり数の多さ」に加えて，TV広告で特徴的な映像と音声を取り入れたイメージ広告を声や音声混じりの動画像で視聴者に提供できるため，広告制作者にとって世界統一化を進めやすい。

(4) 価格設定管理

　大半の MKGM 要素は世界市場到達範囲と MKGM の世界統一化度とが正の相関関係あるいは正の比例関係にあるのが図表 3-1 を通して理解でき，またその点を既に指摘した。だが，価格設定だけはその法則から外れる。なぜであろうか。その理由として，各国の経済発展段階に比例して，1 国の国民 1 人当たり平均年収や平均可処分所得に差が生じるといった経済的要因が，他の MKGM 以上に各国の同製品への購買高を強く左右する点が見逃せない。加えて，同じ富裕国の中にも高所得者層と低所得者層が存在し，1 人当たり GDP（国内総生産高）の水準からして貧困国として扱われる国でも，高所得者層と低所得者層に分かれる。

　同じメーカーの乗用車販売を典型例に取るなら，高所得者層は高級乗用車，低所得者層は軽乗用車を選好するというように，世界における国家市場の類別化といった同質化（世界全体の中で同質市場を束にして纏めるという類似国家市場のクラスター化）と，同一国家内における標的市場の異質化（細分化）を併行しなければならないからだ。したがって，自社が得意とする国別製品市場は特定のクラスターに限られ，得意でない市場の中に一部だけ限定的な標的市場セグメントが見つかる。

　しかしながら，同質市場を束にして纏めるという世界における国家市場のクラスター化に従えば，自社が主に高額製品を扱う場合，世界市場到達範囲は特定の高所得国クラスターといった同質的市場群に限定されがちとなり，実に狭く見える。ところが，上記の得意な世界市場内の特定クラスター以外に，自社製品を買ってもらえる消費者セグメントが低所得国内の限られた高所得者層にも見出せるとなれば，現地向け供給品の価格設定方式は本国式と同様で良い。そのため，世界市場到達範囲が狭い割に，価格設定の統一化度は高いレベルで要求される。

(5) 製品政策管理

　製品政策は MKGM の中でマーケティング管理の面から最重要と目される。製品はいわば企業の顔でもあるから，マーケティング・マネジャーとし

ても力を入れざるを得ない。市場が先にあるか，製品が先にあるのかという議論がいまなお交わされるのは，その象徴とも言えよう。どういった製品政策を採択するかは，長期的なマーケティング戦略とマーケティング管理の下で決められる。そのための手法として，ボストン・コンサルティング・グループ（Boston Consulting Group）が1970年に開発した「製品ポートフォリオ管理（product portfolio management）」が知られる。自社にとって望ましい製品構成を検討する際に，何十年にもわたり多くの多国籍企業のマーケティング・マネジャーによって製品ポートフォリオが駆使されてきた。それゆえ，世界市場到達範囲は100カ国を超えるほどの最高度に達し，製品政策に世界統一化度を強める誘因が存在したわけである。

　その点に着眼したのが，レビット（Levit, T. 1983）である。1980年代前半の先進国成熟市場では，成熟経済社会の消費に合致して国際競争力が強い製造品で世界標準化を推進できる企業こそが世界市場で生き残れると示唆した。汎用品としての標準化品であっても，低コストのみならず，高品質で製品差別化を図りながら先進国での需要を獲得し，大量生産・販売をいっそう進めれば，国際競争力をますます高められるという。こういった時代には，国内標準化品の国内大量生産と大量輸出といった，標準化品の輸出マーケティングで十分に対応できた。製品政策上，製品の世界統一化度は最高度に達する。1980年代前半にトヨタがカローラを日本から全世界向けに輸出したのは，その典型として知られる。

　しかしながら，こういった標準化品は汎用品であるがため，コモディティ化がますます進み，消費者の年収が増えるに従い，反復購買の対象から外れる可能性も高くなりがちだ。

　そこで，1990年頃よりアメリカに端を発した「グローバル・マスカスタマイゼーション（global mass customization）」が先進諸国において，新たな製品政策として取り入れられるようになった。タイプが異なる複数製品の間で基本的な設計（design）や製品仕様（specification）は同じであっても，製品機能に多様性を持たせたり，品質要件を変えたり，さらに外見的に違いが一瞬にして識別できるよう，サイズ，形，色にバリエーションを追加

し，多種多様な消費者ニーズを満たすようマーケティング努力が払われた。こうした差異化のためのコスト高を抑えるべく，他社と戦略提携を組み，相互完成品供給や共通部品の相互利用が進められた。その結果，製品政策全体として捉えた世界統一化度は弱まり，グローバル・マスカスタマイゼーションで広がった世界市場到達範囲レベルとは好対照に，製品政策の世界統一化度は低下せざるを得ない。

　他方，製品政策の面でもう1つ重要な動きが見られた。1980年代から，「グローバル・デファクト・スタンダード（global de-facto standard：事実上の業界標準）」競争がVTRの二大製品規格たるVHSとβの間で繰り広げられた。まさに世界市場を巻き込んで二大製品規格勢力の市場シェア争いは激しさを増した。日本VTR市場では成長期から成熟期へ移行するよりも先に，当時のビクター（Victor）と松下電器産業（現，パナソニック）などが生み出し使用したVHSがグローバル・デファクト・スタンダードに採択され，ソニーが開発した対抗製品規格としてのβは撤退を余儀なくされた。VTRの製品規格においてグローバル・デファクト・スタンダードが1つに絞られた結果，製品政策上，製品の世界統一化度は高まった。

　国際マーケティングでは製品政策に文化を絡める分類も多い。厳密に言うと，製品政策の世界統一化度はカルチャー・フリー（culture-free）型製品，すなわち，文化に左右されない製品で進みやすい。象徴的なのがパソコンである。他方，カルチャー・バウンド（culture-bound）型製品は，いわば文化の違いによる消費への影響が大きい。自国で売れても他国ではなかなか受容されにくい。世界統一化を無理矢理進めてはいけないタイプの見本である。冷凍食品やスープ，麺類などの加工食品に多い。

　製品のタイプを見分けるのに1つの経済学的法則が手掛かりとなろう。すなわち，両タイプとも世界需要を背景とした需要の所得弾力性と需要の価格弾力性が求まると仮定すれば，両弾性値ともカルチャー・フリー製品の方がカルチャー・バウンド製品よりも高いと推定される。インターネットの普及により，値下げした場合の価格情報がカルチャー・フリー製品で多く見かけられるため，消費者が反応しやすくなるからだ。

2. マーケティング・ミックス要素の世界市場到達範囲と世界統一化度

　その他,それぞれの国民のライフスタイルの違いが非耐久消費財の消費高にも影響することを,マーケティング管理者は見逃してはならない。特に,国産志向(嗜好)が強いか,それとも外国産志向(嗜好)が強いかに,各国民のライフスタイルの違いが関係するのは否めない。その点について,ビールを例に挙げて,国産志向に何が影響するのかを洞察してみよう。

　ビールの場合,ワインとは対照的に,鮮度を競うという商品特性もあって自国産が重視され,どの国をみても一般に輸入ビールのシェアは小さい。商品に新鮮さが要求されることはもちろん,使用原料とアルコール濃度と製法への拘りが各国消費者間にあり,好みとするビールの味が国によって異なるところから,「現地適合化品」とみなせる。

　主要な東南アジアの中で,タイではタイガーとシンハ(Shingha)が全銘柄の中で好まれている。タイでは,「家飲み派」が大多数を占める。タイ国産ビールの需要が大きいのも,こうした家で飲むタイ人が大多数派だということに起因するかもしれない。一方,自宅外で飲む国民が多い国として,ベトナムとフィリピンが挙げられる。実際,両国でハイネケンとかバドワイザーといった欧米系ビールの販売シェアが国産ビールと競合して健闘しているのも,ホテルやレストラン等で飲食する機会が多いためであろう。家でビールをじっくり飲むとか,家族との団欒を楽しみながらビールを注ぎ交わすという光景が多いタイ。それと対照的に,レストランなどで家族,友人,職場仲間らとテーブルを囲み,ビールを飲みながら夜を過ごす光景によく出くわすベトナムとフィリピン。商談や接待にホテルがしばしば使われるベトナムとフィリピン。こうしたライフスタイルの違いにもマーケティング管理者は注視して,製品の各国別需要動向を正しく把握しなくてはならない。そうしないと,自社のビールがある国で過剰在庫を抱えて鮮度を失い,破格値を付けて見切りセールに踏み切らなければならなくなる。

　そこで,外資系ビール会社は現地で醸造して消費者の需要動向を的確に把握するよう努め,新鮮なビールを提供しようと試みるであろう。その際,輸出用ビールと比べて,現地の消費者の好みに合わせたビールを現地工場で醸造するか,本国からの輸出ビールと味もアルコール濃度も同じにする(世

界標準化）かが問われよう。アサヒのスーパードライはアルコール濃度5％だが，中国の青島ビールとの合弁生産工場では4.5％の濃度になっているのは，現地適合化の適例となる。

　以上述べたように，製品政策においても，世界標準化を支持する要因と現地適合化が有利となる条件が交錯するようだ。他のMKGM要素と対比すると，総じて，製品政策を管理する側にとっての平均値的な位置付けは，図表3-1のとおりでほぼ妥当視できよう。

(6)　包装政策管理

　包装（packaging）は製品の中核（core）ではなく，周辺部に相当するとはいえ，どういった製品であればどのような包装を消費者が期待するかは，世界全体の中でほぼ同じ見解が示されやすい。したがって，企業としても迷わず，世界市場全体を対象として世界統一化を進めやすい。包装の適切さやきめ細かさがどのようなものかによって，購買者は製品を提供する企業のサービスの質を知るきっかけや手がかりにもなるので，高品質＆高サービスを前提としなければならない。ただし過剰包装は，消費者に過剰サービスと受け取られ，「地球環境に優しくありたい」という企業あるいは消費者サイドから見ても，決して好ましくない。適正な包装レベルには，どの国の消費者においても統一的な見解があって然るべきだ。そのレベルを季節要因も交えながら，仕向け国および販売国における気温や降水量や風の強さ，用いる輸送手段，輸送および保管の期間，購入先となる企業や消費者からの包装への要求度などを勘案して，製品別および国別に管理するのも部分的に大事といえよう。

3. 価格設定管理

　価格設定管理を本章の中で詳細に扱うのは，第1に，他のMKGミックス政策と対比すると，売上高，利潤，市場シェア，売上高成長率，利益の伸び率など，「企業目標」の達成に一番近く，合致しやすいからである。第2

に，同業他社との競争条件を変えるのに最も操作しやすいからである。

　本節では，輸出マーケティング段階，国際マーケティング段階（狭義），グローバルマーケティング段階と分けて，価格設定をどのように管理するかを概説してみるとしよう。

(1) 輸出マーケティング段階

　商品の輸出入に関税が賦課されなければ，それは市場競争価格で取引が行われるのと同じ状況になる。自由貿易が行われ，その際の製品輸出価格はアームズレングス・プライシング（arms' length pricing）に他ならない。

　ある標的国を製品輸出によって開拓しようとする当初，輸出マーケティングに中心が置かれる。将来的に世界市場で競争して有利な競争地位を築き，マーケットシェアを伸ばすことに戦略目標を掲げるであろう。目標管理という観点から，輸出価格による競争力を引き上げるべく，ダンピング（dumping）が一時的ないし短期的に起こり得る。その場合，自国内販売では平均費用，輸出市場向けには限界費用が価格設定の算定基準となる。いわば「二重価格」（dual price）を親会社が認めたのも同然である。すなわち，輸出用の製品には製品1単位を生産追加する際に発生するコストのみを価格算定基準に用いられるから，原材料費と人件費が主なコスト要因となり，設備稼働コストと間接費は含まれない。設備稼働コストと間接費はすべて国内販売用製品の原価に含まれる。ゆえに，輸出向けにも国内販売向けにも同じマージン率（利幅）を加えて価格形成しても，輸出価格が国内販売価格を大きく下回るようになる。

　こうした国内外市場向けに二重価格を付けるような価格原理に従えば，輸出品を安く販売し，輸出先市場で急激に自社の製品シェアを急増させることができる。輸出側が自社ブランドを付けて販売せず，輸入企業が自社ブランド販売を行うとなれば，現地の輸入販売企業にはより安く輸入できて販売利益率を高められ，一時的に喜ばれよう。あるいは，輸出企業が自社ブランド販売を行う場合でも，輸出企業にとってライバル企業の販売シェアを奪うのに絶好の機会となる。現地消費者が国産ブランドとか他国企業の競合ブラン

ドから自社の輸入製品ブランドへのスイッチングを起こさせるチャンス到来となる。国産品に拘らず，価格敏感型であるような消費者が多数を占めれば，市場シェアの伸びはより大きくなる。すなわち，元来，需要の価格弾力性が高い製品であり，かつその国で需要の価格弾力性が高いような購買行動が広がり，低価格志向を強めれば，その国を標的市場と設定してよい。その国であれば，限界費用価格を形成して参入がしやすく，市場シェアを拡大しやすい。

とはいえ，日米貿易の長い歴史が物語るように，日本製の不当な安い製品がアメリカ向けに大量に輸出され，同業者からこうした日本の輸出品にクレームが付き，米国商務省からダンピングの嫌疑をかけられ，ダンピング相殺関税を課せられたケースは多い。1970年代には日本の繊維，鉄鋼，カラーTV，80年代には乗用車，半導体，工作機械，事務機などがそれに当たる。

こうしたダンピング提訴を受けないために，輸出価格の製品価格設定には通常，原価プラス方式による輸出価格が算定される。その方式例について各種原価を挙げて示すとしよう。

① 製造原価（manufacturing cost）＝単位当たり（1製品当たり）の材料費＋労賃＋製造経費（設備稼働費＋設備メンテナンス（維持・改修）費＋按分された設備投資コスト，② 一般管理費（overhead cost），③ 販売経費（sales expense）（なお，輸出の場合には船積み諸掛りも含まれる），④ 利潤（手数料 commission を含む）。

販売価格として，F.O.B.（Free on Board：輸出港の本船渡し条件）YOKOHAMA US＄，もしくは C.I.F.（Costs, Insurance and Freight：仕向け港までの運賃，保険料込み渡し条件）NEW YORK US＄，が選ばれる。

(2) 国際マーケティング段階の価格設定管理
① トランスファープライシングのメカニズム

狭義の意味での国際マーケティング段階に入ると，親会社が数カ国に100％出資して設営した海外生産子会社と海外販売子会社を活用した親・子会社間取引が本国からの輸出を上回って増える。親会社が基幹部品を輸出

し，在外子会社が完成品を親会社向けに輸出するといったケースが目立つ。こうした国籍を異にした自社内取引では，各国間の法人税率の格差を巧みに利用して世界連結ベースでの税引き後純利益を最大化するような誘因が生まれる。親会社側にかかる誘因が強ければ，親会社単体利益を犠牲にしてでも，自社グループ全体として支払う法人税額を最小化するような価格設定を自社内取引に適用しないとも限らない。その場合の価格設定は「トランスファープライシング（transfer pricing）：移転価格」と呼ばれる。

では，図表3-2に沿って，トランスファープライシングのメカニズムを説明してみよう。本国の親会社は基幹部品を製造し，外国Aに設営された100％出資子会社にその基幹部品を輸出し，子会社Aが加工・組立てを担う。子会社Aは完成品を外国Bに設置された100％出資の販売子会社Bへ輸出する。子会社Bは世界市場で競争に対応できる価格を付けて販売する。

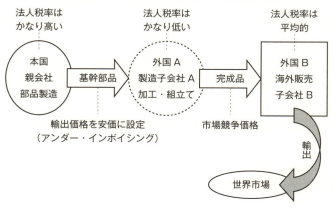

図表3-2　トランスファープライシングのメカニズム

出所）著者作成。

ここで，3つの国における法人税率の格差に注目してみる。法人税率について，本国＞外国B＞外国Aと定められている。

販売子会社Bは自社製品の販売シェアを気にかけなくてはならないから，市場競争対応価格を形成する必要がある。他方，製造子会社Aは法人税率

が3国の中で最も低い点を活かして，販売子会社Bへ輸出する製品の価格を高めに設定して輸出利益率を大きくしようという誘因が働く。しかし，完成品の輸出価格を高く設定してしまえば，販売子会社Bは世界市場での販売競争に価格面で不利になる恐れがある。それゆえ，世界市場における需要と供給の関係ならびに販売子会社Bによる競争企業との価格競争に柔軟に対応できるよう，子会社Aはある程度，市場競争対応価格を付けて販売子会社Bへ完成品の輸出を企図するであろう。

トランスファープライシングが存在するとすれば，親会社と子会社Aとの取引においてである。

親会社所在国では法人税率が最大となるため，外国Aに設営された製造子会社A向けに供給する基幹部品の輸出価格をかなり安価に設定しようとする。部品の製造原価にほんの少し利益を上乗せした程度で輸出価格を決めるから，子会社Aは低コストの輸入部品を使って完成品を製造できる。外国Bの販売子会社Bに輸出する時の価格を世界市場競争対応価格というように意識的に標準価格を付けたところで，親会社からの輸入部品が安いため，子会社Aは多額の製造利益を得られる。かかる製造利益に外国Aの法人税率が課せられても，税引き後純利益は相当大きい。親会社が子会社Aにアンダー・インボイシング（under-invoicing）という標準的な原価計算による価格設定よりも輸出送り状の価格が安いといった価格設定を実行したことに伴い，この多国籍企業は世界連結ベースでの税引き後純利益を相当多く稼得できる。

なお，法人税率以外にも関税率も同様にトランスファープライシングのメカニズムを説明するのに重要ではあるが，2001年のWTO（World Trade Organization：世界貿易機関）発足以後，EU（European Union：欧州連合）など地域内自由貿易済圏が拡充し，世界の中で二国間貿易協定や地域貿易協定などが締結されてから，関税率が低くなったため，トランスファープライシングの採択に法人税率の格差が最重要な決定因となるのは間違いない。

ところで，トランスファープライシングは法人税率の格差を巧みに利用し

て世界連結ベースでの税引き後利益の最大化を追求するがため，かかる価格形成を何度も繰り替えしていくうちに，先進国の租税当局から税金逃れとして摘発を受けかねない。違法行為として取締りの対象となり，不当な法人税逃れが発覚すれば，トランスファープライシング税制が適用され，追徴課税が待ち受けることとなる。

　トランスファープライシングは，世界連結ベースでの税引き後最大利潤を目標として設定されるが，典型的な国際マーケティング管理に関わる価格設定とみなしてよい。なぜなら，国境があるからこそ法人税率と関税率の差異を巧みに利用する誘因が生まれ，かつ親会社の企業経営者が国境を意識するからこそ，こういった誘因を巧みに利用しようという発想が起きやすいためだ。

② 「範囲の経済性」を活用した価格設定管理

　第2に，国際マーケティングでは，現地市場開拓が急務となるから，いかにして現地消費者の多様化したニーズを充足でき，自社製品間で差別化を進めていけるかが鍵となる。とともに，工場の操業面では「範囲の経済性」（economy of scope）を生産ライン稼働中に大きく得られるかが競争優位の鍵となる。つまり，図表3-3で示されるように，同一の生産ラインの中で現地ニーズ充足型の複数製品を混流させて組立てなどを行い，同一工場内の生産ライン稼働率を上げられると，1製品あたり平均生産コストを下げられる。図表3-3における両製品の混流生産にはこうした「範囲の経済性」が働く。この経済性という原理は，日本の自動車製造会社の国内外工場の中で当然のごとく実践されている。

　もし1製品あたりの製造に特化すると，消費者ニーズの変化に脆弱である。規模の経済性が発揮できなくなる。売れないリスクと，稼働率引下げによる平均生産コストの急な跳ね上がりを現地製造子会社に余儀なくさせる。したがって，タイプが違う複数製品を同じ生産ラインに流して組み立てていくといった「混流生産」は，マーケティングと生産の双方に無駄をなくし，効率性と効果をともに上げるのに役立つ。

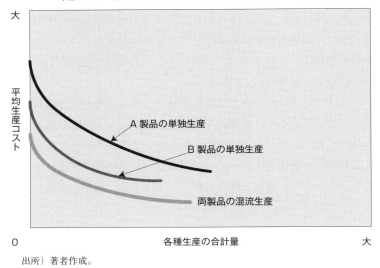

図表 3-3　範囲の経済性を活用した子会社生産ラインの稼働

出所）著者作成。

　価格設定の問題として捉えれば，新たに生産を開始した製品が現地消費者ニーズを充足できる限り，既存製品よりも競合が少ない点も相まって，大きなマージンを設けられる。混流生産により平均製造コストは単独生産よりも下がるから，さらにマージンを大きくでき，営業利益を増やすのに寄与する。

　輸出マーケティング段階では，自社が得意とする製品の国内生産に徹するだけでも十分だが，現地子会社生産を開始してからは，現地消費者ニーズを充足させるよう試みなくては現地子会社の最適な操業度を保てない。そのためには複数製品の製造が望ましいが，いずれ競合品が出現すれば，価格競争に巻き込まれるので，その意味でも，さらに安く製造できるような国への生産シフトもしくは世界の多くの国から需要を取り込み，現地操業を拡大して規模の経済性を得るのか，を選択しなければならない。

　生産国を変更する場合，自社内生産または現地企業への委託生産のいずれかを選択しなければならない。こうした段階は，グローバル・マーケティングに相当する。

(3) グローバル・マーケティング段階の価格設定管理

① 連結の経済性を活用した価格設定管理

図表 3-4 が示すように，自社が得意とする経営付加価値活動部門に特化し，得意でなければ競合するメーカーであっても委託する。すなわち，外注するのである。得意事業領域や得意な経営機能領域を自社内分業したり自社外分業したりして，付加価値連鎖をうまく管理できれば，自社が川上から川下まですべて統合するよりはコストが安くて顧客ニーズを充足しやすく，かつ様々な事業環境変化にも迅速に対処できる。こうした場合，経営機能や事業活動に「連結の経済性」が大きく働く。業種分類から見てメーカーといえど，生産をまったく行わないメーカー，すなわち「ファブレス (fabless)」が増えてきたのは，特に先進国メーカーにとって「連結の経済性」を取り込む必要が高まってきたことを物語る。

図表 3-4 連結の経済性を活用した自社内外分業

・自社内分業と提携企業間分業の最適組み合せによる経済性の源泉

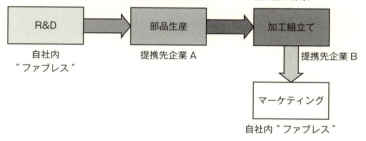

出所) 著者作成。

では，具体的な価格設定管理を見出すとしたら，何に基準を置くべきであろうか。

図表 3-5 に描かれるように，A社は製造技術優位と生産要素面で比較優位を生かし，B社ブランド販売用の製造に特化する。受託製造に従事し，B社に同製造品を輸出する。

A社とB社が交渉価格設定で折り合う場合，いずれが有利に立てるかを決める要因は，まずB社の製品技術使用料をA社が支払う限り，B社の製

図表 3-5　国際戦略提携における価格設定
・A 社と B 社の価格交渉に見られる優劣の状況設定

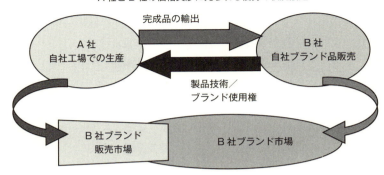

注）ブランド使用料は B ブランド価値に比例して A 社の製品売上高の X%に設定。
出所）著者作成。

品技術価値が A 社の製造技術価値に比べてどれだけ価値が優れているかに左右されよう。製造技術への使用料は技術使用協定の対象とならないがゆえに，B 社にとっては不要だが。こうして，両社の製品の製造に必要な双方の価値の対比から判断して，製品技術使用料率（技術的価格）が両社ともに最大の気がかりな収益ないし費用項目となるのは間違いない。B 社の製品技術と A 社の製造技術の価値の対比は当該製品のライフサイクル段階，およびその他の競合他社が同種の技術を保有する程度により左右される。

　次に，B 社ブランドの価値を基本としたブランド使用料率も使用協定の締結に至る契約交渉時に重要視される。もし A 社ブランドの価値（実際に A 社独自ブランドが販売されていない場合も想定）を上回る度合いが大きければ大きいほど，そのブランド使用料は B 社によって高めに設定されるであろう。加えて，A 社から B 社向けに納品される完成品の輸入価格にも下げ圧力がかかる。

　これら 2 種の使用料，すなわち，製品技術使用料とブランド使用料が双方の得意とする経営資源の魅力度に起因して決まり，かつブランド品といえども市場競争価格になりがちなだけに，いずれの企業側に「戦略的交渉価格設定」をより有利に展開できるかが時間の経過とともに変わっていく点も見逃

せない。

本事例を通して考察した国際戦略提携における価格設定は,「交渉価格設定 (negotiated pricing)」として規定されるべきものである。多国籍企業にとって他社から受け取れる使用料は貴重な収益源ゆえに,絶え間なく経営資源の開発と開拓を企図し,それをベースとして価格交渉に乗り出せよう。

② グローバル・ブランド化粧品の価格設定管理

世界中の国民に共通した普遍的なニーズとは何か。それは「美への憧れと探求」と断言してもよい。そこで,世界標準化の価格設定がかなりしやすいのは化粧品分野だと仮定して価格設定管理を考察してみる。とともに,グローバル・マーケティング段階に到達した企業は,自社ブランドのイメージの維持を主眼とするため,価格を国によって変えるのに抵抗が大きいと想定する。

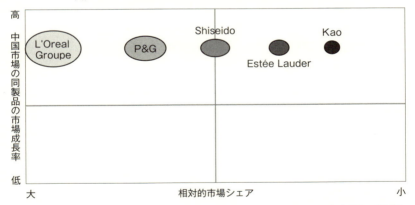

図表 3-6 中国におけるスキンケア商品の製品ポートフォリオ

出所) ユーロモニターのオンラインデータ Euromonitor Passport 2014 を参照して筆者作成。

図表 3-6 には,2013 年の中国におけるスキンケア商品で販売高上位 5 社の製品ポートフォリオ図が示される。中国スキンケア商品市場全体の過去 5 年間の市場成長率(販売高成長率)は中国内の化粧品業界全体の平均値と比

べても高い。本来，戦略分析に応用するのであれば，各社の販売高の5年間平均成長率を取って製品ポートフォリオ図内にプロットすべきだが，ボストン・コンサルティング（Boston Consulting）が設定した製品ポートフォリオ・マネジメント（ポートフォリオ管理）に従い，縦軸には中国内の化粧品業界全体の平均成長率と対比したスキンケア商品市場全体の平均成長率を採択した。そのため，図表3-6における5社の高さは同じとなる。横軸には，相対的市場シェアを取る。ボストン・コンサルティングの規定によれば，同業界で市場シェアが第2位の会社の製品を1とみなして，第1位や第3位などの市場シェアの大きさが相対比で示される。だが，図表3-6では，第3位の販売高シェアを1と規定し，各社の位置付けを相対比でプロットしている。スキンケア商品売上高に関する各社間の格差は，円の面積の違いで表される。

　スキンケア商品は高級（premium）か大衆（mass）かに分かれる。P&Gと花王（Kao）は大衆品の占める割合が高く，ロレアル・グループ（L'Oréal Groupe）と資生堂（Shiseido）とエスティローダー（Estée Lauder）は高級化粧品に強みを持つ。実際，後者の3社は高級スキンケア部門でのシェアが大衆の同部門よりも際立って高い。化粧品の場合には，売上高とか販売高によって商品のシェアが測定され，発表されるため，値引きはシェアへ直接影響を及ぼすから，基本的に好ましくない。こうした戦略目標との密接性が価格設定にあり，かつ値引きは自社ブランドのステータスを弱める一因になりやすいから，化粧品会社に値引き販売を制御させようと圧力がかかるのも当然である。

　そこで，自社内にある大衆化粧品ブランドから高級化粧品へとスイッチできると，化粧品製造・販売会社には一番理想となる。しかも既存の競合ライバルが多い先進国よりも，ライバル間の競合圧力が少なく新規市場開拓が容易な発展途上国が望ましい。

　そこで，まず世界の消費者に化粧品を購入したいと思わせる要因を探ってみる。第1位は老化防止，第2位は美への多数の効能とか効用，第3位は環境面への倫理的意識，第4位は効能へのクレーム（訴訟）の無さ，第5位は

強くて十分に知られたブランドとなっている（ユーロモニターのオンラインデータ 2014 年度より）。この結果から，意外とブランド意識が弱いように思われる。

　化粧品は全般的に高額品ゆえ，その購入手段にクレジットカードを頻繁に使うであろう。ますます有望な化粧品市場として知られる中国ではクレジットカードの普及数（総発行数）が，2009 年の 56 億 3,078 万 1,500 枚から 2014 年に 144 億 1,453 万 3,000 枚となり，2.6 倍増となっている。インドでは，同期間において 2 億 2,595 万 8,200 枚から 5 億 7,836 万 7,600 枚へと約 2.5 倍になっている。高級化粧品への購入意欲は強いと見受けられる。

　G20 カ国と EU の計 39 カ国の 2008 年～2013 年のデータ（出所は，ユーロモニターのオンラインデータ GMID2013 年度より）を分析して，インターネット取引を行うのか実店舗で購入するのかに影響する要因を探ってみた。

　GDP は実店舗選択に 0.994 もの相関係数，インターネット取引に 0.928 という相関係数が求まった（いずれも有意水準 0.1％未満で有意）。インターネットユーザーであることがインターネット取引を選ぶということへの相関係数は 0.576，同様に実店舗に対する相関係数は 0.772 でともに有意水準 0.1％未満で有意である。化粧品に限らない調査ゆえに，大まかなことしか分からないが，インターネットで化粧品情報をしっかり集め，それからネット情報を基にして実店舗に足を運び高級化粧品を購入する傾向も大いに想定されよう。

　ただし，こうした類推とは別に，仮説「高所得国では高級化粧品が大衆化粧品よりも需要の所得弾性値が高く，低所得国では大衆化粧品において所得弾性値がより高い」と構築してみた。「2000 年と対比して 2011 年における両製品への 1 人当り支出額の変化率／同期間中の 1 人当り所得の変化率」を指標として数値を算定してみた（データの出所は，ユーロモニターのオンラインデータ GMID の 2012 年度より）。両国家群での平均値を示すと，大衆化粧品では発展途上国の所得弾性値が 0.868，先進国では 0.816 となった。両国家群において大衆化粧品の所得弾性値に有意差がないため，大衆化粧品には世界標準価格が適する。高級化粧品では，発展途上国の所得弾性値が

1.494, 先進国では 0.910 である。最も差が大きく開いた個所を注視すれば分かるように, 所得の伸び率を上回って高額な化粧品を買い求める消費者層が発展途上国に相当多いという実態が把握できた。

仮説自体は棄却されたとはいえ, その方が高級化粧品販売の価格政策を提言する上で好ましい。つまり, 発展途上国でも高級化粧品には先進国向けと同様, 高額販売が望ましい。ゆえに, 高級化粧品でも世界標準価格が最適だと証明できよう。

【用語解説】

マーケティング・ミックス
製品, 価格, 広告, 販売員活動, 物流などのマーケティングの諸活動を, 標的市場の特性に合わせて効果的に組み合わせたものをいう。マッカーシー (McCathry, E. J.) はこれらの多様な要素を, 製品 (product), 価格 (price), 販売促進 (promotion), 販売経路 (place) と要約し, それぞれの頭文字を取って 4P と名付けた。

マスカスタマイゼーション
顧客の個々別々のニーズを満たすとともに大量生産性も併せて実現しようとするもので, 部品を規格化して大量生産しておき, その組立・仕上げ・最終製品販売は顧客のニーズに合わせ現場で販売するといった方式。

デファクト・スタンダード
事実上の標準とも呼ばれ, 日本規格協会のような公的な標準化機関が標準規格を決定するのでなく, 市場競争の中から事実上, 市場の大勢を占めることで標準規格となる場合を指す。

トランスファー・プライス
「移転価格」とか「振替価格」とも訳される。市場価格や独立の生産者間の交渉価格の決まり方とは異なり, 多国籍企業の親会社の経営管理命令を通じて, 自社内で国際取引される財に操作的に付けられる価格をいう。

範囲の経済性
複数の生産物の生産あるいは事業活動を複数の企業が別々に分かれて行うよりも, それらをまとめて特定の 1 社が行う方が, 総費用が少なくて済み, 節約の効果が出るということ。

連結の経済性
複数の企業間のネットワークの結びつきが生む経済性 (経済効果) のこと。企業と企業が多様に連結し合うことによって, 経営資源 (特に情報や技術) の獲得・利用面でシナジー効果が得られる。

【参考文献】

Douglas, S. & Craig, C. (1989), "Evolution of Global Marketing Strategy: Scale, Scope and Synergy," *Columbia Journal of World Business*, Fall.

Gilroy, B. (1993), *Networking in Multinational Enterprise: The Importance of Strategic Alliances*, University of South Carolina Press.

Kotabe, M. & Helsen, K. (2000), *Global Marketing Management*, Second ed., Wiley.（横井義則監訳／谷地弘安・丸谷雄一郎訳（2001）『グローバル・ビジネス戦略』同文舘出版。）

立本博文（2015）「国際事業モデルのイノベーション」『国際ビジネスの新機軸』同文舘（第2章，所収）。

藤澤武史（2010）『多国籍企業の市場参入行動』文眞堂。

藤澤武史編著（2012）『グローバル・マーケティング・イノベーション』同文舘。

諸上茂登・藤澤武史（2004）『グローバル・マーケティング　第2版』中央経済社。

ユーロモニターのオンラインデータ GMID。

ユーロモニターのオンラインデータ Euromonitor Passport。

（藤澤武史）

第4章

ブランド管理

概要

　近年，製品やサービスのコモディティ化が急速に進行し，多国籍企業にとってブランドによる持続的競争優位性を生み出す次元は，顧客との関係性形成という競合他社に模倣されにくい内部資源へとシフトしている。それに伴い，消費者によるブランドへの意味付けを理解して初めて顧客との関係性を形成できるようになる。

　本章では，顧客との関係性形成という管理目標に向け，消費者行動の視点にも立ち，ブランドをどのように管理するかを明らかにする。企業の国際化段階に応じて，保有するブランドの数や構造が変化するから，ブランド管理にはダイナミックな展開が欠かせない。

　以下，ブランド管理形態に関する先行研究を概観し，マーケティングのグローバル化の各段階におけるブランド管理の特徴を明らかにしたうえで，事例を用いてグローバル・ブランド・アーキテクチャーの管理を洞察する。

　ブランド管理にも，全社的な管理は必須である。グローバル・ブランド管理では特に，本社集権的な組織形態が支持されてきた。ローカル・コンテキストへの理解がグローバル戦略を成功に導く側面もあるため，本社，リージョン（世界的地域），ローカル（現地）という各層の間で協力関係を築かねば，効果的なブランド管理は成功しにくい。

　今後，顧客との関係性形成に，とりわけ顧客との価値共創に向けて，ローカル市場への理解はますます重要になろう。こうしたブランド管理の際，現地の状況に最も詳しいローカル・マネジメントに一定の権限を委譲しながら

も，本社による強力なコミットメントも要請されよう。このような傾向はさらに強まると予想される。

キーワード：
持続的競争優位，ブランド・アイデンティティ，ブランドの意味付け，顧客との関係性形成，グローバル・ブランド・アーキテクチャー

1. コモディティ化時代における
   ブランドの持続的競争優位次元の変化

　今日，数多くの市場において，製品やサービスのコモディティ化が急速に進行したため，企業は自ら創り出した価値を獲得し維持すること，すなわち，利益をあげ続けることが困難になってきたと言われている（恩蔵 2007）。ここでいうコモディティ化とは，企業間での模倣や同質化の結果，製品間での差別性が失われていく状況を指す（青木 2010）。いまや企業が確立した競争優位は競合企業に絶えず追随され模倣された結果，その差別性を失い，価格競争に巻き込まれてしまう現象が起きている。日本のデジタル家電はその典型であろう。

　このような状況から脱却すべく，「脱コモディティ化」のための道筋が模索されている（恩蔵 2007）。顧客インターフェースとしてのブランドは消費者の購買行動のあらゆる場面に現れてくる。そこでは，製品の販売量が企業の収益性の増減に直結するため，その競争優位性の確立が焦眉の問題となる。

　延岡（2006）は差別化の源泉を製品での差別化と組織能力での差別化に分けた。そして，製品の成功は割合に短期間で競合企業に模倣されてしまいがちなので，組織能力に明確な優位性を保持しなければ，長期持続可能な競争力は保てないと説いた。同様に，Aaker（1996）も製品をベースとしたブランド連想に限界があると指摘した。一方，組織連想は企業の伝統と深くかかわる価値と文化などの主観的な次元で連想を引き起こし，価値提案と顧客と

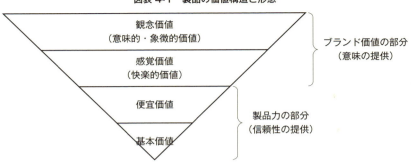

図表 4-1　製品の価値構造と形態

出所）和田（2002），19 頁に基づき，筆者が加筆。

の関係性形成にも貢献しているため，模倣されにくく，企業の持続的競争優位の源泉になりうると訴えた。

また，和田（2002）は製品価値を，図表 4-1 のように分類し，定義した。和田の主張によると，基本価値と便宜価値にはブランド価値が存在しない。ブランド価値とは，上層部分の感覚価値と観念価値の 2 つの融合されたものであり，ブランド・エクイティを構成する中核部分でもある。一方，ブランドの基本的役割の 1 つとして重要視されてきた信頼性の提供は，製品力の一部分としてみなされ，コモディティ化されつつある状況に置かれる。

したがって，かつて競争優位の獲得に貢献していたブランドの基本的機能は，時代の変化とともにコモディティ化されつつある。消費者が知覚するブランドの差別性は製品そのものよりも，企業の組織や伝統に基づいたブランドの感覚や観念といった価値次元で図らなければならなくなってきた。

2．企業と消費者による価値共創

ブランドの競争優位の源泉は製品次元から逸脱し，感覚や観念といった主観的無形次元へとシフトしてきている。さらに，企業にとって一方的に価値提供するのではなく，消費者がいかにそのブランドを知覚しているかを理解し，管理することはより重要である。本節では，ブランドによる持続的競争

優位性を生み出す論理を概観したうえで,企業と消費者によるブランド価値共創のプロセスを検討してみる。

(1) ブランドの持続的競争優位性

競争戦略論においては,競争優位の源泉を企業の外部に求める伝統的なポジショニング・アプローチと,競争優位の持続性に着目し模倣困難な内部経営資源の役割を重視する「リソース・ベースド・ビュー」という2つの立場が存在する(青島・加藤 2012)。

ポジショニング・アプローチはブランド・アイデンティティ論における価値提案の考え方,すなわち,独自性のある価値を生むポジションの創造と軌を一にするものである(青木 2011)。独自性のあるポジションの創造を通して,消費者は当該企業の製品やサービスへの印象が強くなり,その結果,消費者による当該製品やサービスへの選択確率は次第に拡大する。

しかしながら,科学技術は日進月歩の変化を遂げており,代替製品は次から次へと市場に参入してきている。こういった環境に置かれている企業にとって,ロイヤルティの強い消費者を囲い込むことこそ持続的収益性を確保する方針だといえる。独自性のあるポジションは消費者の基盤の拡大に貢献するが,必ずしも企業に持続的収益をもたらすとは限らない。実質的に企業の持続的成長に貢献できるのはまさに顧客との継続的な関係性形成である。

ブランドを介して顧客との間に形成される関係性は,競合他社に模倣困難な内部資産として,競争優位の持続化に大きく貢献すると考えられる(青木 2011)。したがって,ブランド構築の本質的な役割は製品への意味付けであり,提供する便益や価値を約束し,さらに顧客との強固な関係性を形成する行為そのものである(青木 2004)。

ここで,留意すべきことは強固な関係性形成における消費者の役割である。つまり,企業は自ら製品やサービスに付与する意味付けを消費者に一方的に押し付けるのではなく,消費者によるブランドへの意味付けを理解したうえで,顧客との関係性を形成していくべきである。

(2) 企業と消費者によるブランド価値共創

図表4-2は企業と消費者によるブランド価値共創のイメージ図である。企業は製品やサービスへの意味付けを通してブランド・アイデンティティ（以下BIとする）を確立し，独自性のあるポジションを創造しようとする。他方，消費者は企業のプロモーションのみならず，自らのプロフィールや経験などにも基づいてブランドへの解釈や意味付けを行いながらブランド・イメージを形成していく。消費者の購買行動に実質的影響を及ぼしているのは消費者自ら感じ取っている意味付けあるいはイメージである。したがって，企業と消費者による共同で形成される共感／絆という関係性集合こそ，製品の販売量あるいは売上高に直結し，企業の持続的収益性を確保するのに欠かせない持続的競争優位の源泉となる。

多くの研究では，国家，伝統，文化などの違いにより，消費者によるブランドへの意味付けも異なるという結果を示した（Lee 2013）。例えば，集団主義または不確実性回避傾向の強い国家の消費者は，ブランドが高品質の代表だとより強く知覚する。また，先進国（例えば，米国）の消費者はブランドの伝統やアイデンティティを重要視する。一方，発展途上国（例えば，中国）の消費者は，米国のブランドを社会的プレステージの獲得手段として捉え，自らの社会地位を誇示する記号として消費している。

したがって，消費者と共感を持つ関係性は模倣困難な無形資産として，強いブランド・ロイヤルティの形成に役立ち，最終的に持続的収益性の実現を

図表4-2 企業と消費者によるブランド価値共創

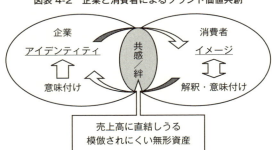

出所）筆者が作成。

促進する。それゆえ,ブランド管理の中核的課題の1つは顧客との関係性の管理にあると考えられる。消費者によるブランドへの意味付けが異なるため,消費者との関係性形成において,標的市場における当該ブランドはローカル消費者にいかに知覚されるか,またはブランドに関心を持たせるような意味付けとは何であるかを明確にすることこそ,グローバル戦略を支えるローカル戦略を成功させるのに必要不可欠である。

3. ブランド管理に関する先行研究

本節では,既存研究に基づき,ブランド管理の権限の在り方について考察してみる。その際,ブランド管理組織・担当者に関する研究のみならず,消費者行動の視点に立った分析も試みる。

(1) ブランド管理組織・担当者とその権限

市場の複雑化,競争圧力,チャネル・ダイナミックス,グローバル化,複数ブランドを有する事業環境,積極的なブランド拡張,複雑なサブブランド構造などに対応するには,ブランド・マネジャー制度だけでは限界があると指摘された。その結果,Aaker & Joachimstaler (2000) はブランド管理の新たなパラダイムであるブランド・リーダーシップを提起した。単一市場のみならず,グローバル市場に視野を広げ,複雑なブランド体系を対象とし,ブランド・エクイティを蓄積するために戦略的主導要因をBIの構築に置いたところに,ブランド・リーダーシップの特徴が見られる。また,BIを構築するには,製品ブランドにとどまらず,企業全体に及んで議論を展開すべきだと主張し,全社的ブランド管理の重要性を示唆している (Aaker 1996)。

Aaker & Joachimstaler (2000) はブランド管理に関するインタビュー調査の結果に基づき,グローバル・ブランド管理組織・担当者を4つのタイプに分けた。図表4-3はその分類を示す。中間管理職レベルのブランド管理者は強力なブランドとグローバルなシナジー効果を生み出すグローバル・ブラ

図表 4-3　グローバル・ブランド管理組織・担当者の類型

権限の水準

中間管理職レベル	トップ経営者レベル	
グローバル・ブランド・チーム	ビジネス・マネジメント・チーム	◀チーム
グローバル・ブランド・マネジャー	ブランド・チャンピオン	◀個人

出所）Aaker & Joachimstaler (2000), 訳413頁。

ンド戦略の立案に責任を負うが，マーケティング・プログラムを決裁する権限となれば，大半の場合，何の権限もない。

　一方，トップ経営者レベルによって構成されるブランド管理の組織・担当者こそがグローバル・ブランド管理に適しているという。ブランドを事業の重要な資産と見なすマーケティング・ブランド担当者からすると，「ビジネス・マネジメント・チーム」は最も適切であり，また，「ブランド・チャンピオン」はヘンケル，ソニーなどのような，ブランド戦略に情熱と能力を持つ，ブランド志向の強い経営陣がいる企業によく当てはまるという。

　ブランド・チャンピオンは世界範囲でのブランドの構築と管理に責任を持つべきである。ブランドの整合性を維持し，過度な拡張や濫用によるエクイティやイメージの希薄化を回避するために，ブランド管理責任者がトップ・マネジメントに直属し，他の製品ラインや製品事業へのブランド拡張に対する是認または拒否という権限を明確に持つことは重要である（Douglas et al. 2001）。

　さらに，Aaker & Joachimstaler (2000) はグローバル・ブランド管理を成功させるために，トップ・マネジメントによる強力なコミットメントが不可欠だと主張した。なぜならば，本社トップ・マネジメントの関与は子会社のバイアスを変更させることに寄与できるためである。したがって，グローバル・ブランドの管理において，本社集権的な組織形態が望ましいと示唆された。

　Kapferer (1997) は欧州地域に導入されているリージョナル・ブランド管理の権限について調査を行った。図表4-4はその結果の集計である。最も回答の多かった管理形態は，「地域本社の調整を伴う子会社による自主管

図表 4-4 欧州ブランド管理組織

権限	割合（％）
現地子会社による完全分権化	4
地域本社の調整を伴う子会社による自主管理	46
欧州ブランド・チームによる管理	31
中心国の子会社による管理	6
完全集権化	13

出所）Kapferer（1997），p. 370.

理」であり，その次が「欧州ブランド・チームによる管理」であった。一方，「子会社への完全分権化」の割合が最も低く，「中心国の子会社による管理」と合計しても1割程度にとどまった。グローバル・ブランド管理に比べて，集権の度合いはそれほど強くないが，地域本社による調整に重点を置きながら，子会社による自主性も一定程度容認するのは欧州地域ブランド管理の特徴だと考えられる。

(2) **消費者行動の視点に立ったブランド管理**

企業は広範囲にわたって消費者認知という規模の経済性を達成するため，中央組織による一貫したブランド実行や管理を望むのが一般的である。一方，各国の組織はローカル市場のユニークさから判断して，独自性を持つブランドの実行や管理を要求する。

Barron & Hollingshead（2004）と Kapferer（2005）は消費者行動の視点に立ち，ブランド管理にあたり，ローカル志向の重要性を示唆した。というのも，ブランド戦略の実行が同様であっても，消費者のライフステージ，または消費者の所属グループが異なれば，ブランドが象徴する意味に対する捉え方も大きく変わるからだ。つまり，国籍，文化，歴史などの要因が絡み合う結果，異なる市場コンテキストにおいては，製品やサービスがまったく同じであっても，消費者によって違う解釈や意味付けが行われる。

加えて，消費者リサーチはローカル・レベルで行われ，世界全体を範囲として消費者の知覚調査を実施する企業は滅多にない。現地の調査機関は独自

の調査票を用いてセグメンテーション研究を行い，各市場の独特なセグメント・スキームを創出できるが，比較可能性を欠くため，世界共通のセグメンテーションを発見できないという。グローバル・ブランドの開発や管理に際して，ローカル子会社間または本社とローカル子会社間のコラボレーションの重要性を強調した（Barron & Hollingshead 2004）。

　また，多くの産業において（サービス産業も含めて）川上や生産工程では標準化が依然として重要だが，ブランドや製品といった川下過程での標準化は程遠いとKapferer（2005）は指摘した。とりわけ，川下や顧客寄り側では，グローバル・コンセプトは地域またはローカルのコンセプトに置き換えられる傾向がみられ，特定の地域のための製品開発はより一般的になっているといえる。

　さらに，企業活動のグローバル化に伴い，消費者に製品やサービスを提供する従業員も多国籍化している。言語や文化または個人的なバックグランドなどの障壁によって，現地の従業員による製品やサービスの提供の仕方などもローカル化される傾向が強まるだろう。その結果，世界範囲での統一したBIやブランド・イメージの確立は極めて困難な挑戦である。

　したがって，ブランド管理形態に関する多くの研究では，とりわけグローバルまたはリージョナル・ブランドの管理に際して，本社集権的な管理形態が主張されてきた。なぜならば，企業は強力なブランドを構築するには，マーケティングの起点に立って，世界を視野に全社一貫したBIを作り上げねばならないためである。BIは統一したブランド・イメージを形成させる裏付けであり，統一したブランド・イメージは国境を越えて移動する消費者への対応に効果的だとされる。

　しかしながら，これらの研究は主に企業の立場に立脚し，管理者の特性や組織形態に焦点を合わせた研究である。ブランドは特殊の無形資産として，購買意思決定のプロセスにおいて，消費者に集約的な情報および意味を提供し消費者の購買を促している。企業はブランドを介して顧客との関係性を形成しようとする。消費者との価値共有または共創は関係性形成の基盤であり，持続的競争優位を生み出す源泉でもある。それゆえ，ブランド管理を議

論する際，消費者行動に関する研究と結びつきながら展開すべきである。

たとえまったく同様な製品やサービスが提供されても，消費者によって行う意味付けが違う。そのために，世界範囲でのBIやブランド・イメージの構築や管理は，本社マネジメント，リージョンまたはローカル・マネジメントのみならず，従業員および消費者も取り巻いた環境の中で実施されねばならない。つまり，ブランド管理において，本社のトップ・マネジメントによる強いコミットメントが欠かせないが，現地の消費者の購買行動をより適切に把握しその関係性を構築するために，本社，リージョンとローカルの相互間のコラボレーションも必要不可欠である。

世界的企業の経営者はグローバルな効率，国ごとの適応性，世界的基盤に立って知識を開発する能力を同時に持ち合わせる必要があるという（Bartlett & Ghoshal 1989）。グローバル・ブランドは企業のグローバルな競争力をつけるための極めて有効な手段の一つである。また，ローカル子会社によるBIの開発や管理への参加と協力，ローカル・マネジメントの意見等を採り入れることによって，現地適合の度合いを高めるのに寄与できると考えられる。こういった相互作用を通して，組織間での共同学習の機会も増し，BIに関する共通認識の基盤も次第に広がる。最終的に，顧客との関係性という持続的競争優位の形成に貢献する。したがって，本社集権的な意思決定よりも，リージョンとローカルとも囲い込んだ意思決定の方が，顧客との関係性の形成に役立つと考えられる。

4. グローバル・マーケティングの進化プロセスにおけるブランド管理

既にグローバルに進化している企業もあれば，国内市場にとどまる企業も存在するように，企業の国際化の進捗度にはバラツキがある。企業の国際化の度合いが異なれば，それぞれ管理すべきブランドの範囲も違う。したがって，成長し進化し続ける企業であればあるほど，企業のブランド管理も自社の国際化度に照らし合わせてダイナミックに捉えられるべきである。ここ

で，グローバル・ブランドの進化プロセスに沿いながら，企業のブランド管理の特徴について検討する。

図表4-5はグローバル・マーケティングの進化プロセスとそのブランドの範囲を示している。国際マーケティングは製品の輸出から始まる。その際，

図表4-5　グローバル・マーケティングの進化とブランドの範囲

マーケティングのタイプ			製品計画	ブランドの範囲
国内マーケティング	国内に焦点		本国消費者向け製品開発	国内ブランド 国内市場のみ ローカル管理
輸出マーケティング	国の選定⇔輸出 参入のタイミングと手順		本国消費者ニーズを第1に考えた製品開発	ローカル・ブランド 特定のローカル市場向けの輸出販売
国際マーケティング	・マーケティング戦略の修正 ・新ナショナル・ブランドの開発と取得 ・広告・プロモーション・流通コストの分担	国1 国2 国3 国4	現地ニーズに基づく現地での製品開発	地域ブランド 国際化プロセスの初期段階 国内ブランドによる海外拡張 一地域のみの多市場での販売 販売国数が少ない
多国籍マーケティング		地域1 地域2	地域間ではなく，地域内での標準化	多地域ブランド 市場を越えた集中したあるいは標準化したマーケティング・プログラムがない 多地域，多国での販売 主要3大地域に全て存在しない（北米，ヨーロッパ，アジア）
グローバル・マーケティング	・国や地域を越えたマーケティング・ミックスの調整 ・調達・生産とマーケティングとの統合 ・製品ポートフォリオの均衡と成長のための資源配分		地域別多様性を許容するグローバル製品	グローバル・ブランド ポートフォリオを支える役割 全関係ブランドのためのコートテール効果 3大地域の多数の国での販売

出所）Chakravarthy & Perlmutter（1985），p. 6, 表2, Douglas & Craig（1989），p. 50, 図表2, Townsend, Yeniyurt & Talay（2009），p. 541, 表1に基づき筆者が作成。

ほとんどの企業は自社の国内ブランドをそのまま海外に移転し販売している。加えて、その段階では自国の消費者のニーズを第一に考えるため、ブランド管理は国内にとどまることになる。

　国際化が進展するにつれ、販売する国や地域は次第に拡大していく。とはいえ、グローバル・マーケティングに到達するまで、ローカル・ニーズに合わせた製品開発またはリージョナル・ブランドの育成に専念すればよい（大石 2001）。特に国際化の初期段階で展開されるブランドは現地のブランドとして認知される傾向がかなり強い（例えば、アジア地域に導入されているP&Gのパンテーン）。さらに、多国籍マーケティング段階において、グローバルな地理的範囲を越えて集中したまたは標準化したマーケティング・プログラムがまだ存在しないため、基本的にローカルまたはリージョン中心のブランド戦略が展開される。したがって、グローバル段階に到達しないうちは、ブランド管理において地域標準化または現地適合化が中心となる。

　国際化の成熟段階ではグローバル・マーケティングが主流となる。この段階において、世界的範囲で流通し販売されるグローバル・ブランドが創出される。そのグローバル・ブランドはすべての関連ブランドにコートテール効果を与え、ブランド・ポートフォリオを支える存在となる。そのため、多様性を包括しながら世界的シナジー効果を高め、統一されたイメージを作り上げなければならない（大石 2001）。つまり、世界中の消費者と共感を生み出せるBIの構築を迫る。その際、本社、リージョンとローカル間に相互的な協力関係が存在してこそ、首尾一貫したBIの創造と管理に貢献できる。同時に、ローカルまたはリージョナル偏向性を避けるために、本社のトップ・マネジメントによる強いコミットメントも欠かせない。

5. グローバル・ブランド・アーキテクチャー管理とネスレの事例

　企業がグローバル・フィールドにまで事業範囲を拡大するに伴い、単なるローカル市場にアクセスするために流通チャネルを獲得するといった目的の

買収以外に，既存資源を活用するための有名企業やブランドの買収も目立つようになった（例えば，ネスレによるカーネーション社の買収）。もちろん，企業自らが新たに開発するブランドも存在する。企業のブランド・ポートフォリオは常に変動している。また，企業はこれらのブランドを，ローカル市場に限定して流通・販売するか，地域内で標準化を図るか，それともグローバル市場に流通・販売していくかに関する意思決定を行わねばならない。

そこで，ブランド管理のカギは，企業が保有しているすべてのブランド同士の相互関係を明確化したうえで，各ブランドをグローバル・ブランド・ポートフォリオの中でいかに効果的に配置するかにある。本節では，ブランド間の関係を整理したうえで，ネスレの事例を用いながら，グローバル・ブランド・アーキテクチャーの管理について考察する。

(1) ブランド間の関係

ブランド階層はブランド間の関係を検討する際によく取り上げられるトピックである。Keller（2008）によると，ブランド階層とは，企業のブランディング戦略を図式的に表す有効な方法であり，全製品の共通するブランド要素と異なるブランド要素の数と性質を明らかにし，ブランド要素の序列を明示するものである。ブランド階層は，ある製品に新しいブランド要素と既存のブランド要素をどのように配分するか，それらの要素をいかに組み合わせるか次第で，様々なブランド化の方法が可能であるという理解に基づいている。つまり，ブランド階層から，各ブランドの高低レベル関係，パワーブランドまたは支配ブランド，属性ブランドの特徴などは一目瞭然となる。ブランド間の関係を明確化することは，効果的かつ効率性の高いブランド展開を可能にする。

図表4-6はブランドの基本的な構成要素の概念を示す。ここで，企業ブランドの重要性を特筆したい。企業ブランドがマスター・ブランドや特にエンドーサー・ブランドであるといったケースが大半を占める。さらに，マスター・ブランドはドライバーの効果も持ち合わせるため，グローバル・

図表 4-6 製品定義の基本的な構成要素

構成要素	概念
マスター・ブランド	製品やサービスを認識する際の最初の表号であり、評価の基準点となる。例えば、トヨタは乗用車を規定するマスター・ブランドである。
エンドーサー	製品やサービスに信頼性と実体を与える。通常は組織ブランドである。例えば、IBMはロータスがそのブランドの約束を果たすと暗に保証している。
サブブランド	ブランド展開の基本的な枠組みであるマスター・ブランドの連想を修飾・修正するブランドである。例えば、ソニーのウォークマン。
ドライバーの役割	ブランドへの購買決定を促し、使用経験を明確にさせる影響力の程度を反映するものである。ドライバー・ブランドは通常、マスター・ブランドかサブブランドである。例えば、トヨタはトヨタ・カローラの主要ドライバーである。

出所) Aaker (2004)、訳53-58頁に基づき筆者作成。

フィールドにおける企業のマーケティング活動の統合、事業のシナジー効果の発揮にも決定的な役割を果たせるに違いない。

また、企業ブランディング戦略を展開している企業はグローバル・ブランドを持つ可能性が高い（例えば、ソニーやシーメンス）。こういった企業は中央集権的組織構造またはグローバル製品事業部制を採用する傾向が強い。スタイルや特徴などがローカル市場に適合せず、品質と信頼性という無形の次元を強調することによって、世界範囲における製品ラインの標準化を図ろうとしている（Douglas et al. 2001）。

ブランド階層はブランド間の縦の関係に焦点を合わせている。特に、ブランド拡張によるブランド・エクイティの希薄化を防ぐために、ブランド間の横の関係も合わせて検討しなければならない。つまり、企業はブランドを個々に捉えるのではなく、世界範囲での事業統合の効果を念頭に置きながら、個々のブランドの役割および互いの関係（マスター・ブランドかエンドーサー・ブランドか）、各ブランドの組織レベル（企業ブランドか製品ブランドか）、ブランドの地理的ロケーション（グローバル・ブランドかローカル・ブランドか）などの要素を包括して体系的に把握し管理していかなければならない。

企業は自ら保有するすべてのブランドをブランド・ポートフォリオに適

切に配置し，ブランド間の関係の明確さ，ブランド間のシナジー効果，レバレッジ効果を図りながら（Aaker 2004），ブランド管理を実施していくべきである。一貫性を持たせたブランド展開はグローバルな BI の構築に役立ち，消費者に明確な価値の提供可能性を増大させると同時に，企業と顧客との関係性形成・維持にも寄与できる。

(2) グローバル・ブランド・アーキテクチャー

単一市場のブランド・ポートフォリオはグローバル企業のポートフォリオの一部分にしかすぎない。事業の規模や範囲の拡大に伴い，ブランドの管理ははるかに複雑となり，その困難さも一層増す。国境や市場を越えて，企業が保有するすべてのブランドをいかにブランド・ポートフォリオ上に構造的に配置し管理していくかは，企業にとって全社的戦略の方向性を定める重要な意思決定である。

ブランドはグローバリゼーションのプロセスに沿いながら，国内ブランドからグローバル・ブランドへと進化していくため，グローバル・ブランド・アーキテクチャーの現象を理解することは管理の要となる。グローバル・ブランド・アーキテクチャーは，グローバル・ブランド・ポートフォリオの組織的構造をダイナミックに捉えるものとされる。アーキテクチャー上にある各ブランドのポジションは地理的範囲の連続体と一貫性の程度に基づき，ブランド・ポートフォリオの構造的配置として概念化される（Townsedn et al. 2009）。グローバル・ブランド・アーキテクチャーは地理的ロケーションを越えた組織におけるブランド・ポートフォリオ管理に関する意思決定を調和する理論的な根拠の構築，およびそれに関連するプロセスと結果を示す（Douglas et al. 2001）。

また，グローバル・ブランド・アーキテクチャーは，企業ベースの特性，製品市場特性および市場ダイナミックによって形成される（Douglas et al. 2001）。企業の歴史は現行のブランド戦略を形成しているが，市場ダイナミック，経済の成長と政治の統合，メディアコストの上昇などにより規模と範囲の経済性の達成に向けて，さまざまな国家市場に通じるブランディング

の調和を強いる。したがって、ブランド・アーキテクチャーは生きた組織のように、こういったドライバーによって形成し進化を続けている。ブランド・アーキテクチャーの適切な管理によって、企業のグローバル活動の効率性を大いに向上させることができる。

(3) ネスレの事例

ネスレはグローバル規模でのM&A活動を通して国際的ブランド・アーキテクチャーの構築に成功した企業の1つである（Douglas et al. 2001）。ネスレはスイスに本社を置く世界最大の総合食品メーカーであり、約1万種類の商品を世界140カ国以上で展開している。企業買収によるマルチ・ブランド戦略を展開し、買収されたブランドに「ネスレ」の名を表に出さず、そのまま生かすところに、ネスレ流ブランド戦略の特徴がある。

2014年度の売上高は916億1,200万スイスフラン（約10兆5,800億円），営業利益は140億1,900万スイスフラン（約1兆6,200億円），純利益は144億5,600万スイスフラン（約1兆6,700億円）である。同年度の地域別売上高構成比は、欧州25.9％、アメリカ39.4％、アジア・オセアニア・アフリカは26.3％である。また、製品グループ別売上構成比は、粉末、液体飲料20.3％、乳製品、アイスクリーム16.7％、調理済み食品、調理用食品13.5％、ニュートリション&ヘルスサイエンス13.1％、ペットケア11.3％、菓子9.8％、ウォーター6.9％となっている。地域的にも製品事業部門的にも一極に集中せず、リスクを分散しながらバランスよい成長戦略を構築されている。

ネスレ本社のブランド管理組織は、「SBU（Strategic Business Unit）」と「ゾーン・マネジメント（Zone Management）」を組み合わせたグローバル・マトリックス組織構造をとる（大石 2004）。SBUはいわゆる製品事業部であるのに対して、ゾーン・マネジメントは地域で販売されている製品ブランドすべてを統括する地域事業部である。大石（2004）のインタビュー調査によると、この2つの組織は本社に所属し、インフォーマルなコミュニケーションを頻繁に行っており、常に両者の意思疎通は図られているという。

また，ネスレ本社による各国現地法人への製品ブランド管理は，当該国の戦略的重要性や社内における製品ブランドのプレゼンスに応じて異なってくる。当該国や当該ブランドの重要性が高ければ高いほど本社によるコミットメントも強くなる傾向にある。

　ネスレのブランド・アーキテクチャーはグローバル企業ブランド，グローバル戦略製品ブランド，リージョナル（企業＆製品）ブランドおよびローカル・ブランドの4レベルからなる（Douglas et al. 2001；ネスレHP；大石 2004）。ネスレはワールドワイドにおいて，6のグローバル企業ブランド（ネスレ，ネスカフェ，ネスティー，マギー，ブイトーニ，ピュリナ）と45のグローバル戦略製品ブランド（例えば，キットカット，エアロ，ペリエ，クランチ）を持ち，各グローバル企業ブランドはそれぞれのグローバル戦略製品ブランドのエンドーサーとなる。また，25のリージョナル企業ブランドと100のリージョナル製品ブランド（例えば，コンタディーナとストーファー），700のローカル戦略ブランドと約8,500のローカル・ブランドを所有している。

　ネスレのグローバル・ブランド・アーキテクチャー管理の特徴として，以下の4つが挙げられる。第1に，各ブランドの戦略的ポジション（グローバル戦略製品ブランド），ブランド間の関係（各レベルの企業と製品ブランド），ブランドの範囲（グローバル，リージョナル，ローカル）は明確である。

　第2に，グローバル企業ブランドはドライバーの役割を果たしながら，マスター・ブランドでもあり，その傘下にあるグローバル製品ブランドのエンドーサーともなる。それゆえ，グローバル・ブランドはSBUとトップ・マネジメントの統轄のもとで意思決定が行われている（大石 2004）。ブランド階層でのポジション，影響を及ぼす範囲および事業の統合力に応じて本社によるブランド管理へのコミットメントの度合いや集権力は変化する。

　第3に，リージョナル・ブランド（企業＆製品）はSBUとリージョナル・マネジャーの管轄下にあり，両者が協議してグローバル・ブランド管理を行っている（大石 2004）。つまり，リージョナル・ブランドの管理は，本社

集権的ではなく、リージョナル・マネジャーにその管理の権限を委譲しながらSBUとの協力を図って展開されている。

第4に、グローバル・ブランドに比例して、ローカル・ブランドの数は圧倒的に多い。これらのローカル・ブランドの管理はローカル市場の状況に最も詳しいローカル・マネジャーに任せており、本社はモニターだけを行っている（大石 2004）。

要するに、ブランド・ポートフォリオの適切な配置、すなわちグローバル・ブランド・アーキテクチャーの管理こそブランド管理の中心となる。各ブランドの役割、戦略的重要性およびグローバル事業を統合するパワーに応じて本社トップ・マネジメントによるブランド管理へのコミットメントや統轄力も異なる。

ブランドは特殊な無形資産として、企業のグローバル事業活動を統合し、シナジー効果、レバレッジ効果を発揮させるのに決定的な役割を果たしている。近年では、トップ・マネジメントがブランド管理組織の責任者であり、ブランド管理に積極的にコミットメントしている傾向が見られる。トップ・マネジメントによる強いコミットメントは世界範囲において首尾一貫した明確なBIの構築を促し、こういったBIは企業の独特なポジショニングの確立の土台をなす。独特なポジショニングは消費者基盤を拡大させるドライバーである。消費者基盤の拡大は自社製品が購買される可能性を増大させ、利益の確保に直結する。

ところが、熾烈な競争が繰り広げられてコモディティ化が急速に進んでいる市場環境の中で競合他社に勝つためには、顧客との関係性形成という次元において競争優位性を獲得しなければならない。つまり、ブランド管理論は企業側の視点に立って議論するだけではその限界を迎えつつある。消費者行動論の視点も取り入れなくてはならない。こうして、顧客インターフェイスとしてのブランドが消費者によっていかに解釈され意味付けされているかを理解し、その理解が顧客との関係性形成の前提をなし、実際に国境を越えてブランドを管理する上で役立つと認識されるべきであろう。

それゆえ、グローバル・フィールドでブランドを管理するにあたり、本社

とリージョナルおよびローカル子会社との相互間のコラボレーションは欠かせない。ローカル市場のコンテキストや消費者への理解は，グローバル市場で消費者を勝ち取り，その関係性形成を促す必要条件であり，グローバル戦略の成功を支えている。今後，特にグローバル・ブランドの管理は，リージョンとローカル・マネジメントに一定の権限を委譲しつつ，本社による強いコミットメントのもとで展開される傾向にあると予想される。

【用語解説】

ポジショニング・アプローチ
企業の成功を促す外部要因であり，目標を達成させるために都合の良い環境に身を置く戦略である。都合の良い環境とは，企業の目標達成を指示してくれる，もしくは目標達成を邪魔する外部の力が弱いような環境である。さまざまな産業における構造を分析して，その中で自社をどう位置付けるかを考えるための枠組みを提供するのが，ポジショニング・アプローチである（青島・加藤 2012）。

リソース・ベースド・ビュー
「内」に注目する戦略論である。他社との競争において重要な優位をもたらす独自性の高い経営資源が対象となる。他社にないノウハウ，強力なブランド，独自の企業文化などは，その代表例である。独自能力の多くは「見えざる資産」から構成されるため，企業外部からの調達がきわめて困難である（青島・加藤 2012）。

ブランド・アイデンティティ
企業が顧客に知覚されたい，顧客のマインドの中に創造し，維持しようと意図するブランドのユニークな理想像である。その BI には企業が競合他社と差別化し消費者に伝達したいメッセージのすべてを含む。

ブランド・マネジャー制度
古典的なブランド管理制度であり，その原型はプロダクト・マネジャー制度である。当該制度はアメリカの P&G 社が，1931 年に責任と権限を詳細に規定する形で採用した。ブランド・マネジャーの目標は，社内の他のブランドを犠牲にしても，担当ブランドを成功させるということである。ブランド数の増加により職能別組織はその管理に対応しきれないため，ブランド・マネジャー制度は，1950 年代から 60 年代にかけて欧米企業を中心に普及した。

ブランド・ポートフォリオ
マスター・ブランド，エンドーサー，サブブランド，ブランド差別化要素，共同ブランド，ブランド活性化要素，企業ブランドなど，現在活用されていないものも含め，組織によってマネジメントされるすべてのブランドを含む（Aaker 2004）。

【参考文献】

Aaker, D. A. (1996), *Building strong brands*, Free Press.（陶山計介・小林哲・梅本春夫・石垣智徳訳『ブランド競争の戦略』ダイヤモンド社，1997年。）
Aaker, D. A. (2004), *Brand portfolio strategy*, Free Press.（阿久津聡訳『ブランド・ポートフォリオ戦略』ダイヤモンド社，2005年。）
Aaker, D. A. & Joachimsthaler, E. (2000), *Brand leadership*, The Free Press.（阿久津聡訳『ブランド・リーダーシップ』ダイヤモンド社，2000年。）
Barron, J. & Hollingshead, J. (2004), "Brand globally, market locally," *Journal of Business Strategy*, 25 (1), pp. 9-15.
Bartlett & Ghoshal (1989), *Managing across borders: The transnational solution*, Harvard Business School Press.（吉原英樹監訳『地球市場時代の企業戦略』日本経済新聞社，1990年。）
Douglas, S. P., Craig, C. S. & Nijssen, E. J. (2001), "Integrating branding strategy across markets: Building international brand architecture," *Journal of International Marketing*, 9 (2), pp. 97-114.
Kapferer, J. N. (1997), *Strategic brand management: creating and sustaining brand equity long term*, Kogan Page.
Kapferer, J. N. (2005), "The post-global brand," *Journal of Brand Management*, 12 (5), pp. 319-324.
Keller, L. K. (2008), *Strategic brand management*, Prentice Hall.（恩蔵直人監訳『戦略的ブランド・マネジメント』東急エージェンシー，2010年。）
Lee, L. (2013), "The relationship between global brand and country of origin in Chinese consumption market," *International Review of Business*, 13, pp. 87-112.
Townsend, J. D., Yeniyurt, S. & Talay, M. B. (2009), "Getting to global: An evolutionary perspective of brand expansion in international markets," *Journal of International Business Studies*, 40, pp. 539-558.
青木幸弘（2004）「製品・ブランド戦略と価値創造」青木幸弘・恩蔵直人編『製品・ブランド戦略』有斐閣，1-33頁。
青木幸弘（2010）「ブランド構築と価値のデザイン」池尾恭一・青木幸弘編著『日本型マーケティングの新展開』有斐閣，204-229頁。
青木幸弘（2011）『価値共創時代のブランド戦略─脱コモディティ化への挑戦─』ミネルヴァ書房。
青島矢一・加藤俊彦（2012）『競争戦略論 第2版』東洋経済新報社。
大石芳裕（2001）「グローバル・マーケティングの現代の課題」近藤文男・陶山計介・青木俊昭『21世紀のマーケティング戦略』ミネルヴァ書房。
大石芳裕（2004）『グローバル・ブランド管理』白桃書房。
恩蔵直人（2007）『コモディティ化市場のマーケティング論理』有斐閣。
ネスレ，2014年アニュアルレポート。
ネスレホームページ：http://www.nestle.co.jp/（2015年9月16日最終アクセス。）
原田将（2010）『ブランド管理論』白桃書房。
和田充夫（2002）『ブランド価値共創』同文舘出版。

（李　玲）

第5章

ロジスティクス管理

概要

　本章はロジスティクス概念が企業の担うロジスティクスの業務と地理的範囲の拡大に伴い，変遷してきた点をまず指摘する。サプライチェーン・マネジメント（SCM）がビジネスモデルとして定着するにしたがって，ロジスティクスとSCMとの関係がどのようになっているかを示すことで，ロジスティクスの役割の重要性を強調したい。タイと中国に進出した企業がローカルとグローバルといった両面の視点から最適なロジスティクス管理を行うための方法を，事例紹介により明らかにしてみる。加えて，非常時のロジスティクスも紹介する。総じて，グローバルビジネスにおけるロジスティクスの位置付けと役割と戦略的管理の仕方を学ぶための材料を提供したい。

キーワード：
ロジスティクス，サプライチェーン・マネジメント（SCM），バリューチェーン，サードパーティ・ロジスティックス，フォース・パーティ・ロジスティックス

1．ビジネスのグローバル展開におけるロジスティクスの役割

　本章ではロジスティクス論と実務の視角から，日系企業がアジア諸国などに直接投資を行い，生産工場を設けた場合，重要な業務となるロジスティクスをどのように構築するかを扱う。生産活動ではいかに安く製造し，品質を

維持ないし向上し、歩留りを上げながら生産効率を上げるかが、工場の主な役割となる。その意味で、製造工程は一次的な使命を担う。品質要件なら、目的とするスペックの必要十分条件を満たせばよい。歩留りに関しては、無駄なく原材料を使用し製品化する点に重点が置かれる。生産効率であれば、一定時間内にいかに数多く生産できるかを競うから、可視化可能な数値や指標で成果が表される。

　生産活動の中でロジスティクスは製造工程とは違って、製品を生産するわけでなく、生産活動を助ける副次的なサービスに他ならない。製造が主であれば、ロジスティクスは従の位置付けにあり、補完機能に過ぎない。例えば、生産効率を上げるとすれば、ロジスティクスは一つの生産工程に無駄なく部材を送り込み、生産作業を止めないよう順序良く送り込む手段を考え、一作業毎のタクトタイム（作業時間）を短くすればよい。これは製造に関してのロジスティクスであり、生産工場内で機能ごとに様々なロジスティクスがあるという認識に行き着く。Frazelle (2001) は、ロジスティクスがビジネスの変容に呼応するように進化していると述べている。Frazelle は図表6-1において、企業活動の場や空間毎のロジスティクスが、徐々に繋がりサプライチェーンを支える「サプライチェーロジスティクス」に到達していることを指摘している。さらに、1990年代以降は「グローバルロジスティク

図表 5-1　Frazelle が示したロジスティクスの進化

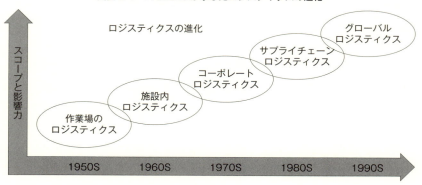

出所）Frazelle, E. H., 訳書（2007），7 頁。

ス」の時代の渦中にあり，2000年代については言及されていない。

　まず，ここでは2000年代のロジスティクスの特徴を述べる前に，Frazelleが議論の対象としたロジスティクスに関して，筆者の事例研究をふまえて2000年以前のロジスティクスが有する特徴を説明したい。その後2000年代のロジスティクスを論じ，グローバルビジネスにおけるロジスティクスとは何かを明らかにし，さらに事例研究を通じて両者の関係をより浮き彫りにする。そして，今後のロジスティクスの展開の方向性を予測してみたい。

2. ロジスティクスの概念と機能の変遷

(1) 1970年代以前のロジスティクスと（ビジネス）ロジスティクス活動の一般概念

　本章で論じるロジスティクスはB to B（ビジネス to ビジネス）間のロジスティクスを対象とし，主体は工場の生産活動にある。生産活動において発生するロジスティクスとして，調達活動（生産材量の購買と仕入れ）と生産活動そして製品配送が対象となる。図表5-1においては1950～1960年代の作業場と施設内のロジスティクスがそれに該当するといえるだろう。以下，岩城（2005）に依拠して，トヨタ生産システムのロジスティクスにおける改善運動の経緯などを事例に挙げ，ロジスティクス機能の変遷を捉えてみたい。

(2) トヨタ生産システムを事例としたロジスティクスの機能の可視化

　図表5-2は，前章で見たFrazelle（2001）の1950年代の「作業場ロジスティクス」に相当する。Frazelleは生産工場内での生産活動において，各製品単位（例えばドアやシートなどの中間製品単位）作業をグルーピングして1つの各工程単位にまとめて一製造ラインとして構成していくことを「作業場ロジスティクス」とみなしている。

　図表5-3から，工場内において工場内の製造ラインに効率良く，そして切

2. ロジスティクスの概念と機能の変遷　83

図表 5-2　工程の縦持ち

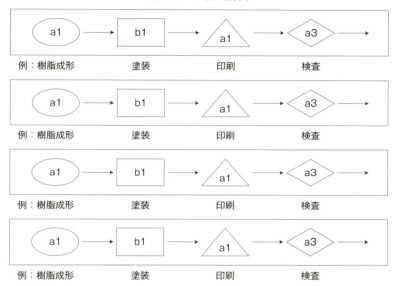

1. 製品ごとに関連工程をまとめる。
2. 工程の進行順に配置。
3. 規則正しく（例・一個ずつ）連続して流す。

出所）岩城（2005），27頁。

図表 5-3　工場内外物流接続例

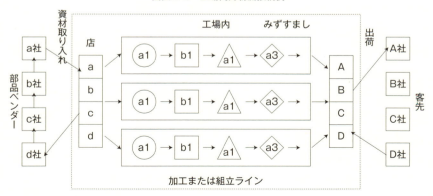

出所）岩城（2005），29頁。

84　第5章　ロジスティクス管理

図表 5-4　従来の情報系統と品物の移動

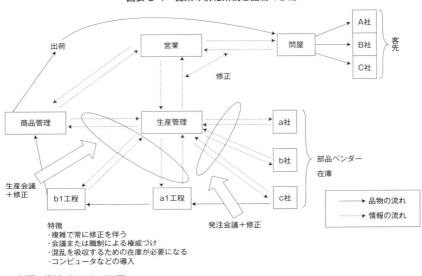

出所）岩城（2005），37頁。

れ間なく部品を外部のベンダーから送り込む方法が，生産工場と各ベンダーとの工場間で構築されるものと解される。これを工場単位，企業単位として行うので「コーポレートロジスティクス」と呼んでよい。

　コーポレートロジスティクスの進化系が図表5-4と図表5-5に相当する。図表5-4は作業の流れ以上に部品のものの流れを主体として効率良く流すことを念頭に置いたものである。つまり作業効率を上げるために，各作業を切れ目なく行うことが重要で，部品や次の作業に手渡す時間を短くすることが重視された。

　したがって，図表5-4の中央にある生産工場内にある生産管理部が各部品ベンダーに生産計画に基づいて部品の購入の注文を行い，同工場への納期を定める。更に同管理部は各工程に各ベンダーからの部品を，オーダーとか生産と呼ばれる単位毎に部品をロットや数量に分る指示をベンダーにリクエストして，1台毎の自動車の生産タイミング毎に部品を送り込むことを進めていくようになった。

2. ロジスティクスの概念と機能の変遷　85

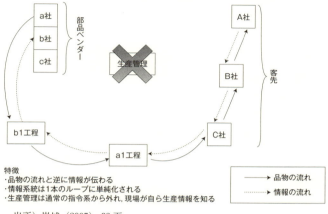

図表5-5　トヨタ生産方式の情報系統と品物の移動

特徴
・品物の流れと逆に情報が伝わる
・情報系統は1本のループに単純化される
・生産管理は通常の指令系から外れ、現場が自ら生産情報を知る

出所）岩城（2005），38頁。

そして図表5-5において，トヨタ生産方式の概念の1つが形成される。すなわち，「ジャストインタイム」に到達するのである。生産工場内で在庫は持たないという原則を履行するのに他ならない。生産工場内では無駄を省き，製造ラインのタクトタイム（工程間の時間や単位当たりの消費時間）をロジスティクスにより早くし，そして生産工場だけで全体の生産効率を高めるのでなく，ベンダーの工場ですら製造工程の一部とみなして生産管理部がベンダー毎への注文や納期を出すことを止めてしまうのである。

代わりにミルクラン輸送という手法を用いて定時に各ベンダーに部品を，必要な分だけ，必要な時間に工程ごとに生産工場に送り込むのである。

(3) 流通業におけるロジスティクス機能の可視化

別の事例研究として流通業のセブンイレブンを取り上げたい。前項では生産や調達に関するロジスティクスについて事例研究を通じて理解を進めた。では，製品や商品を販売するにあたって，どのようなロジスティクスが機能しているのか見てみよう。

碓井（2009）によれば，セブンイレブンのバリューチェーンの特徴は資本関係の無いフランチャイジーやパートナー企業との垂直統合を組み立て，か

つ多くのパートナーと連携している点にあるという。

　同社は1974年に設立された小規模店舗で，その当時のコンビニエンスストアの顧客のニーズは，次のようなものであった。「納品はケース単位ではなく，必要数だけのバラ個数あるいは小ロットでの納品，商品の回転数に応じて頻度の高い納品が必要だ。配送のトラックもできるだけ集約し，しかも毎回定時の輸送を行ってほしい。日曜や祭日，正月もフレッシュな商品が食べられるよう，通常の納品を行ってほしい。納品リードタイムは短く欠品は少なく，しかも粗利は更に高くならないのか。ファーストフードや牛乳，惣菜は温度管理や品質管理を高め1日2～3便にならないのか・・・（碓井 2009，111頁）」。

　これらの難しい顧客のニーズに応えるために独自のロジスティクス改革と確立を進めたが，その際，以下のような特徴が見られた。「発注・物流システム，生産管理システム，在庫管理システム，情報共有システム，売掛・請求システムなどを網羅しており，物流センターの総合システムや，製品・原材料メーカーとの受発注や情報共有もサポートしている。購買・調達の支援活動においても，自動車メーカーとの協業によってカスタマイズや最適設計などを行った約3,800台の配送車両を，物流センターに導入している。メンテナンスや設備機器も開発・整備することで，153カ所の専用物流センターの効率化とサービス品質向上を実現している（碓井 2009，110頁）」。

　普段我々はロジスティクス機能のサービスを直接享受しているのではなく，商品を購入してのサービスを購入しているため，なかなか上記のロジスティクスの特徴について経験を通じ理解することは難しい。

　その特徴を確立するに至るまでには，長期間にわたり地道な努力が払われていた。すなわち，「品質・鮮度の高い商品提案にマッチさせるには，当時の卸売業のサービスにリンクすると，実現が難しかった。卸問屋との取引契約にも制限があり，段ボール単位で納品される商品は平均日販40万円弱の店舗では回転しきらず，アイテム数をそろえれば在庫の山となる。78年の平均在庫高は873万円，在庫回転数15.7回／年と現在の40回転の3分の1強であった（碓井 2009，111頁）」。

2. ロジスティクスの概念と機能の変遷   87

図表 5-6　セブン-イレブンの物流システム

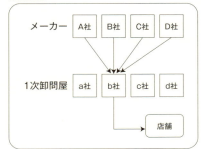 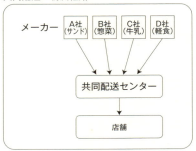

出所）碓井（2009），113頁。

　輸送手段を多様化し小ロット，多品種，店舗当たりのトラック台数を減らしてコストダウンを進めながら，輸送頻度を落とさないために，さらに集約配送と共同配送を行った。つまり，改善悪にならないよう，効率性を上げるロジスティクスの構築が図られているところに注目したい。

　集約配送は図表5-6の左図にあるように，共同配送を行う以前は一次問屋1社に対して1店舗1台のトラックを用立てていた。つまり，一般的に買い手のボリュームが大きくなれば，その分ボリュームディスカウントを要求することができない仕組みになっていたのである。これがロジスティクス上から見る，かつてから存在していた輸送効率の向上を阻害していた原因の1つであった。

　本論では，ロジスティクスはビジネス主体ではなくて，従であり補完するものとして位置づけて議論しているが，主としての一次卸問屋における従のロジスティクスの，従を変えることによって主を変えることはできなくとも，結果を変えることができると示している。

　それを表すのが，図表5-6の右図である。一次卸問屋の商品を共同配送センターに集約することによって同センターを基地局として各店舗に自らの管理下に置き，顧客のニーズに応じた配送ができるようになった。そして，結果として他の卸問屋の持つ既得権益としての1つのロジスティクスをセブンイレブンが奪うことにより，一次卸問屋が気づかぬ間に流通の構造改革が行

われていたといえる。

　この共同配送改革により，共同配送センターに各取引メーカーの商品を1拠点に集め，複数のトラックではなく1台のトラックでかつ定期輸送が可能となった。また，食料品などの各温度帯管理が必要なトラックの集約定時輸送を可能にせしめ，店舗の品揃えと品質を高め，売り上げに寄与するようになったのである。

　碓井（2009）も述べているように，それは，伝統的な日本の流通システムの変革への挑戦であり，1976年の共同配送開始から今日まで粘り強く日々続けられており，今すぐに180度変革できるものではなく，息の長いものであった。

(4) ロジスティクスの作業導線

　セブンイレブンのロジスティクス改革と構築は，ロジスティクスの果たす役割の定量化には難しいが，ビジネス戦略レベルで影響を与えていることは容易に推測できる。

　1つの共同配送センターを基点として，1日当たりの商品の可能供給量と輸送範囲が規定される。このトラックの各店舗への定期輸送能力を勘案して，店舗展開の拡大を検討する重要な要因となり，図表5-7に示すように，1つの地域のビジネス稼働範囲を規定する尺度となる。

　地方に旅行や出張をした時にセブンイレブン以外のライバルのコンビニ企業の店舗を見かけるが，コンビニ業界トップ企業の同社の店舗を見かけない時がないだろうか。

　セブンイレブンのドミナント出店戦略をロジスティクス機能が裏付けており，他社と比べて出店エリアが全国的に拡散していないのは，この理由に起因しているようだ。

　また，欠品率を低く維持するためにロジスティクスとしての稼働可能範囲の外から出ないことを強く戒めているからこそであると推量できる。逆に，稼働可能範囲であれば顧客が集中している場所にいくらでも出店してよいとも言えよう。

2. ロジスティクスの概念と機能の変遷　89

　この議論は軍事における兵站線の論理と同じである。決戦する場は，ビジネスにおいてはドメインを設定することである。決戦場で戦闘を維持するためには，兵員や物資などを送り込み戦線を維持しなければならず，兵站線を策定し維持する兵站活動も必須となる。

　兵站機能に対して特に重視するのは，顧客の目の前で欠品をださない，二十四時間営業の約束を履行する為に，図表5-7が示しているように，ドメイン毎に各店舗に欠品が生じないようロジスティクス上の可能活動範囲を設定し，どのような手順で商品を効率良く配送と管理を行うのか，店舗とルート間に点と線を結ぶ作業導線を紡いでいくのである。

　兵站論から言えば，作業導線の設定は戦線を維持可能範囲としての兵站線を設定している。ゆえに，兵站線外では商品である兵糧が欠品として尽きてしまえば，顧客の信頼を失ってしまうので，戦闘活動ができたとしても継続は不可能になるだろう。それは，商品の品数や24時間営業は限定されたものにならざるを得ないし，企業イメージとしての顧客に送り届けていたものが変化すれば，ブランドイメージの劣化につながるだろう。

　戦線の範囲の設定と兵站線を維持するための作業導線は設定できたが，どのようにして管理するのかも，ロジスティクス上の重要な業務の1つといえる。

図表5-7　共同配送と店舗展開の関係

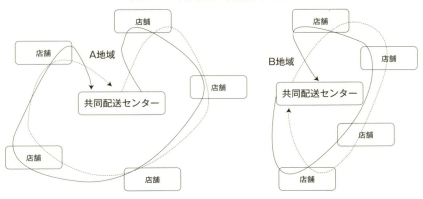

出所）筆者作成。

当たり前だが，各店舗からの受発注情報を管理して機能的，効果的に商品を送り出すための標準化されたシステムは欠かせない。碓井（2009）がその点について詳しく述べている。それを図式化したのが図表5-8で示される。

この物流センター情報システムは，各店舗情報からの必要商品に関するデマンド情報を，本部など購買部門や商品開発部門がセブンイレブン全体の購買量を勘案しながら各店舗への再分配を行っているといえる。つまり，現場からの商品の需給情報と，商品を送り込むサプライ情報のマッチングを行っている。やがて，現場レベルでは物流センターに商品類が集められ，それが輸送モードにつながり，機会損失を減らし，新旧の商品の入れ代わりや，無駄のない在庫管理を可能としている。このロジスティクスシステムは，商品（もの）と，顧客（店舗）への輸送（リードタイム）を有機的につなげている重要な情報管理と商品の再分配を担っていると言える。

また，セブンイレブンとしてヒット性のある商品を送り込むタイミングを

図表5-8 物流センターシステムの機能概要

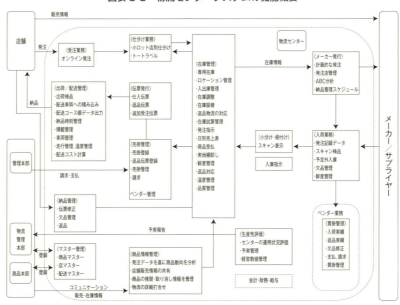

出所）碓井（2009），113頁。

ロジスティクス管理により的確に管理することは可能であるが、その商品がヒットするかは全く別の次元の話であることは覚えておきたい。

既述したトヨタ生産方式のロジスティクスと、セブンイレブンのロジスティクスの作業導線に見られる点と線の流れの方向は、在庫を持たずに継続的に必要な分だけ効率良く部品や製品を顧客や生産工場に運ぶことにあり、双方効率性を重視したロジスティクス上の流れを構築している。日本のものづくりを支えている1つの要因であり、縁の下の力持ちになっているとみてよい。

トヨタやセブンイレブンのような高収益を計上している企業はロジスティクスを活用しているが、活用していない企業は高収益を得られないというルールを、一般企業全般にまで普遍化することは無謀である。なぜならば、ロジスティクスを必要としない情報産業や金融業もあれば、ロジスティクスを経営やビジネスに活用しなくとも、商品の技術優位性を梃子とした高収益型企業も存在するからだ。

とはいえ、既述したとおり、ロジスティクスを活用すれば、オペレーションの効率性が高まり、当該ビジネスで高い収益性を実現できるのは紛れもない事実と認識できよう。

次節ではFrazelle (2001) が提唱したロジスティクスの進化論を基にして、SCM (Supply Chain Management) ロジスティクスについて議論し、SCMとロジスティクスについて理解を深めるとしよう。

3. SCMとロジスティクスの関係

(1) SCMとロジスティクス

SCM (Supply Chain Management) という用語はビジネスの世界で既に定着している。それは、1方向の価値の流れを指し示す概念であり、本来、定義付けを要する程の概念という見方ができなくもないであろう。それは企業や1つの事業、主体者の立場から売手と買い手、指示する者とされる者、次の工程から次の工程に渡す作業など、前節と同じように何らかの価値や

目的によってつながる繋がりの点と線や鎖の範囲とか管理について議論する概念の1つであると考えられるからだ。例えば，1つの事業における主体者が，半導体を組み付けるための特殊基盤材料を生産する事業であったとしよう。まずは顧客側方向に向かう，つまり川下の方向に向かった場合のサプライチェーンは，半導体制作メーカー，回路基板の材料を制作するメーカー，回路基板実装メーカー，回路基板組立メーカー，コンピューターや携帯電話や液晶パネル組み立てメーカーなどの最終アセンブリメーカーへと生産材が流れていく。一方，生産するための材料の仕入れは川上側となり，主体者にとってはサプライヤーとなり原材料メーカーとなる。これは，銅箔メーカーであり，そのさらに川下は銅の精錬メーカーまで連なっていくのである。さらに主体者がエンジニアでなく，営業系のビジネスマンであれば，需給関係やそのチェーンの中でどの事業者が利益率を高く得ているのか，つまり支配しているプレイヤーを常に監視しているはずである。

では，SCMとロジスティクスはどのように関わっているのだろうか。SCMとロジスティクスを同意語的に解されるケースも多いだけに，その峻別も重要となる。

(2) バリューチェーンの中のロジスティクス

経営戦略論からはPorter（1985）がバリューチェーンの議論を行っている。図表5-9が示すとおりである。製造や人事，技術開発，販売マーケティングなど競争優位を高めることは企業内活動の連携と効率化も重要であると力説される。

図表5-9　バリューチェーン

全般管理(インフラストラクチャー)						
	人事・労務管理					マージン
	技術開発					
	調達活動					
購買物流	製造	出荷物流	販売マーケティング	サービス		

出所）Porter, M. E.（1985）.

図表 5-9 に記されるように,購買物流,出荷物流とあるが,これらの業務活動において具体的にバリューチェーンにどのように効果を与えて競争優位性を高めているのかまでは言及されていない。

しかし議論の範囲は,1 企業内の業務連携や部門別の間であるが,社内の組織間や業務間の紐帯の結びつきや効率を研究対象にしていることは重要であり,経営学や経営戦略論の議論の中でロジスティクスについて言及されたのは,これらのロジスティクス論の研究成果が無視できない領域になっていることを示唆しているといえよう。

また,前述したように,ロジスティクスはトヨタ生産システムやセブンイレブンのドミナント出店戦略を支える裏方的な機能の 1 つとみなせるから,Porter が提示したバリューチェーンは価値を生み出す 1 機能であると示唆した点には意義が認められよう。

(3) ロジスティクス論の視座からビジネス活動の位置づけ

ロジスティクス論の立ち位置は,ロジスティクスだけが単独で進化していくのではなく,生産やサービスを効果的に演出するという,無形のサービス活動であり,すなわち裏方であるという議論を前提に,ビジネスの中における価値や機能を説明してみた。むろん経営の中におけるロジスティクスの役割に関しては,Porter の説が登場する前から,すなわち,1970 年代後半から米国の研究者によって研究し議論されてきた。

今日ではロジスティクスマネジメントという概念になっているが,ロジスティクスを管理する手法と企業経営にどのような効果を及ぼしているのかが注目されている。後者においては,初期の議論として George G. Millios (1984) らが企業組織にロジスティクスはどのように機能しマネジメントしているのかという視点から議論を始めている。

George G. Millios によると,中央の社長は意思決定者として位置付けられ,販売,マーケティング,製造,購買,広告,財務,経営管理といった諸々の組織や部署のほとんどにロジスティクス機能が関与していると論じている。現在のグローバル企業の組織や組織間の関わり合いは複雑性を増し,

ロジスティクスの価値の体系を積極的に組み込むよう試みられた。

では，前節のトヨタ生産システムに寄与するロジスティクスと管理部門，財務，営業，広告はどのように関連付けられるのか，または貢献しているのか。これらを定量的に論ずるのは難しい。

しかしながら，トヨタ生産システムの事例から明らかにされたとおり，製造部門を中心にして，ベンダーと部品購買の窓口購買部門は深く関わり合う。部品在庫は，工場の管理会計に直接影響を与え，在庫が多ければ売上げに対する利益が減少し，経営問題に直結するのは言うまでもない。それ以外にも，本章でこそふれてはいないが，営業やマーケティングからの販売見込み情報が製造部門に直結していれば，受注から顧客応答と販売リードタイムを短縮でき，製品在庫の増加を避けられるので，収入を早く上げさえすれば，キャッシュフローの増大に寄与する。ロジスティック上では，発注から顧客への商品を早く渡すことで売上高を早く計上でき，事業規模が大きければ大きいほど，日々の在庫費用金利を自社で負担可能となるため，金利費用削減に貢献できる。

受注から部品調達，生産，顧客への商品の納入に至るまで，ロジスティクスに関係して発生するコストを抑え込むといった成果を，有価証券報告書などで発生費目ごとに分析する方法も考えられる。そのためには，キャッシュフローの状態をいっそう細かく記載した情報を得る必要がある。とはいえ，トヨタ生産システムの場合，ロジスティクスを通じてトヨタ生産システムが財務や会計にどの程度影響を及ぼすかといった定量的分析を試みるのは難しい。

このように，トヨタ生産システムを通じてロジスティクス効果の定量的把握を検証するのは難しいが，経営成果に大きな影響を与えていることだけは事実そのものである。Porterの説に象徴されるように，ロジスティクスの役割と貢献度を経営レベルに引き上げて，自社の競争優位性を高めるためにロジスティクスの役割がいかに重要かを問うべきである。

(4) ロジスティクスの延長としてのSCM

Frazelle（2001）のロジスティクスの進化論に基づき，事例研究を通じてロジスティクスとは何かといった点について，ここまで定性的な議論を進めてきた。

トヨタやセブンイレブンの事例において，在庫やコストを低減し，効果的なオペレーションや管理を行うために，ロジスティクスが担う役割として，企業や組織を越えて点と線を結びつける作業導線をいかに紡ぐかが力説された。

Porterのバリューチェーンの議論をふまえて，SCMはロジスティクス論研究の中で，トヨタ生産システムに関するロジスティクス論からの結論として編み出された。Fraelle（2001）はSCMについて1980年代から業界の中で概念自体が定着していて，SCMの対象がグローバルロジスティクスの時代へと移っていると指摘している。

また，John T. Mentzer（2000）はロジスティクス論の系譜から，SCMについて「ブランドの新コンセプト同然に論じるわけにいかない」（p. 14）と述懐している。企業内を越え企業間と顧客までの「ジャストインタイム」化と，国境を超えたチェーンの可視化を指摘し，各個別の企業の競争力の源泉を指したものではないとみなす。ロジスティクス論から言えば，SCMはFrazelle（2001）の進化論の中の1形態であり，帰納的な結論にある形態を指し示す。

SCMは企業や組織間の長いチェーンを繋ぎ管理する企業や事業のビジネスを担うためのロジスティクスを要し，1企業が船舶や航空機トラックや道路を整備することは難しい。よって，それらの物流サービスや交通インフラを利用して適切なロジスティクス・サービスを提供するロジスティクス企業が現れてきた。

従来までは製造業や流通業といったいわゆる「荷主」企業の立場から見たロジスティクス論を中心に理解が図られてきたが，ロジスティクス機能が随所に必要であっても，企業内でその機能を開発し資産として維持するのが困難となれば，ロジスティクス専門企業のサービスを利用するようになるのは

ごく自然な流れである。

　それらの荷主企業の事業規模や範囲が大きくなれば，様々なロジスティクス機能がサービスとしての必要性が高まる。それに伴い，ロジスティクス企業のサービスやそれ自体の業態の変化が起こり得る。Coyle, Langlly, Nocack & Gibson（2012）は，ロジスティクス企業から見た荷主への物流サービスの変化に対応して，業態変化が年代とともに起こっていると指摘している。1970年代〜80年代には，企業内部のロジスティクスを中心として顧客に対応するといった自社内調達・供給が主流であった。1980年代〜90年代には，サードパーティ・ロジスティックス（third party logistics；3PL）という物流専門会社が主役となって顧客にロジスティクス・サービスを提供する外注型が比重を増した。1990年代〜2000年代では，フォースパーティ・ロジスティックス（forth party logistics；4PL）が登場し，ロジスティクス・サービスの範囲が3PLに加えて情報通信技術や会計・財務に絡むサービスが顧客から要求され，物流サービスの質も高度化した。

　まさに荷主の事業範囲が世界的に拡大するにつれて，荷主企業自体がロジスティクス機能の内部化から外注化（アウトソーシング）へと変えていく現象が見られたのである。こうした事業範囲の拡張は兵站線の拡張を生み，荷主にアウトソーシングへの転換を促した。アウトソーシングされた物流機能が集約され，1つのロジスティクス企業にサードパーティとしてオペレーション部分を委託するようになった。さらに，荷主側の物流機能への高度な要求はフォースパーティ機能を発揮できるロジスティクス企業へと向かったのである。

(5)　3PL（3rd Party Logistics）における荷主企業とロジスティクス企業の位置づけ

　杉山・根本（2010）は，SCMとロジスティクス各々の活動原理を議論し，図表5-10に活動範囲と役割を可視化した。彼らはSCMについて，各事業者間の商取引を川上から川下までの流れの連続と規定した。

　買い手と売り手の商取引行為の連鎖が連なり，製造業者Aは鎖の主体者

図表 5-10　SCMとロジスティクスの関係

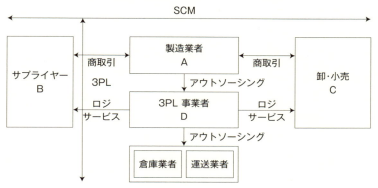

出所）杉山武彦監修（2010），254頁。

となり，原料調達のためのサプライヤーはBとなり，卸・小売Cは顧客となる。製造業者Aは彼らの間に立ってその鎖を繋ぐために，ロジスティクスを形成するが，物流機能の内製化や垂直統合を行うための立ち上げロジスティクス費用を抑えるため，3PL業者を起用し自らロジスティクス機能をアウトソーシングしそれを享受して両者に展開し，チェーン化を進めるのである。SCMはロジスティクスと同義語的に扱われる場面も多く見られるが，全く違うことに気づくだろう。

また，ロジスティクスそのものを主体として観察する時に，前述のようにFrazelle（2001）のロジスティクスそのものの進化論についての議論が出てくる一方，Coyle, Langlly, Nocack, Gibsonらは，ロジスティクス企業の企業体変化について議論を行っており，同じロジスティクス論でも様相が違っていることに気づく。杉山・根本がSCMと製造業のロジスティクスの機能的な役割を説明したが，業態変化とロジスティクスの変容についても踏み込んだ研究がなされている。

Regina M. Neubauer（2011）は製造業そのものの変化とロジスティクスのアウトソーシングに伴う業態変化に着目した。1990年代では，製造業を中心にしたバリューチェーンが組まれ，調査・開発からデザイン，生産技術，購買，調達，製造，製品出荷の物流へと続いていく。これらを統括する

マネジメントとしてプロデューサー（Producer）があり，そのパートナーとしてLSP（Logistics Service Provider）の存在が指摘される。前述の杉山・根本の3PLのロジスティクス機能の統合だけにとどまらず，4PLに近い概念で，情報管理や経理面での機能の統合を含めた幅広いLSPについて議論されているといってよいだろう。

　2000年代に入り，Regina M. Neubauer（2011）は，製造プロセスとロジスティクスの業態変化について，開発，製造，流通，ロジスティクスという4つのカテゴリーに分けて考察している。つまり，一製造業でも開発を専業として生産や販売そしてロジスティクスをアウトソースする企業の出現を述べている。たとえば，米国の製造業に多い開発やデザインに特化したファブレス企業が挙げられよう。アップルがその典型といわれている。生産工場は台湾や中国のEMS（Electronics Manufacturing Service；電子機器の受託生産）やOEM（Original Equipment Manufacturer；相手先ブランドによる委託製造）企業に生産を委託して，ロジスティクスを横串として全体を管理し，新製品を標的とするグローバル市場へ投入したい時期と数量と場所に送り込むのである。自ら生産工場に巨額な投資を行い短い商品ライフサイクルを気にしながら，投資回収を行う従前のビジネスモデルのリスクを回避するといった，違うタイプの製造業のスタイルであるといえる。また，EMSやOEM企業は生産技術の向上とコストの削減に努め，製品に対するブランドは自社とは違うが，しっかり収益を上げることができる。台湾の半導体メーカーが多く，新規の演算プログラムを組み込んだ半導体を垂直統合し半導体まで組み上げる投資は巨額で，ライフサイクルも短く競争も厳しいため，早期の投資回収が望ましいビジネス環境がそのようにさせてきた遠因もあるだろう。

　それらに必要とするロジスティクスはSCMを支えるロジスティクスとは違い，1つのビジネスモデルの下，国家間で分業されたバリューチェーンを管理するためのロジスティクスが期待されており，かつ国ごとにある拠点はローカルルールの管理下にあるため，グローカルな点と線のビジネスとしての兵站線を構築することが必要となってくるのである。

4. グローバルロジスティクスの特徴と戦略的管理の重要性

　国際経営論では，アジア諸国などにおける多国籍企業の生産子会社のマネジメントに欠かせない経営機能の1つとして，グローバルロジスティクスが扱われてきた。

　海外子会社の現地化やモノづくりについて様々な研究が行われてきたが，進出先国でのロジスティクスについても多くはないが同様にある。まずは，学説としてのグローバルロジスティクスについて議論し，事例研究を通じてそれらの実態解明を試みてみる。

(1) グローバルロジスティクスの特徴
　　―国際調達・災害時のバックアップの面から―

　グローバルロジスティクスの特徴は大別して2つある。多国籍企業が各国の進出先国に生産工場を設置した場合，各々が原料や部品の国際調達を行うには人材の配置と育成が必要となる。それよりも，各エリアや共通原料や部品がある生産工場のニーズをまとめて，サプライヤーと集中購買し分配することで，コストの低減が図られ，無駄な在庫の発生を防止できる。これら2つは，ロジスティクスの目標管理の参考となる。

　図表5-11が記すように，国際調達IPO（International Procuament Office）の場合，東南アジアであれば，香港やシンガポールといった比較的金融機関が多く集まり，原料や部品を調達するための資金調達がしやすく，物流の要衝である場所に設置されていることが多い。集中購買を行い，購買機能を各生産工場に持つことによる機会費用を下げて，原料や部品の在庫負担を和らげることができる。

　次第に各海外生産工場が進出先国国内で現地調達率を増やすことにより，IPOへの期待度が下がってくるだろう。また，メーカーにおいても前述したように製造プロセスが自動車メーカーの場合，サプライヤーが生産工場と密接に結び付き生産と一体化している作業導線を形成していれば，海外におい

図表 5-11　国際調達とロジスティクス

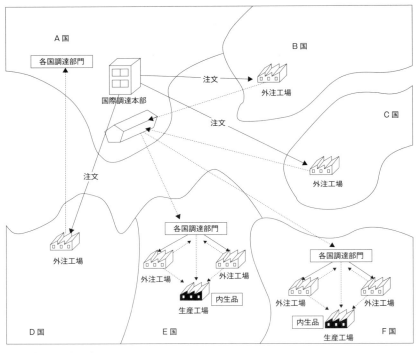

出所）唐澤（1993），45 頁。

てもそれと同じ条件が望ましいだろう。つまり，すりあわせ型の生産システムを持ち，サプライヤーを生産工場の近くに必要とするものづくりは，IPOは適切な購買システムだとは言い切れないだろう。逆にモジュール型と呼ばれる完成品において，ユニット単位で共通する半製品や部品を多数起用できる汎用家電製品等は，大量購買による購買コストや物流費用の低減を進めることができ薄利多売の製品市場では，有効な購買システムとして発揮することが予想される。

　IPOによる購買システムの有効性は，非常時の部品や製品等の供給が可能であるといっそう高まる。1つの進出先国の生産工場が災害などで生産が止まり，部品として供給ができなければ，IPOが同等の部品を各国の自社生産

工場や他社から購入することで補える。摺合せ型の生産システムはどうしても，特定サプライヤーと製品開発を進めている場合が多く，複数購買を行いにくくなる。つまり，1つの部品サプライヤーが1社からの購買に偏りがちになり，災害等などで供給が困難になると総じて需要過多になってしまう。

同様に，素材関連企業では1つの製品市場が寡占化している場合がある。よく聞くのはその企業でしかないオリジナル製品であることが多い。例えば，東日本大震災時に日本国内に寡占市場下で供給されていた。素材生産工場が被災したため供給が全くできなくなり，図表5-12で示されるとおり，代替品を中国，韓国，台湾の海外生産工場から日本に供給した例が見られた。

種崎（2013）の事例から，日本のメーカーは幾度かの災害などを経験している割にロジスティクスやそれらの備えが十全にされていないと示唆できる。また，このような災害時に生産工場の生産や出荷ができなくなった場合，想定被災レベルと必要復旧リードタイムを勘案してどの程度まで部品や原料在庫を持つべきか準備がなく，その場しのぎでバックアッププランとロジスティクスを組むことになるため，実際に運用段階でしか問題の可否を確認できないリスクの高いオペレーションになってしまうのである。

筆者はこのような経験外でのロジスティクスの構築をグローバルロジス

図表 5-12　東日本大震災時のバックアップロジスティクスチェーンの構築

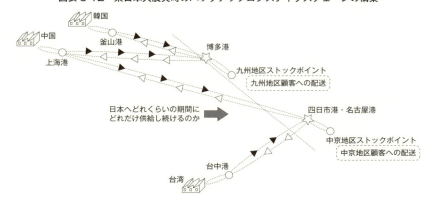

出所）種崎（2013），52頁。

ティクスの現場で経験したため，以下，ロジスティクス研究者の議論と絡めて検討してみる。

(2) 進出先国でのローカルルールとロジスティクス

海外生産工場の組織としてのロジスティクス機能の位置づけの議論は，ロジスティクス研究者の間でも議論されている。Bowersox（2012）は経営にロジスティクスがどのような効果を与えるのか研究している中で，SCM を構築した海外生産工場におけるロジスティクスの役割について，生産工場を1つの事業体であり組織として見た時に，どのような位置にあるのかを明確に示した。生産工場における組織とロジスティクス部門の関係およびその役割が規定される。そこで Bowersox は，ロジスティクスを顧客関係マネジメント，製造，購買，在庫計画と組織構造上，同列とみなして全社的な事業システムの下に位置付けている。一般に，日本の生産工場の場合，ロジスティクス部門の代わりに生産管理や業務部門が置かれ，ロジスティクス部門は下位の物流課として位置づけられることが多い。その点から判断して，米国企業ではロジスティクスが重要な役割を担うと認識されている反面，日系企業ではロジスティクスが下位に扱われやすい。日米企業間でロジスティクスの役割に対する認識の差は実に大きい。

ロジスティクスの組織的な役割の中でも，注文処理（Order Processing；OPS）が特徴的である。これは，顧客からの注文を受けて納期に合わせて出荷管理を行うことである。つまり生産管理業務にも直接関わる部分をロジスティクス部門が一部機能を負っているのである。ロジスティクスという言葉からイメージする概念において，生産管理機能はなかなか思い浮かびにくいが，海外のロジスティクス研究者がごく当たり前に議論していることを日本企業も理解しておく必要があろう。

次に，David Simchi-Levi, Philip Kaminsky & Edith Simchi-Levi（2003）は，それらのロジスティクスの概念をもとに，生産工場を SCM の中の1つの重要な結節点としてとらえ，その前後に調達，生産，販売をチェーンとして図示した。そこで中心になるのが生産工場であり，SCM を支えているの

がロジスティクスであるという構図が描かれる。一番川上に相当する原料や材料，その１つ先に進んだ中間材（生産工程内で使用する，汎用部品や中間品），副資材（直接の生産材とはならない補助材料），梱包材（以下製品を輸送上保護するための緩衝材や化粧箱をいう）といった原材料や材料の調達活動について，日本のように電話１本で商談を行い，在庫があれば明日か明後日に届けられるといった類いのものではない。国内にサプライヤーがあれば何とかなるが，日本製品らしいオリジナル製品であれば日本本国で開発された部品や中間製品を輸入する方が多いであろう。ロジスティクスとしての手法として前項で取り上げた図表6-11におけるIPO経由での調達等コストやリードタイムの削減に日々努めているのである。

(3) **タイと中国でのローカルルールとグローバルロジスティクスの事例**

調達物品を進出先国にある生産工場に輸入する行為を含め，ロジスティクス行為において本国でのロジスティクスと全く違う経験をすることをAlan Harrison & Remko van Hoek（2005）は重視し，実務的な視角から，グローバルロジスティクスの定義にローカルなロジスティクス条件を取り入れている。その実務上の特徴とは，以下の要素である。

① より長いリードタイム，およびリスクや地域の市場環境に関する知識の不足
② 諸外国の言語や通貨の処理
③ ロジスティクス・プロセスにおけるより多くの手順
④ 通関や貿易障壁による各地域政府の干渉

では，彼らが述べるグローバルロジスティクスの実態について，タイと中国の事例をもとに紹介してみよう。

a. タイへの直接投資とロジスティクス

タイへの外国企業の直接投資にロジスティクス機能が果たす役割は大きい。具体的には外国企業の直接投資の許認可権を持つ管轄官庁はタイ国投資委員会（Board of Investment；BOI，以降BOIと呼ぶ）であり，投資優遇

制度が設けられている。主な恩典として BOI（ハンドブック）から下記が挙げられる。

① 法人所得税の減免（最大8年）
② 機械設備輸入税の減免（BOI 認可を受けた業種で使用し輸入する生産機械・設備の輸入税が減免される）
③ 輸出製品に使用される原材料の輸入税免除（輸入後に加工して輸出する製品の原材料はその輸入税が免除される）
④ 事業用の土地の所有（通常，タイでは外国資本が49％以上の会社は土地の所有が禁止されているが，当該事業用の土地であれば外国資本が49％を超える会社でも土地の所有が認められる）
⑤ 外国人のビザ・労働許可の供与（BOI 認定企業は BOI ワンストップセンターにて一般より簡素化した手続きで外国人就労許可書が取得可能）
⑥ 外資資本規制の緩和（BOI 奨励対象業種のうち農業・漁業・鉱業・サービス業の一部を除く場合は外資100％もしくは外資50％以上が認められる）

特にロジスティクスに関する投資奨励制度の恩典として，②と③がある。②は生産工場を建設した場合，オリジナル製品の生産を予定していれば，生産設備機械のオリジナリティは高く本国日本からの輸入は多いだろう。例えば，それらの生産設備機械の輸入総額が約100億円であれば，タイでの機械類の輸入関税率が平均5％であると5億円の関税をタイ国税関に支払うことになり，収入のない新会社では非常に大きな費用負担となる。これだけの費用が削減できれば，立ち上げ資金に転用可能である。

この恩典を享受するには，BOI に輸入予定生産設備機械のリストを提出して認可を受けなければならない。正式に認可を受けるには，申請後営業日の50日以内とされている。このリードタイムを前提にタイ国内での現地法人の設立許可，生産工場の建設計画に対して生産設備機械をどのタイミングで日本から輸送するのかという計画を立てるのが難しい。さらに，タイにおいて生産設備機械の輸入通関手続き時に免税 BOI レターを取得するが，そ

の記載内容が一字一句同じであることが輸入免税を受けるための必須条件となっている。また，免税手続きができなかった場合，事後でそれを行うことも可能であるが，いったん関税を納めねばならず，費用負担が大きくかさむようになる。また，税関から一般機械類として輸入したとしても，エックス線を発生器させる測定器が組み込まれていて，タイ国内ルールによる輸入規制があることに気付かず，輸入許可が下りずに長期間港からの搬出を差し止められる時もあり，建設スケジュールの大幅な遅延もよくある。

　図表5-13は，タイの主要港であるレムチャバン港から生産工場建設現場までの生産設備機械のルートマップを表す。実際にある会社の生産工場建設現場で使用されたものである。未整備の道路，積載貨物と併せたトラックの自重に通過予定の道路が耐えられるか，また，高架橋下の橋げたの高さが貨物と接触しないかなどの確認が必要となる。そのため事前の調査を要し，初めての進出先国であれば，なおさらロジスティクスに関する情報は希薄となり，リスク度合いが高くなり，現地事情に明るい物流企業とのパートナー

図表5-13　ある会社のレムチャバン港から建設予定地までの輸送ルートマップ

出所）国際物流企業プレゼン資料（2012）。

シップが頼りとなる。
　その他，③に関しては量産体制に入れば，コスト面で仕入れ費用は高くつくが，良質な原料や部品の購買は欠かせないため，輸入関税が免税となれば競争力が上がると期待される。このBOIの恩典を得るには，事前にBOIに輸出を前提とした生産計画を立てて，むこう半年分の輸入する原料と部品のリストを提出しなければならない（Max List）。また，輸出を予定する製品ごとにどのような原料や部品を使用するかを提出（フォーミュラー申請）して許可を得ることも要求される。そして，歩留りを計算して製品として使用できなくなった原料や部品を輸出品と同様扱いで免税扱いにすることも行わねばならない。これらの恩典を利用する以上に，複雑な制度や手続きをタイ語交じりで日本人駐在者たちは理解していかねばならないのである。これらの手続きが予定通りにいかなければ，生産計画や販売予算にも影響が出てくるだろう。

　b．中国の非居住者在庫とロジスティクス
　中国において種崎（2010）は電子材料市場への参入を狙って在中国メーカーに生産委託を行い，日本メーカーのブランドで同製品を売り込めないかロジスティクスを通じてその可能性を議論した。
　中国においてもタイと同じように，輸出を前提にした輸入原料や部品の関税の免税制度がある。一般には「手さつ通関」と呼ばれていて，輸出する製品に対して免税を希望する輸入原料や部品を税関に登録すれば，輸入通関時に免税となる制度である。海外から良質な原料や部品を無税で入手できるため比較的安価で競争力のある製品を生産することが可能となる。しかし輸出を前提とした制度であるため，中国国内市場へ直接出荷することはできず，制度上いったん輸出してから再輸入するという取引手順をふまねばならない。
　そこで，中国国内の保税区（＝Free zone）を利用して見做し輸出を行い，国内市場に参入することが運用上できないか検討を重ねた。やはり国内市場品と比べて手続きやリードタイムとロジスティクスに関するコストが高

図表 5-14　蘇州総合物流保税園区の「見做し輸出」の事例

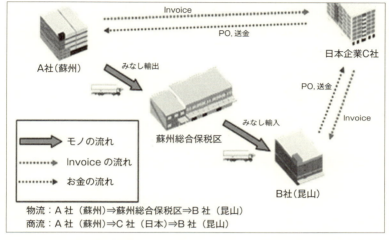

出所）在蘇州総合物流保税園区日，某系フォーワーダー案内資料（2010）。

いが，品質は日本メーカーの規格で生産されており，新規顧客は見つけられるだろうと結論を出した。

　このロジスティクススキームの特徴は「非居住者在庫」にある。これは，中国国内の保税区に図表5-14で記されるように，外国企業としての日本企業が中国国内の提携メーカーに発注を行い，その製品を蘇州総合保税区で貿易取引を行い，同企業の名義で保管するというものである。中国に日本企業が資産として物品を保管することを「非居住者在庫」という。一般的には外国企業が法人化せずに資産を所有することをPE（Permanent Establishment）と呼び，法人税などを課す課税対象企業とされるため，認められない行為である。つまり，この事例では，一般的には中国で法人化して当局に法人税を納めることが必要であるということである。しかし，この保税区では，制約条件があるものの非居住者在庫を認められていたのである。

　日本企業にとって，タイや中国からこのようなロジスティクスに関連する情報を概念レベルで入手することは可能だとしても，運用レベルでその実態

を正確につかむことは難しいだろう。

　進出先国でのローカルルールを運用レベルで把握することが重要であり，生産工場の運営に大きく影響を及ぼすことを進出してから初めてその重みに気づく場合が実に多い。

　Alan Harrison & Remko van Hoek（2005）のいう，グローバルロジスティクスの困難さは運用レベルで明らかになるケースがいかに多いかを思い知らされよう。

5. ロジスティクス論の視角からの総括

　ロジスティクスは単なる輸送モードの総称ではない。様々なビジネス活動から必要となるロジスティクス機能を総称しており，変化とともに期待すべき機能は変化し進化していく。それら期待される機能をどのようにマネジメントして，企業の経営活動の効率性と効果を高めていけるかに，企業ごとのロジスティクス管理の役割が付与される。

　企業全般を見渡して，ロジスティクスはまだまだモノを移動して価値を生産する製造業や流通業等に限定されている。また，企業経営の一手段としてのロジスティクスであるため，重要な管理すべき機能であると理解されつつも，個別企業の価値体系の中での優先順位はまちまちである。また，ロジスティクス機能のアウトソーシングが歴史的にもロジスティクス市場として形成され，製造業であれば開発や生産に特化して競争優位性を高めてきた経緯があり，経営の周縁部として位置づけられてしまった経緯もあるだろう。

　しかし，SCM が重要視され，グローバルに調達から製品のデリバリーまでの価値の連鎖やロジスティクスの流れを 3PL や 4PL でオペレーションをしたとしても，問われるべきは荷主側の管理能力にある。また，その重要な結節点が新興国などの進出先国において，投資奨励制度下でロジスティクス機能を介して優遇措置や恩典を享受するには，日本では経験をしたことがない複雑な手続きを運用しなければならない。また，優遇制度をあてにしてコストオペレーションを行うもののうまくいかず，同制度を加味しての結果を

出せないリスクもあり，現地で知り得た有益な情報を確実に活用できるのがより望ましい。

　ロジスティクスはビジネスの変化に必要とされる形態に変化しており，発生したロジスティクス機能が経験として積み重なっていた。これらの束をマネジメントするための戦略を策定するのは製造や流通企業側である荷主の業務範囲といえる。よって従来の3PLの概念でのアウトソーシングの延長として国際経営論の中でロジスティクスを捉えるのではなく，それらの中でどのようなロジスティクスが必要とされているのかを把握して議論するのが，ロジスティクス管理の出発点といえるだろう。

　ゆえに，ロジスティクス論としての観点をふまえるなら，ロジスティクス機能が帰納的に企業活動に対してどのように貢献しているのかをよく観察し，その上でビジネスのグローバル化がどのような方向性に向かっているかを見定め，自らの感性で演繹的に考え，どのようなロジスティクスが創造されるかをデザインし，検証していけば十分であろう。

【用語解説】

ロジスティクス・マネジメント
顧客の要求に応える発地点から消費地点までの財，サービスおよび関連情報の効率的，効果的な川下へのまたは川上へのフローを計画，遂行，統制するサプライチェーン・マネジメントの一部。

サプライチェーン・マネジメント（SCM）
アウト・ソーシング，調達，その他すべてのロジスティックスに関する行為に含まれるすべての活動の計画と管理を含む。サプライヤー（供給業者），ロジスティクスサービス・プロバイダー，顧客などのチャネル・パートナーたちとの調整と協力を含む。SCMは本質的に，企業内，企業間で供給管理と需要管理を統合するものである。

サードパーティ・ロジスティックス（Third Party Logistics；3PL）
1企業や事業から流通機能に関する物流部分の業務委託を一括して引き受け，物流部分を担うサービスを指す。自社で持ち合わせない物流機能は外部からその荷主に代行する物流業者として仕入れることができ，身の丈に合った物流サービスを荷主や3PL業者は入手する。

フォースパーティ・ロジスティックス（Fourth Party Logistics；4PL）
3PLをより高度化したものを意味する言葉。定義は曖昧な点もあるが，複数の3PL業者をネットワーク化し，効率化を目指すもの（複数の業者をとりまとめてより効率的なサービスを提供する物流業者の元締め的存在）を意味する場合が多い。その他，システム面等のサポートをより強化したサービスの提供を意味する場合もある。

【参考文献】

Bowersox, Donald J., Closs, David J. and Cooper, M. Bixby (2012), *Supply Chain Logistics Management* (4th revised version), McGraw Hill Higher Education.

Coyle, Langlly, Nocack, Gibsonocack and Gibson (2012), *Managing Supply Chains: A Logistics Approach* (9th revised version), Thomson South-Western.

Frazelle, Edward (2001), *Supply Chain Strategy: The Logistics of Supply Chain Management*, McGraw Hill Higher Education.

Millios, George G. and Entre Computer Centers, Inc. (1984), "LOGISTICSMANAGEMENT, WHAT, WHY, HOW," *JOUNAL OF BUSINESS LOGISTICS*, Volume 5, No. 2, pp. 106-110.

Neubauer, Regina (2011), *Business Models in the Area of Logistics*, Gabler.

Simchi-Levi, David, Kaminsky, Philip and Simchi-Levi, Edith (2003), *Managing the Supply Chain: The Definitive Guide for the Business Professional*, McGraw Hill Higher Education.

唐澤豊(1993)『物流概論』第2版，有斐閣。

杉山武彦監修(2010)『交通市場と社会資本の経済学』有斐閣。

種崎晃(2010)「中国華南での電子材料のハイスペック製品の販売戦略—OEM生産とロジスティクス」『赤門マネジメントレビュー』9巻11号，グローバルビジネスリサーチセンター，807-824頁。

種崎晃(2013)「グローバル・サプライチェーンにおける災害リスクへのロジスティクス対応(上)」『海運』2013年11月号，日本海運集会所。

(種崎　晃)

第6章

人的資源管理・人材開発

概要

わが国の企業活動がアジア新興国への進出増など一層グローバル化の度合いを増す中、国際ビジネスのあり方に即した人材管理や、その中核を担うべき有能な人材の育成・活用を行う人材開発の重要性がより高まっている。

本章では、先ず日本企業を取り巻く経営環境の変化状況を概観した後、先行研究に示される多国籍企業の人的資源管理や人材開発に係る主要な論点や、特に日本企業に係る諸課題を提示する。次いで、日本の多国籍企業を中心とした近年の状況や対応・取組みの動向・トレンドを示す。さらに後半部分では、人材開発に関し、昨今重要性がより高まっているグローバル人材の育成と活用に焦点を当てて主要な論点を述べる。

キーワード：
グローバル人材、グローバル統合・現地適応、ガラスの天井、本社の国際化（内なる国際化）、高度外国人材

1. はじめに──日本企業を取り巻く経営環境の変化

(1) 海外駐在員（とその候補者）の状況

少子高齢化が進行する中、若年労働力人口も減少傾向にあり、そのような状況下で、日本からの派遣者（駐在員）の平均年齢が上昇（93年41.3歳→06年46.1歳）しその派遣期間も長期化している（労働政策・研修機構

(2008))。さらに駐在員に単身赴任者が多い（日本在外企業協会（2013）によれば55％）のも特徴的である。一方，国際ビジネスでの活躍が期待される若手世代には，海外での勤務や海外留学を敬遠する動きがあり，「海外で働きたいとは思わない」と回答する新入社員が増加し，過半の58％に達しているとの調査結果（産業能率大学「第5回　新入社員のグローバル意識調査」2013年7月公表：図表6-1参照）もある。

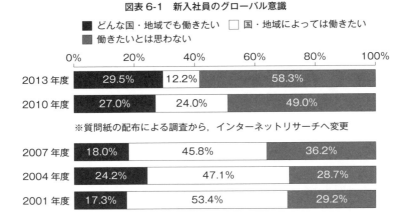

出所）産業能率大学「第5回　新入社員のグローバル意識調査」（2013年7月）。

また国際ビジネスにおける重要なスキルである英語力の国際比較という点で，代表的なテストであるTOEFLやTOEICの国別の平均スコアランキングでも日本は下位に低迷している（例えば，TOEFLについて，163カ国中135位とのデータが，2012年6月公表の内閣「グローバル人材育成推進会議審議まとめ」の中で引用されている）。

(2)　アジア等新興国の経済発展と市場としての重要性の増大化

先進諸国との対比で，アジア等新興国の経済は堅調に推移している。中国（13.7億人），インド（12.6億人），ASEAN（約6億人）など多くの人口を有する諸国・地域の人で中間層や富裕層が増加（経済白書2010によれば，2010年と2020年の対比で，前者が2.1倍の20億人に，後者が3.5倍の2.3

億人に増加する)。その結果，成長が鈍化傾向にある日本や欧米等市場との相対的な比較において，耐久消費財や金融商品を含めたサービス商品の市場としての当該地域の重要度が高まっている。日本企業についても，製造業に加え，金融・小売等サービス業の海外進出も増加し，現地市場における販売の重要性が増大化している。その中で，現地の嗜好・ニーズに合った製品・サービスの提供や現地ビジネス慣行・文化への理解，政府・業界等との関係強化や人脈の重要性が増している。

(3) 企業のグローバル競争の激化

上記のような新興諸国の高成長市場をターゲットとした各国企業の間での競争等が激化しているが，従来と異なるのは日本企業の競合が欧米企業ばかりでなく，韓国・中国などアジア域内の有力企業となっていることである。既にグローバル市場での存在感が大きい韓国のサムスン電子・LGエレクトロニクス，現代自動車などと共に中国やアジアNIES（新興工業経済地域），ASEAN（東南アジア諸国連合）諸国の有力企業なども，事業を拡大し国際展開を行う事例が増えてきている。このような競争環境下で，国籍を問わず有能な人材を獲得し活用するニーズが高まっている。

2. 先行研究に示される主要な論点

(1) 国際人的資源管理の概念と「グローバル統合と現地適応」について

国際人的資源管理は，多様な特徴を有する国でオペレーションを行う多国籍企業の人的資源管理であり，採用，選抜，教育訓練，業績評価，報酬，労使関係，移動配置などの機能からなる。上記の人的資源管理の諸機能に関して，多国籍企業が活動する国（受入国 host country，本国 parent country，その他の国 third country）と従業員のタイプ（受入国従業員：HCNs，本国従業員：PCNs，第三国従業員：TCNs）という次元を組み込んだモデルとして示されている（白木 1995 など）。

本国を超えて多様な諸国や地域で展開される多国籍企業の特徴は，組織内

図表 6-2　国際人的資源管理の概念

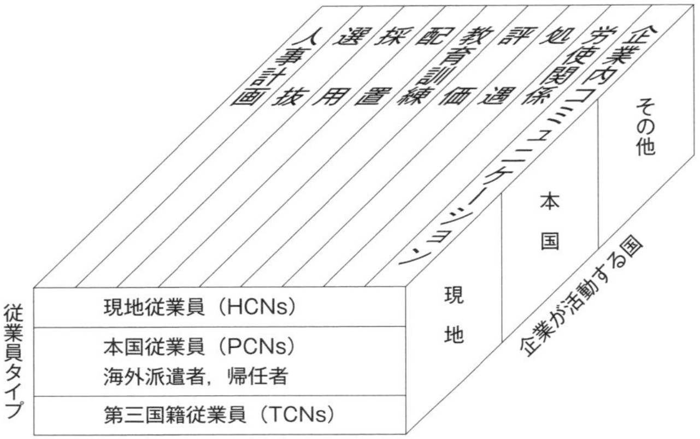

従業員タイプ：現地従業員（HCNs）／本国従業員（PCNs），海外派遣者，帰任者／第三国籍従業員（TCNs）

企業が活動する国：現地／本国／その他

人事計画／選抜／採用／配置／教育訓練／評価／処遇／労使関係／企業内コミュニケーション

出所）Morgan（1986）所収を若干修正したもの（白木 1995）による。

部で「統合」（Integration）と「分散」（Differentiation）という相対立する力が働き，特に複数の事業を展開する多国籍企業には組織能力や経営資源をグローバルな観点から効率的に活用するために本社（親会社）への集中化を指向する内部の統合（グローバル統合）の必要性と，現地の市場・顧客のニーズや特性に対する感応性・柔軟性（現地適応）が求められる。

　ここで，本社（親会社）による各国に所在する海外拠点（支店・子会社・関連会社など）への統制（コントロール）について，人的資源管理に関するものとしては，経営理念（トヨタウェイ，コマツウェイ，GE Growth ValueやGE Beliefs，ジョンソン・エンド・ジョンソンのCredo（クレド）などがその典型例，なお本書では社是・社訓，行動規範，憲章，ミッションなどと称するものを含む総合的な概念として「経営理念」の用語を用いる）によるものや，現地に派遣した駐在員を通じるもの，本社主導の人事管理・評価システムによるものなどがある。統合・分散のいずれかに重点を置いた事業活動が行われるかは企業が扱う製品・サービスの種類，地域・文化特性，企業の歴史・社風やトップの方針などによるバリエーションがある。また統合・分散という二元性は対立的なものではなく相互補完的なもので，中央集権化（グローバル統合）と分権化（現地適応）とのバランスのあり方が重要とさ

れている（Evans & Doz 1989）。この点に関して，古沢（古沢 2008）は，トヨタ自動車や松下電器産業（現パナソニック）などを例に挙げて「海外子会社の全従業員に対し，一律的な人的資源管理を行うのではなく，現地化を推進し現地労働市場で競争力を有する制度や施策を提示する一方，「グローバルな重要性が大きい職務」（ジョブサイズが大きい職務）につく現地人に対してはグローバルな統合を進める」べきことを指摘している。

(2) 国際人的資源管理論の代表的モデル

　上記の様な特徴点を有する国際的人的資源管理に関する理論のモデルは多くの論者によって様々な分析・提示がなされているが，以下ではその代表的なものを紹介する（その他のものとして，Franko（1973），花田（1988），根本・諸上（1994），Tayler, Beechler & Napier（1996），古沢（2008）などの論考を参照いただきたい）。

① パールミュッターの EPRG モデル

　どの国籍の人材が海外拠点の中心を構成しているかの観点による分類として，パールミュッターは次の4つのモデルを提示している（Heenan & Perlmutter 1979）。

　ａ．本国人中心型（Ethnocentric control type）

　　親会社，本社の所在する国籍の人材が，海外拠点の中心的地位を独占的に占める。

　ｂ．現地人中心型（Polycentric control type）

　　親会社から子会社への権限移譲により現地事情を最もよく知る現地国籍の人材が海外拠点を統制し，親会社からの派遣はほとんどない。

　ｃ．地域中心型（Regioncentric control type）

　　欧州やアジア，北米などにおかれる地域本社（Regional Headquarters）に人材や権限を集中させ，そこを中心に地域内の海外拠点をコントロールする，特に地域内の複数の国籍の人材が域内の拠点をコントロールする事象が見られる。

　ｄ．地球全体型（Geocentric control type）

地球全体のグローバルな視野・視点に基づき資源配分を行い，様々な国籍の人材が適材適所で本社と子会社の主要ポストを占めることになる。
② 企業の発展段階に着目したモデル

輸出，海外生産，多国籍化，グローバル化という多くの企業のグローバル化に見られるパターンを念頭に各段階における人的資源管理の変化を考察したものがある（茂垣 2008）。

第1段階：輸出段階

企業の最初の国際化は自社製品の輸出を通じた外国企業や消費者との接触であり，海外との接触も限定されたものであり人的資源管理・運営の必要性は小さく限られた人材（少数の海外派遣者）に対する語学教育等を中心とした企業内教育訓練の充実が求められる。

第2段階：海外生産段階

国外に自社工場を設立し生産活動を行う段階であり，現地の管理体制は，通常，本社のコントロールによって行われるため，現地従業員の管理を含む海外拠点の運営は，本社から派遣した人材によって行われる。海外派遣者の選抜や育成，現地従業員との異文化コミュニケーションといった問題が社内で発生しその対処の方策が求められる。

第3段階：多国籍化段階

本格的な現地生産活動を行うために複数の海外生産会社を複数国で設営する。この段階の初期は，海外子会社の管理は本社の国際事業部門により集権的なコントロールによって図られることが多いがその比率は第2段階よりも低下し，多数の現地人従業員を採用し，企業内教育訓練を行い，特定職務に配置する必要がある。組織運営のための国際人的資源管理の諸制度（賃金や業務の諸規定，就業規則，福利厚生制度，昇進・昇格に関する規定の調整など）を現地仕様に合せ整備する必要が出てくる。ここで求められるのは，現地の制度や慣行を導入するか，それとも本国の方式を導入するかである。第3段階の中期以降になると海外生産の一貫化（生産活動の各プロセス，品質管理，研究・開発などの現地化）が進み，一連の管理・運営活動を本国主導で実施するか，現地システムを採用するかという

国際人的資源管理の方向性を左右する問題が発生し，大きな転換期を迎える。

第4段階：グローバル化段階

　国内事業と海外事業を区別せず，それらを企業内の国際分業として展開していく経営体制を確立する。組織体制は，世界複数本社体制やマトリックス組織など様々であり，人的資源の管理体制はそれぞれの経営環境に適したものが策定され実行される。国籍不問のグローバル人事が実行されるために，経営者が本社の所在国の国籍者ではなかったり，1つの拠点に複数の国籍の人材が共に働く環境が生まれる。社内ではダイバーシティ・マネジメントを主軸に据えた体系的な人的資源の管理体制の確立が必要となってくる。

　上記のパールミュッターの地球全体型（Geocentric control type）や茂垣の「グローバル化段階」は，バートレット＝ゴシャール（Bartlett & Ghoshal 1989）の言う「トランスナショナル（Transnational）経営」（下記注）における人的資源管理のあり方に近いものであると考えられる。古沢（2008）はグローバルに人的資源の最適利用や配置ができるという多国籍企業の有する競争優位を指摘しており，有能なグローバル人材を採用・育成・活用できるノウハウ・経験，トップのコミットメントや理解，規範や制度，有能なグローバル人材（候補者）のプールの保有などが企業の競争優位の源泉たる資源ベースであると考えられる。

　注）バートレット・ゴシャールの「トランスナショナル（Transnational）組織モデル」。

　多国籍企業は，グローバルな市場での効率を求めて組織を統合し，同時に現地の市場・顧客のニーズに柔軟に対応すべく分散化した組織である必要があり，バートレット・ゴシャールは，これらの効率性・柔軟性に加えて，世界中に広がる様々な環境に直面し，様々な経営資源や情報に接することができる多国籍企業が各種のイノベーションをもたらし，それを組織内で移転・学習することにより競争優位をもたらす組織のあり方として「トランスナショナル（Transnational）組織モデル」を示した。この論考においては，

日米欧多国籍企業の9社の分析により，同モデルを含む4つの組織形態が示されている。

- マルティナショナル（Multinational）組織モデル：各国・地域ごとに異なる市場・顧客ニーズに柔軟に対応すべく各国・地域の拠点が独立的に事業を行い世界本社は，分散された海外拠点を財務データを通じて統制する。顧客の嗜好・ニーズが国ごとに異なる消費財産業，食品産業等に適すると考えられ，ユニリーバ，フィリップス，ITT が分類される。
- グローバル（Global）組織モデル：世界の市場を単一であると見て経営資源と権限を主に本社に集中し，規模の経済により効率性を追求する。海外拠点の権限は大きく制約され，海外子会社は親会社の意思決定を忠実に遂行することが主たるミッション（任務）となる。親会社で開発された製品を輸出してきた半導体など電子部品産業などが典型例で，花王，松下電器（現パナソニック），NEC の日本企業3社を分類している。
- インターナショナル（International）組織モデル：グローバル組織モデルよりは経営資源と意思決定権を海外拠点に配分するが，重要な経営資源と意思決定権は親会社に集中するため，マルティナショナル組織モデルほどには分散されていない。親会社で開発された技術や製品を海外拠点での移転と学習を通じて海外市場に投入することにより競争優位を保持した米国系多国籍企業により該当するとしている。GE，P&G，エリクソンがこれに分類されている。
- トランスナショナル（Transnational）組織モデル：マルティナショナル組織モデルの柔軟性，グローバル組織モデルの効率性，インターナショナル組織モデルに萌芽がみられたイノベーションの組織内移転・学習の3つの長所を兼ね備えるものと考えられる。各海外拠点には，独自の専門的能力が構築されるように経営資源が配分され，自立化が進み，そこでイノベーションが生まれた場合，そこに特定製品・事業のセンター機能が付与された場合，当該拠点から親会社に，別の拠点へと技術知識・ノウハウが移転されると同時に，当該拠点は特定製品の研究開発からグローバルな販売戦略までを担当する。つまり親会社から海外拠点という流れに加えて，

親会社と海外拠点，海外拠点間で双方的な連携が図られ，イノベーションが移転・学習される。親会社はその動きの調整と統制を行う。

(3) **日本企業を念頭においた論点やモデル**

日本企業の海外展開における人的資源管理のあり方や，いわゆる日本的な経営による人的資源管理の方式の現地への応用可能性については様々な議論（日本独特の経営方式を文化や習慣の異なる海外拠点にそのまま導入することの困難性，部分適応や一定の条件下での適応は可能などとの主張を含む）がなされている。

以下では，経済同友会による調査「経済成長の実現に向けたグローバル人財市場の構築を目指す人財開国を」（2012年10月公表）に示されたポイントを挙げる。そこでは，日本企業のグローバル化を製造業と非製造業に分け

図表6-3 日本企業のグローバル化の年代別進展パターン

	1980年代	1990年代	2000年代	現在
製造業	販売機能のグローバル化（第一の波）	生産機能のグローバル化（第二の波）	販売・生産機能の現地化（第三の波）	グローバル連携（第四の波）
非製造業			事業のグローバル化≒現地化	

〈タイプ1〉
日本主導型
グローバル展開タイプ

〈タイプ2〉
日本主導型
グローバル連携タイプ

〈タイプ3〉
無国籍型
グローバル連携タイプ

出所）経済同友会「経済成長の実現に向けたグローバル人財市場の構築を目指す人材開国を」（2012年10月）。

て年代別の進展パターン（第一～第四の波）を示し，その上で組織のグローバル化の3つのタイプを提示している（「人財」とは経済同友会による用語である，以下同様）。

　タイプ1：日本主導型グローバル展開タイプ
　　日本独自の価値観・理念を強く持ち，日本本社が中心となって現地をマネジメントしていく形でグローバル展開の初期段階に多く見られるもの
　タイプ2：日本主導型グローバル連携タイプ
　　日本本社が中心になるものの，本社と現地が連携しながらグローバル最適を意識して現地化が進化していく形
　タイプ3：無国籍型グローバル連携タイプ
　　日本中心と言う発想がなく，日本も世界の1つの地域と見なし，国を区別せず，ある意味無国籍化した上で各国が連携していく形である。このタイプにおいては，「企業は何のために存在しているのか」といった経営理念やビジョンなどグローバルに通用するコアバリューを中心に据え置き定着させることが特に重要としている。

　経済同友会は，同調査において上記3タイプを示した上で，「ここで注意すべき点は，組織のグローバル化のタイプに優劣をつけることには意味がないことである。むしろ重要な点は，自社の経営・事業戦略を見極め，それに見合った組織タイプを選択していくことであることを示している」と述べている。

(4)　先進的なグローバル企業の人的資源管理に共通して見られる要件
　上記の「地球全体型（Geocentric control type）」，「グローバル化段階」，「トランスナショナル組織モデル」や「グローバル連携モデル」といった先進的な企業におけるグローバルな観点での人的資源や組織能力の効率的・効果的な活用を実践するための重要な要件として，以下のものが挙げられる（古沢（2008）他を参照した）。
・経営理念の浸透・普及とそれを実行するための仕組み（英語や各拠点所在

国等の多言語への翻訳，携帯用のカード作成，ミーティングや研修，経営理念の理解度・達成度の評価項目化など）
・世界統一のグレード制度（世界各地の従業員を国籍，採用地，勤務地に関わらず共通の基準で格付けすることで，職務の大きさをベースにした職務等級制度が多く普及している。それによって当該多国籍企業内における職務やポジションの相対的（序列）を明らかにするもので，採用・評価・育成・昇進・CDP（キャリア・ディベロップメント・プラン）などの諸機能の統一的運用の土台になる）
・世界共通の評価制度および報酬制度（グローバル最適の人材活用を実現するには，少なくとも一定等級以上のホワイトカラー人材について評価制度や報酬制度の世界的統一を図る必要があり，それによって国籍や勤務地の異なる従業員の能力や成果の客観的な相対評価が可能になる）
・有能人材をグローバルに発掘・登録する仕組みと育成：世界中に分散する多様な人材をグローバル最適の視点で採用するにはハイポテンシャルや経営後継者といった有能人材をグローバルに発掘する仕組みとそれら人材に対する育成プログラムがある（後継者の発掘・育成計画は「サクセッション・プラン」と呼ばれる）。それにはOJTとOff-JTの両側面があるが，前者には国境や事業の枠を越えた人事異動なども含まれている。後者としてはコーポレート・ユニバーシティ（例，トヨタ・インスティチュート，ソニー・ユニバーシティ）などと呼ばれる社内機関や著名ビジネススクール等外部機関への派遣などがある）。
・情報共有化の仕組み：上記の諸施策を実施するためには，人事考課・評価，キャリア履歴，希望などに関する情報がグローバルな人事データベースに蓄積され人材の活用や育成に利用されることが必要とされる。加えて，本社・海外拠点の人的資源管理部門の責任者・管理者による会合や社内の特定分野の専門家の名簿・データベースを整備している例もある。

さらに，多くの識者は，企業の戦略と人的資源管理の方向性や取組みの整合性やトップ・マネジメントのコミットメントの重要性を指摘している。

〈先進的なグローバル企業の代表としての GE の事例〉

世界約 160 カ国に約 30 万人の役職員を有するグローバル企業である米国 GE（General Electric Company）は，人的資源管理や人材開発面でも最先進企業の 1 つと見られており，多くの企業が同社の制度を参考にしている。以下では同社の取組みや考え方のポイントをご紹介することとする（日本 GE 人事部門へのインタビュー・資料提供の協力と古沢（2008）の記述を基にまとめた）。

GE Growth Value
・GE Growth Value（図表 6-4）は，同社の役職員全員が共通に遵守すべき経営理念・行動規範であり，採用（新卒・中途採用）においても，その適合性が考慮され，日々の業務遂行や研修においてもその浸透への努力が行われており，人事評価においても図表 6-5 のように，業績（performance）と Value（GE value）の実践度によるマトリックスで評価が行われている。
・職務等級制度は，グローバルに共通であり，各事業部門（主要事業：エナジー，アビエーション，キャピタル，ヘルスケア，ホーム＆ビジネスソリューションズ，トランスポーテーション）のニーズに基づき各拠点の人事部門の所管により新人として採用された人材は，大卒新卒者対象の「プロフェッショナルバンド」（PB）としてスタートし，課長職相当とも言える「リードプロフェッショナルバンド」（LP），「エグゼクティブバンド」（EB），「シニアエグゼクティブバンド」（SEB），「オフィサー」（VP）と職階が上昇していく。EB 以上の人材については本社人事部門（在米国コネチカット州）が昇格を管理しており，SEB への昇格は本社 CEO の承認，EB は各事業部門の CEO または CFO の決済事項となっている。
・各人は，業績と GE Growth Value の体現度により，最高評価である Role Model，それに次ぐ Excellent 等 9 つのブロックで評価される仕組みになっている。同社ではセッション C と呼ばれる毎年実施の人事評価のプロセスで各人の単年度評価と昇格・昇進可能性やリーダー人材の発掘などを行っている（セッション C は，人と組織を総合的に見直し，組織の構成や人材開発プランを全社的に再検討するものであり，幹部や人事担当者

2. 先行研究に示される主要な論点

図表 6-4　GE Growth Value

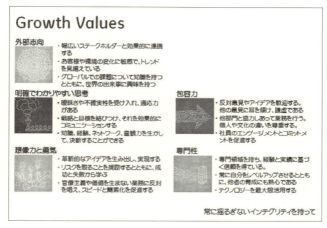

出所）日本 GE 社提供資料。

図表 6-5　GE の評価基準マトリックス

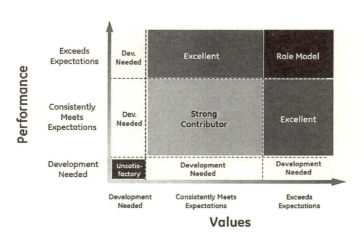

出所）図表 6-4 に同じ。

により，社員一人一人の評価や能力開発の必要性，後継者計画など組織の構成や主要ビジネスのイニシアチブをサポートするアクションプランを策定している)。上記のプロセスは，各国の「部門・事業」単位から，「国・地域」単位，グローバルな全体評価へつながり，同社 CEO と各事業部門のトップによるセッション C では SEB 以上とその候補者である EB 以上の人材を対象に論議・検討が行われる。Role Model や Excellent の人材がハイポテンシャルと呼ばれるリーダー人材の候補者であり，加えて，各国・事業部門のトップから推薦された人材などが，ニューヨーク州クロトンビルにある「ジョン・F・ウェルチ　リーダーシップ開発研究所」で行われるリーダーシップ研修 (PB の上席者－EB クラス対象の MDC (Manager Development Course)，EB－SEB クラス対象の BMC (Business Development Course)，SEB－VP の中で CEO のポテンシャルがあると認められた最上級候補人材を対象とする EDC (Executive Development Course) が代表的なもの) への参加をノミネートされる。

　したがって上記の EB 未満のクラスの人材の管理やクロトンビルの研修センターでのリーダーシップ研修以外の研修や部門別のリーダーシッププログラムについては，各拠点や事業部門が所管している。
・上記の同社における採用・評価・昇格・異動などには国籍，性別，人種，宗教等による扱いの差はなく，入社後のキャリア・評価等は，EMS と呼ばれる世界統一のシステムのデータベースに登録される。このデータベースに基づき，例えば事業部門の上席者が必要な能力を有する人材を探したり，社内公募ツールである COS (Career Opportunity System) を参照し，他の勤務地や職務内容に関心を持つ人材がグループ内で募集されている職種の情報を得て応募したりすることが行われている。国籍をまたがる勤務地の異動も会社によるアサインメントや各人の希望によるものなどが一般的に行われている。同社では勤務地が変わってもスムーズに仕事に着手できると言われるが，これを実行可能としているのは，上述の GE Growth Value の浸透や，グローバルに共通する業務遂行の手法，用語，システムやデータベースといったインフラが整備・徹底されているからで

ある。

　また同社では，タウンホール・ミーティングと呼ばれる大きなミーティングから，ラウンドテーブル・ミーティングと呼ばれる数人でのディスカッション，One-on-One と呼ばれる一対一のコーチングまで各社員が本社の経営層と話す機会があり，社員の能力の育成や優れた人材の発掘の場になっており，同社の経営層は社員の成長のための時間を最優先にしているとのことである。

　このように優れた仕組みと制度を有する GE であるが，日本 GE 人事部門へのインタビューの中で他社の動向などもフォローし不断に必要な変化・対応に努めているとの言葉が印象的であった。なお，上記内容は 2014 年末時点のものであり，2015 年からは，インターネットとソフトウエアによる抜本的なものづくりの刷新を目指す戦略的な取組み（「インダストリアル・インターネット」や「ファストワークス」）に呼応した GE Beliefs（図表 6-6 参照）という新たな指針が，GE Growth Value に替えて，社内で共有され，

図表 6-6　GE Beliefs

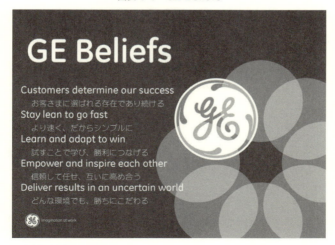

出所）図表 6-4 に同じ。

それに伴った新評価制度に順次移行する予定である（同社の人事関連の考え方や制度等につき，詳しくは安渕（2014），日経ビジネス（2014年12月22日号），また直近の動向については日本GE社ウェブサイト（http://www.ge.com/jp/careers/）を参照されたい）。

(5) **日本の多国籍企業における国際人的資源管理の課題と最近のトレンド**

次に，我が国の多国籍企業については，欧米の多国籍企業との比較や日本企業の海外拠点における現地人従業員を対象とする調査などにより，その人的資源管理面での現地化や人材の活用における諸課題が指摘されてきており，その主要点について検討する。他方，近年ではそれら課題の解決や改善に向けての取組みも進行しており，併せてそのトレンドも紹介する。

　a．日本の多国籍企業における課題

経済同友会が2009年に実施した調査（経済同友会 2009）における「海外拠点の設置・運営に関する課題・問題」の中では，「グローバル化を推進する国内人材の確保・育成」が圧倒的多数であり，さらに「グローバルでの経営理念・ビジョンの徹底」や「グローバルでの仕組みや制度の一体化」「海外拠点との人事交流」が海外売上高の多い企業を中心に挙げられている。

次いで課題について検討するが，先ず経済同友会による「グローバル経営における組織・人財マネジメントの課題」（2003年）において下記の諸点が指摘されている。

・日本的経営で培われた「良さ」に立脚した，グローバル企業への体質変化が容易ではない。
・グローバルに経営を担う日本人の人財の不足とその候補となる人財プールの層が薄い。
・日本組織特有の労働慣行や内向きさなどが残り，グローバルな人財市場において多様性に富む優秀な人財を働きたいと「魅きつける企業」になっていない。

さらに，多くの研究者・機関から以下のような事項が指摘されている。

2. 先行研究に示される主要な論点

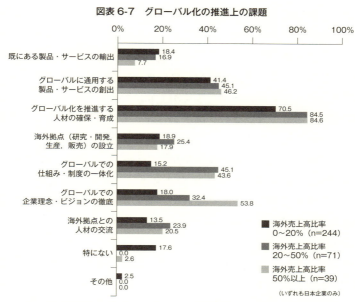

図表6-7　グローバル化の推進上の課題

出所）経済同友会「第16回企業白書―「新・日本流経営の創造」」(2009年7月)。

　現地人に対する人的資源管理は，基本的に海外拠点任せの傾向が強く，日本人駐在員中心で，現地人を経営者や管理者に登用するケースが少ないとの指摘が多い（この点に関し「ヒトの現地化の遅れ」，「ガラスの天井」の存在や「発展空間」の狭さという表現が使用されている）。欧米企業との比較で，日本企業の海外拠点において第三国籍の人材の活用が少ないことに注目し，日本企業の海外拠点の要員は，日本人駐在員と現地人のみという構成の「二国籍企業」の傾向が強いとの指摘もある（白木 2002 など）。この駐在員の問題については，経営層，ミドルマネージャーとして派遣されている日本人駐在員について，現地人の部下等からの総じて厳しい評価（方針・指示の曖昧さや部下の指導力，語学力を含むコミュニケーション力の問題など，特にミドルマネジメントに対する指摘が厳しく，さらに操業の歴史が長く現地人材の蓄積も大きいアセアンでは日本人の現地トップマネジメントも厳しく評価されている）が中国やアセアンでの調査結果から示されている（白木

2009, 2011, 2012 など)。また経営理念の徹底や浸透が不十分であること, 本社と各海外拠点の人事評価の基準や評価・報酬制度, 研修制度等が統一・整合されておらず非日本人の有能者を採用しても定着率が低いなどその活用がなされていないこと, 業務知識やノウハウ, 仕事の仕方のマニュアル等への形式知化, 可視化, データベース化が十分に行われていないため知識・ノウハウの習得・移転や業務遂行に関する方針・指示の徹底が難しく, 要員の拠点間の異動が難しくなるという課題が指摘されている。

さらに本社の国際化 (内なる国際化) の遅れも指摘されており (吉原 2011 など多数), 駐在員に対する調査結果 (ジェイシーリクルートメント 2012) でも, 海外駐在員としての業務上, 直面する最大の問題として 73.1％が「日本本社の現地への理解不足 (73.1％)」を挙げている。

b. 最近の情勢 (変化・トレンドを含む)

上記のような厳しい課題指摘がなされているが, 近年では, 特に国際的な事業展開に歴史と経験を有し, 海外ビジネスの重要度が大きい大手多国籍企業を中心に, よりグローバルな観点から有能人材を育成・活用しようとする企業が増加しており, それらには GE 等欧米の先進多国籍企業に見られる諸制度や仕組みを導入したり, 日本人以外の国籍者が海外拠点のみならず本社のトップに就任する動きなどの変化も見られており, 日本企業は人の現地化等人的資源管理や人材開発面で遅れているといったステレオタイプ的な認識にとらわれることなく, 新たな状況やトレンドを把握し考える姿勢が必要と考えられる。

本章執筆時点での直近の調査結果 (下記注) によれば, 人的資源管理や人材開発などの実態と特徴点などについて以下のようなポイントが指摘されている。

注) 日本在外企業協会の 2012 年度「海外現地法人の経営のグローバル化に関するアンケート調査」2012 年 11 月 5 日公表 (2012 年 6-7 月に調査実施, 同協会の会員企業 123 社の回答に基づくものである)。上記調査で質問されていない項目については, 2011 年 11 月 18 日公表の日本経団連による「産業界の求める人材像と大学教育への期待に関するアンケート結果」(2010 年 9-11 月実施, 回答企業数 596 社, 内経団連会員企業数 310 社) を合せて補足する。

・海外拠点の従業員に占める日本人派遣者数の比率は 1.6％ と 96 年の 2.7％

から減少傾向にある。

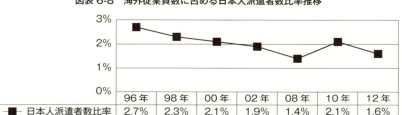

figure 6-8　海外従業員数に占める日本人派遣者数比率推移

出所）日本在外企業協会「2012年度　海外現地法人のグローバル化に関するアンケート調査」（2012年11月）。

- 海外現地法人の外国籍社長比率は29％と08年の16％から増加傾向にあり，その起用方法は，内部昇進が61％，自社の他の法人からの異動16％，本社から派遣された外国籍社員3％と同一企業グループ内の登用が高い比率になっており，自社の文化を理解した人材を社長に登用する傾向が続いている（上記以外では，合弁パートナー企業の指名30％などとなっている）。外国籍社長を起用した理由としては，本人の能力が優れている64％，現地社会に深く入りこめる45％，パートナー企業の指名22％の3つが回答の上位を占めた。外国籍社長の起用に関して難しい点は，72％の回答企業が「本社とのコミュニケーションが難しい」ことを挙げ，それに次いで，「社内の優秀な外国人人材がまだ育成されていない」37％，「自社の経営理念の共有が難しい」34％などとなっている。海外現地法人の外国籍社長の本社役員（取締役・執行役員）への就任状況は，24％と10年の10％から大きく増加しており，現在未就任の企業でも35％が今後本社役員に起用の可能性があるとしている。
- 外国籍経営幹部のためのグローバルに共通の人事基準・制度の導入は，「特になし」との回答が61％と10年の69％から減少し，既に約4割の企業で，業績評価制度，給与に関する基準，昇進・昇格に関する基準などのグローバル人事制度の導入が図られ，増加傾向にある。
- 海外現地経営幹部の教育研修は，日本で実施が54％，現地法人での実施

図表6-9 外国籍幹部のためのグローバルな人事基準・制度の導入

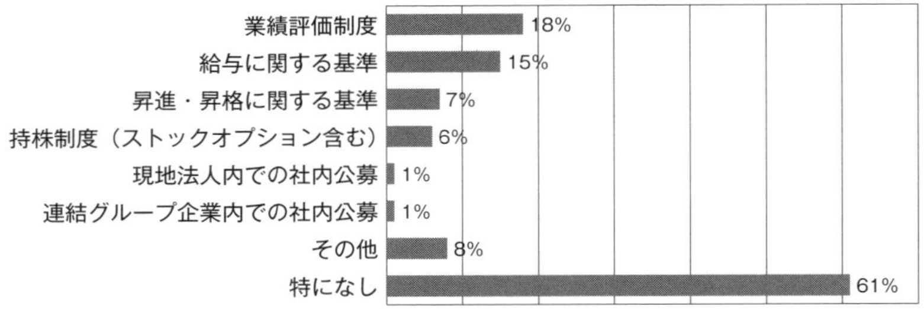

- 業績評価制度 18%
- 給与に関する基準 15%
- 昇進・昇格に関する基準 7%
- 持株制度（ストックオプション含む） 6%
- 現地法人内での社内公募 1%
- 連結グループ企業内での社内公募 1%
- その他 8%
- 特になし 61%

出所）図表6-8に同じ。

が39%となっており，研修実施企業においては21%が外部の研修機関を併用している。

・海外現地法人に対する企業理念・経営方針・行動指針等の共有化に関しては，企業理念等を英文化している（76%），本社の社長・役員が現地法人を訪問し伝達（56%），企業理念等を現地言語に翻訳（46%），イントラネットで配信37%など各種の手段で実行されており，何もしていないとの企業は6%にとどまっている。

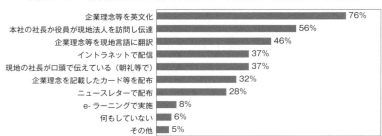

図表6-10 海外現地法人に対する企業理念・経営方針・行動指針等の共有化

- 企業理念等を英文化 76%
- 本社の社長か役員が現地法人を訪問し伝達 56%
- 企業理念等を現地言語に翻訳 46%
- イントラネットで配信 37%
- 現地の社長が口頭で伝えている（朝礼等で） 37%
- 企業理念を記載したカード等を配布 32%
- ニュースレターで配布 28%
- e-ラーニングで実施 8%
- 何もしていない 6%
- その他 5%

出所）図表6-8に同じ。

・グローバル経営を進展させるための本社から見た主要な経営課題は，人材とコミュニケーションに関する事項が上位を占め，「現地人社員の育成」76%，「グローバルな人事・処遇制度の確立」64%，「本社と海外現地法人とのコミュニケーション」48%などとなっている。

図表 6-11　グローバル経営を進展させるための主要課題

項目	%
現地人社員の育成	76%
グローバルな人事・処遇制度の確立	64%
本社と現法とのコミュニケーション	48%
日本人派遣者の育成	39%
権限委譲による現法の主体的経営	22%
経営理念の共有化	16%
現地人幹部の経営理念の理解	16%
技術，ノウハウの移転	12%
研究開発機能の移転	4%
資本の現地調達化	2%
その他	3%

出所）図表 6-8 に同じ。

・日本人の海外派遣者育成のための導入制度は，海外赴任前研修 73％，語学研修（国内）73％，同（海外）60％，などと高い導入比率になっている。

図表 6-12　日本人の海外派遣者育成のための制度

項目	%
海外赴任前研修	79%
語学研修（国内）	73%
語学研修（海外）	60%
海外業務研修（トレーニー）	50%
異文化研修	48%
帯同家族への研修	38%
リスクマネジメント（安全）	37%
海外留学制度（MBA 等）	35%
経営研修	29%
リスクマネジメント（経営）	22%
CSR（企業の社会的責任）研修	21%
その他	1%
特になし	5%

出所）図表 6-8 に同じ。

・外国人留学生の日本採用については 78％の企業で実施しており，加えて，近々採用予定と検討中の企業が合せて 13％あるため，「採用も検討もしていない」企業は 9％のみとなっている。その採用目的は，国籍を問わず優秀な学生を採用するが 80％，グローバル化に向けてグローバル人材を確保 60％，現地法人とのインターフェース役のため 25％等となっている。この点に関連し，日本経団連の調査（2011 年）では，日本国内における外国人人材の採用状況につき 42％（経団連会員企業では 59％）が継続的

に採用を行い現在も雇用しているが、日本本社における採用数に占める外国人材の採用数は2.6％水準（平均本社採用人数184.02人に対し外国人材採用数4.85人）にとどまっている。

・自社の経営のグローバル化の進捗度についての自己評価は、「かなりグローバル化している」が9％あるものの、「まだまだ途上である」との回答が84％と一層の注力の必要性を認識している。また日本経団連の調査における「事業活動のグローバル化に対応した人事戦略の方向性」についての設問（図表6-13）では、「海外赴任を前提とした日本人の採用・育成を拡充」や「国籍を問わず有能な人材を登用する」「今よりも採用の多国籍化を進める」との回答が多かった反面、「特に方向性は定めていない」との回答も多く、二極化の様相が見られている。

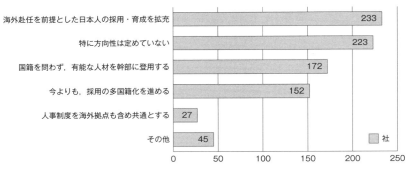

図表6-13　事業活動のグローバル化に対応した人事戦略の方向性

出所）日本経団連「産業界の求める人材像と大学教育への期待に関するアンケート」（2011年1月）。

上記直近の調査結果のとおり、積極的な取組を行う企業では、経営理念の浸透や海外派遣者の育成、外国国籍の有能人材の採用・活用に関する諸制度の整備が進んでいる状況が示されているが、制度等が各企業の戦略やトップの意思・コミットメントと整合したものになっているか、制度の中身と充実度やその運営の実態と効果がより注視すべき重要点であると考えられる。

また近年の傾向として、国際展開の歴史の浅い中堅・中小企業の海外進出が増加しているが、これらの企業については、国際的に事業を行う経験・ノ

ウハウ，人材が不足しており，先行企業の経験やノウハウを活かした対応が人的資源管理や人材開発面での成功のみならず，海外事業における成功のために必要であると考えられる。

3. グローバル人材の育成・活用について

以上の国際人的資源管理における論点を踏まえて，以下では多くの企業が重要課題に挙げている「グローバル人材」の育成・活用に焦点を当てて重要点を述べることとする。

「グローバル人材」に関しては，① 日本人の若手・中堅社員の育成，② 外国人高度人材の採用・育成・活用（進出国の人材（ローカル人材）だけでなく第三国籍の人材や日本への留学（経験）者を含む）が必要とされており，同時にその基盤として本社の国際化（内なる国際化）が重要とされている。「グローバル人材」の定義には様々なものがあるが，代表的なものと考えられる内閣「グローバル人材育成推進会議」では以下の定義がなされている（2012年6月4日付同会議「審議まとめ」より）。

要素Ⅰ：語学力・コミュニケーション能力
要素Ⅱ：主体性・積極性，チャレンジ精神，協調性・柔軟性，責任感・使命感
要素Ⅲ：異文化に対する理解と日本人としてのアイデンティティー
　このほか，「グローバル人材」に限らずこれからの社会の中核を支える人材に共通して求められる資質としては，幅広い教養と深い専門性，課題発見・解決能力，チームワークと（異質な者の集団をまとめる）リーダーシップ，公共性・倫理観，メディア・リテラシー等を挙げることができる。

---

(1) 日本人の中堅・若手人材の育成

若者の内向き志向化や海外勤務敬遠傾向については上述したが，その理由の1つは，アジア新興国の発展やその中での日本のポジションや役割・チャンスなどにつき見聞きし考える機会が少ないことであり，若者世代に，現在のわが国を取り巻く世界の姿，グローバル化の進展とその中での日本や日本

人，日本企業の役割やチャンスをきちんと教育・伝達し，より多くの者が海外の場での活躍やキャリアを実感できる機会を与えることが有用であると考えられる。

もう1つの理由として，日本企業において海外派遣者にとっての希望やインセンティブが過去に比べ小さくなっているといるとの事情もあると思われる。海外旅行や出張が当たり前の時代になり海外赴任が通常の異動の1つになり，さらに日本の経済発展による生活レベルの向上，国内市場の急拡大の中苦労して海外で勤務するよりも国内に勤務し続けた方が安心・安全といった風潮が拍車をかけていると考えられる。

このような状況の改善として，駐在員に必要と考えられる事項として，白木（2009）は，以下の諸点を挙げている。① 実務面で絶対的なスペシャリティ（専門性）を持つこと，② リーダーとして方針提示，指示命令，言動において一貫性を持つこと（軸がぶれないこと），③ 自分で考えられる人，創意工夫できる人であることである。さらにそれらを身につける上での本社のサポートとして，① キャリア設計・キャリアサポートという点で，若い世代での早期の海外勤務体験，異文化体験の付与，② 国内外を問わず最終的意思決定を行う経験をさせること（日本での部課長クラスの人材が，海外拠点では，経営層の職務に就くケースが多いが，職務範囲が拡がり職責が重くなることへの対応準備の必要性がある）を指摘している。加えて，③ 駐在員というポジションの魅力度向上，キャリアパスにおける意義や処遇・福利厚生面での向上・改善も重要であると考えられる。

このような関連で総合商社各社や大手メーカーなどによる若手人材の早期海外派遣化や英語力等語学力の重視・強化，異文化マネジメント教育への取組みが数多く報じられている。

(2) 高度外国人材の採用・活用

日本企業における高度外国人材の活用の遅れに関して，1つには，高等教育修了者に占める海外諸国からの流入者の割合が0.7％とOECD加盟国中最低の水準であるなど国際的な比較のポイントが指摘されている。さらに多く

の日本企業が，現地拠点のトップや幹部に非日本人の割合が少なく現地人材やその他の外国人材の昇進機会が少ないこと（いわゆる「ガラスの天井」や中国人の言う「発展空間」の狭さ），欧米系外資企業の拠点と比べても離職率が高く，かつ進出国の求職者の人気度も低いという課題を抱えている。その大きな要因として，組織へのコミットメントと同質性を重視する企業文化を有する日本独特な経営スタイルが，人材の多様化を推進する上での妨げになっていること，日本企業の海外進出のパターンが従来の進出国の安価な労働力を活用した輸出生産拠点重視型から，拡大する進出国の市場での生産・販売重視型に変化してきていることが挙げられる。

企業活動がグローバル化の度合いを高める中，上述の日本人の能力向上や活用度の拡大を図るだけでは，国際ビジネスを展開する企業が求める人材は以下の点で不十分であると考えられている。第1に有能人材の量的観点である。企業の国際的な競争力を維持・強化する上で必要とされる人材プールを確保するには日本人だけに候補者を絞ることには限界があると思われる。第2に質的な観点である。先進国・新興国を含めた世界市場で，企業が優れた製品・商品・サービスを提供していくためには，上記「グローバル人材」の要素として挙げたような高度なマネジメント力，創造性・専門性，リーダーシップやコミュニケーション能力を持つ人材が必要とされる。さらに，今後大きく拡大することが見込まれる新興国市場での事業展開においては当該国・地域の言葉・慣行・文化やニーズ・嗜好を熟知し，人脈を有する人材が求められる。現に，多くの企業が上述の調査結果に見られるように有能な外国籍の人材の積極的な採用や能力開発，人事評価基準の統一化への取り組みを強化している。他方，高度な能力を有する外国人材の採用・活用は，単に企業間競争の枠を超えて，いまや国家間の人材獲得競争とも表現されており，企業レベルのみならず国家としても重要な戦略課題として取り組むことの必要性が認識されている。この点については以下の諸点が重要であり，先進的な企業による取組みが多く報じられている。

第1に，自社の強みや優れた点を国際的な視点から再認識・確認した上で，経営理念・戦略や仕事の進め方を各国語（現地語や英語）で明確に示す

こと，外国人を含めた役職員が円滑なコミュニケーションを図ることができる条件整備（例えば日本人の異文化理解力や語学力の向上策，メール・文書の英語等言語共通語化や会議での通訳者配置など）が必要とされる。

　第2に，「ガラスの天井」を意識せず自分の成長・昇進，能力開発の機会が実感でき意欲的な行動を促す人事制度やキャリアパスの明確化・透明化が重要である。より世界の各拠点での知見を活用する上では，グローバルに統一された人事評価・報酬システムや将来の幹部候補人材の総合的な発掘・管理や能力開発の場の提供が有用である。この点で，本社を含む世界各地の拠点間の異動や研修は本人のモチベーションを高めるだけでなく，企業としても知見やノウハウ・情報の効果的な移転という点で価値が大きいと思われる。さらに，先進的な企業では，ある国の拠点で採用された人材が，当該国のトップのみならず，本社や他国の重要拠点のトップにも就任できる途を開くことが特に優れた人材を引き付け，活用するという観点で重要になっているし，その可能性がないと各国の最優秀な学生を惹きつけることも難しいとの考え方もある（2013年6月28日付労政時報3848号「日本企業が外国人新卒採用で成功するポイント」参照）。この点に関連し，上記GEの事例や，世界各地の拠点への定期的な転勤を採用の前提とし，ノウハウ・経験を生かした問題解決や自社グループとしての方針・文化の伝道役としての役割も担う専門集団で，経営トップ層へ昇格する者も多い英HSBCの「インターナショナル・マネージャー」職の在り方は参考事例となる。また，日本企業の先進事例も増えつつあり，平賀（2014a）で取り上げた三井住友銀行のアジア・大洋州の各拠点に勤務する行員を対象とする研修拠点であるアジア研修室（在マレーシア・クアラルンプール）の事例などが挙げられる。

　3番目は，自社の企業名・ブランドの認知度や企業イメージの向上努力の必要性である。如何に企業の実質的な内容が良くてもそれが消費者や有能な求職人材にアピールしなければ製品・サービスの購入先や就職先の候補には挙がりにくいだけにこの点は重要であり，重点市場での取組みには本社による経費面も含めたバックアップが有用であろう。

　さらに個別企業のアピールと呼応して，政府関係機関・商工会議所等団体

により，集団的に日本企業の良さ・強み（雇用を重視し人材を大切にする姿勢，チームワーク重視など）をアピールすることも上記の日系企業へのイメージを改善する上で効果的であると考える。

加えて，最も身近に存在する高度外国人材の候補としての日本への留学生も重要であり，上述のように多くの企業がその採用を積極化している。

(3) 本社の国際化の重要性

上記(1)から(2)で述べた取組みの実効を挙げ，有能人材の活用を図り，企業としての発展を実現する上では，その基盤や下支えとしての「本社の国際化」（内なる国際化）が不可欠と考えられる。日本とは大きく状況が異なる海外市場におけるビジネスで成功するには，商慣行や文化面を含め各々の違いを理解・認識し，外国人の拠点幹部とも十分なコミュニケーションが取れる本社の体制整備や支援が必要である。現地拠点の日本人駐在員や外国人役職員が抱える悩みや課題，重要事項への指摘や提言を実感をもって理解し的確かつタイムリーな対応を行うには異文化を理解し海外事情に通じた相当数の役職員が本社の責任あるポジションにあることが有効と考えられる。さらに有能な外国人を採用したり，外国人の役職者の知見を理解し活用するには日本語中心の言語上の障壁を低くすることが求められ，楽天やユニクロなどによる社内の英語共通語化の取組みの成果などが注目される。

4. まとめ

企業の持続的な発展のためには，日本人，外国人を問わず，本社および海外拠点で経営トップなどリーダーとして活躍できる人材を計画的に育成・活用することが重要である。欧米や日本はじめ先進的な企業では，経営理念の浸透，グローバルに統一された人事諸制度なども活用し，有能人材やリーダー（候補）人材の計画的な育成，管理を行っている。これら企業の根幹に関わる「グローバル統合」の分野・事項については，本社トップマネジメントと人事部門の役割が大きい。他方，海外各拠点の労働関連法規制や雇用慣

行，現地の事業環境・文化の観点からの対応（新人の採用活動や各地の事情・ニーズに応じた研修，本社レベルではない人材の育成・管理などを含む）については「現地適応」として現地拠点のトップマネジメントと人事部門の所管となる。両者のバランスや具体的なあり方には，各企業の特性やトップの意志，国際展開の歴史や段階，各拠点の資本構成のあり方（独資や合弁など）によって違いがありうるが，いずれにせよ最も重要なことは企業の戦略と人事の方針・制度が整合したものでなければならないと考えられる。また本社の国際化は各種取り組みを下支えする基盤としての重要性を有する。

また，本章では紙幅の関係から記述を割愛したが，韓国のサムスン電子，LGエレクトロニクスやタイのサイアムセメントグループなどアジアの有力企業も国際的な人的資源管理や人材開発に注力しており，欧米先進企業だけでなくアジア等新興国の有力企業の動向にも注視すべきと考えられる（各社の事例については平賀（2010，2013a，2013b）や石田（2013）などを参照されたい）。

【用語解説】

グローバル人材

様々な考え方が提示・提起されているが，ここでは，代表的なものとして，本章の2頁に掲げた内閣・グローバル人材育成推進会議の審議まとめ（2012年6月）による定義に加え，産学人材育成パートナーシップ・グローバル人材育成委員会（2010年4月）による以下の定義を挙げる。「グローバル化が進展している世界の中で，主体的に物事を考え，多様なバックグラウンドをもつ同僚，取引先，顧客等に自分の考えを分かりやすく伝え，文化的・歴史的なバックグラウンドに由来する価値観や特性の差異を乗り越えて，相手の立場に立って互いを理解し，更にはそうした差異からそれぞれの強みを引き出して活用し，相乗効果を生み出して，新しい価値を生み出すことができる人材。」

グローバル統合・現地適応

多国籍企業のグローバル経営には，効率性・シナジーの活用の観点から複数の市場での共通性を追求すべきという側面と，各国で異なる市場状況やニーズ，法制度・政策などに対応すべきという2つの圧力があるとされる。両者は相反するものであるとの考え方もあるが，近年ではその両立の重要性が主張されるようになっている。

ガラスの天井

英語のGlass Ceilingの訳であり，有能な人材が，性別や人種などの理由によって，組織内での昇進やキャリアアップが制約される状況を表した用語である。

本社の国際化（内なる国際化）
企業が国際化（グローバル化）を推進し実効を挙げるためには，海外拠点の取組みだけでは不十分であり，本社（経営幹部，人事部，経理部，企画部など）が，海外でのビジネスの特性や難しさ，市場・文化の違いなどを理解する仕組みや体制，人材を有し国際化することが求められる。

高度外国人材
高度外国人材の定義としては様々なものが提示されているが，例えば「高度人材受入推進会議報告書」（2009 年）によれば，わが国が積極的に受け入れるべき人材として，「国内の資本・労働とは補完関係にあり，代替することが出来ない良質な人材」であり「わが国の産業にイノベーションをもたらすとともに日本人との切磋琢磨を通じて専門的・技術的な労働市場の発展を促し，わが国労働市場の効率性を高めることが期待される人材」と表現されている。

【参考文献】

Barney, J. B. (2001), *Gaining and Sustaining Competitive Advantage* (2nd Edition), Prentice Hall.（岡田正大訳『企業戦略論』[上・中・下] ダイヤモンド社，2003 年。）
Bartlett, C. A. and Ghoshal, S. (1989), *Managing Across Borders: The Transnational Solution*, Harvard Business School Press.（吉原英樹監訳『地球市場時代の企業戦略：トランスナショナル・マネジメントの構築』日本経済新聞社，1990 年。）
Doz, Y. L. and Praharad, C. K. (1986), "Controlled Variety: A Challenge for Human Resource Management on the MNC," *Human Resource Management*, 25 (1).
Evans, P. A. L., Doz, Y. and Laurent, A. (eds.) (1989), *Human Resource Management in International Firms: Change, Globalization, Innovation*, Macmillan.
Franko, L. G. (1973), "Who manages multinational enterprises," *Columbia Journal of World Business*, 8 (2).
Heenan, D. A. and Perlmutter, H. V. (1979), *Multinational Organization Development*, Addison-Wesley Publishing Company, Inc.（江夏健一・奥村皓一監修『グローバル組織開発』文眞堂，1990 年。）
Taylor, S., Beecheler, S. and Napier, N. (1996), "Toward an integrative model of strategic international human resource Management," *Academy of Management Review*, 21 (4).
Wenerfelt, B. (1984), "A Resource Based View of the Firm," *Strategic Management Journal*, 5 (2).
石田賢（2013）『サムスン式国際戦略』文眞堂。
株式会社労務行政「労政時報」各号。
経済産業省（2007）『「グローバル人材マネジメント研究会」報告書』。
経済産業省（2009）『日本企業が人材の国際化に対応している度合いを測る指標（国際化指標）について』。
経済同友会（2009）「第 16 回企業白書～新・日本流経営の創造～」（2009 年 7 月）。
経済同友会（2013）「グローバル経営における組織・人財マネジメントの課題」（2013 年 6 月）。
産業能率大学「第 5 回　新入社員のグローバル意識調査」2013 年 7 月公表。
ジェイシーリクルートメント（2012）「海外駐在員経験者への JAC グローバルタレントモニター調査」（2012 年 10 月，労政時報 2012 年 11 月 23 日第 3834 号に所収）。
白木三秀（1995）『日本企業の国際人的資源管理』日本労働研究機構。
白木三秀（2006）『国際人的資源管理の比較分析』有斐閣。
白木三秀（2009）「日本企業のグローバル人材マネジメント上の諸課題―調査結果からの考察」『国

際調査室報』2009 年 8 月第 2 号．
白木三秀（2011）『チェンジング・チャイナの人的資源管理』白桃書房．
白木三秀（2012）「日本企業のグローバリゼーションと海外派遣者―アジアの現地スタッフによる上司評価からの検討」『日本労働研究雑誌』No. 623，2012 年 6 月．
内閣官房（2012）『グローバル人材育成推進会議　審議まとめ』および同会議に係る諸資料（同ホームページは，http://www.kantei.go.jp/jp/singi/global/index.html）
永井裕久（2012）「日本企業におけるグローバル人材育成システムの構築に向けて」『日本労働研究雑誌』2012 年 6 月，第 623 号．
日経 BP 社「ものづくりの未来を変える GE の破壊力」『日経ビジネス』2014 年 12 月 22 日号．
日本経団連（2011）「産業界の求める人材像と大学教育への期待に関するアンケート結果」（2011 年 1 月 18 日公表）．
日本在外企業協会（2012）「2012 年度　海外現地法人の経営のグローバル化に関するアンケート調査」（2012 年 11 月 5 日公表）．
日本在外企業協会（2013）「2013 年　海外・帰国子女教育に関するアンケート調査」（2013 年 11 月公表）．
根本孝・諸上茂登（1994）『国際経営の進化』学文社．
花田光世（1988）「グローバル戦略を支える人事システムの展開法」『ダイヤモンド・ハーバード・ビジネス』．
平賀富一（2010）「サービス・グローバル企業のアジアにおける事業展開の研究①：HSBC のグローカル経営」『ニッセイ基礎研 REPORT』2013 年 11 月，ニッセイ基礎研究所．
平賀富一（2013a）「韓国有力企業の戦略展開と国際競争力―LG エレクトロニクス社の事例」『アジアにおける市場性と産業競争力』日本評論社，第 8 章．
平賀富一（2013b）「アジアの有力企業の国際事業展開とグローバル人材の育成について―タイ・サイアムセメントグループの事例」『ニッセイ基礎研 REPORT』2010 年 10 月号，ニッセイ基礎研究．
平賀富一（2014a）「金融機関によるグローバル人材育成　三井住友銀行の取り組み事例も踏まえて」『金融財政ビジネス』2014 年 6 月 12 日号，時事通信社．
平賀富一（2014b）「「高度外国人材」の獲得・活用へ向けての提言―シンガポール等の先進事例を踏まえたマーケティング視点からの考察」『ニッセイ基礎研レポート』2014 年 11 月 17 日，ニッセイ基礎研究所．
古沢昌之（2008）『グローバル人的資源論』白桃書房．
法務省入国管理局（2011）『平成 22 年度における留学生等の日本企業への就職状況について』．
茂垣広志（2006）『国際経営』学文社．
諸上茂登・根本孝（1995）『グローバル経営の調整メカニズム』文眞堂．
安渕聖司（2014）『GE　世界基準の仕事術』新潮社．
安室憲一（1992）『グローバル経営論』千倉書房．
吉原英樹（2002）『国際経営への招待』有斐閣．
吉原英樹（2011）『国際経営　第 3 版』有斐閣．
労働政策研究・研修機構（2007）『アジアにおける外国人労働者受入れ制度と実態』（労働政策研究報告書 No. 81）．
労働政策研究・研修機構（2008）「第 7 回海外派遣勤務者の職業と生活に関する調査結果」（平成 20 年 4 月公表）．

（平賀富一）

第7章

ITマネジメント
―新しいトレンド：「クラウド」と「ビッグデータ」

概要

　本章では，IT時代におけるグローバル展開する企業にとって，コンピュータが経営管理上の「業務効率化」のために大きなツールになっているという従来型の主張にとどまらず，もっと積極的に「新たな価値創造」の重要な源泉のひとつになっていると主張することが目的である。具体的には，21世紀型（2005年～）の新しいトレンドになっている「クラウド」と「ビッグデータ」を扱う。

　「クラウド」とは，ITマネジメントのハードやソフトを自社で保有・管理する必要のないコンピューティングのことであり，これにより企業は，コストの削減だけでなく，外部資源の有効利用といった新しい可能性が開かれる。結果，「クラウドにおけるロングテール」が進み，より進んだ個別対応，多様化が進展することになる。

　また，「ビッグデータ」とは，購買履歴などの膨大な企業内部の蓄積情報だけでなく，ソーシャル・ネットワーク・サービス（SNS）の書き込みやセンサーネットワークなどさらに膨大な外部情報を取り込んで，有益な情報を引き出すことであり，これにより，多国籍企業はプライバシー管理，組織の再編，IT人材の必要性に直面することになる。

　多国籍企業の経営管理におけるこうした新しい変化は，結果的に「分権化」を志向する企業が増えることになるという結論が導かれる。

第7章 ITマネジメント―新しいトレンド：「クラウド」と「ビッグデータ」

キーワード：
クラウド，ベンダー企業とユーザー企業，ビッグデータ，外部情報資源，IT人材

1．ITマネジメントの新しいトレンド（2005～）

　コンピュータが，企業の経営管理にとっての効率化のツールとして取り入れ始めたのは1960年代のことであった。企業における給与計算や銀行の決済といった今からみれば当たり前のことが，当時は，巨費を投じて優秀な人材を集め，多くの時間をかけてやっと実現できるものだったのである。そして，それを実現できるのは巨大企業だけであった。それからおよそ50年が経過した。今では，どんな小さな企業であってもコンピュータを使えるし，コンピュータが単なる効率化のツールだけでなく，新たな富を生む付加価値の源泉のひとつであるということを多くの人々が知っている。

　特に1995年以降，インターネットの時代に入って，企業にとっては，今までにない多くの情報をどのように管理し，それをどう取り扱うのか，経営管理上の大きな問題となっている。また，インターネットは軽々と国境を越えてしまう性格を持つゆえに，それを用いて国際展開を行うことが，多くの企業にとって容易になってきている。つまり，規模でいえば，巨大企業だけでなく中小企業も，業種でいえば，製造業だけでなくサービス業も多国籍企業になることが，より容易になってきている。

　すでに先行する諸章で扱ったように多国籍企業には，多くの情報が集まる。国際人材・ヒトの管理（第6章），研究開発のあり方（第2章），無形資産・ブランド管理（第4章），マーケティング（第3章）など経営全般に亘って多くの「情報」が集まり，それを管理し，業務に利用するITマネジメントが，ほぼすべての企業で必要となっている。

　図表7-1をみていただきたい。総務省（2012）の約3,000社の調査によると，我が国の海外進出企業（743社）は，国内拠点しかない企業（2,280社）

1. IT マネジメントの新しいトレンド（2005〜）

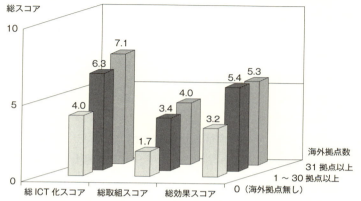

図表 7-1　我が国の海外展開企業における ICT 化, 取組, 効果の関係

出所）総務省「ICT が成長に与える効果に関する調査研究」（平成 24 年）より．
※ただし, 総 ICT 化スコアとは,「ネットワーク」3 項目,「IT サービス」6 項目,「IT ツール」6 項目, 合計 19 項目, 総取組スコアとは,「社内の業務改革」6 項目,「社外との取引改革」6 項目,「人的改革・投資」5 項目, 合計 17 項目, 総効果スコアとは「経営面」「業績面」「顧客面」「業務面（コスト）」「業務面（付加価値）」「職場面」の 6 カテゴリ 3 項目の合計 18 項目, それぞれを 10 点換算スコアにしたものである．

に比べ, 総 ICT 化スコアで進んでいる．また海外拠点数 1〜30 までの企業（605 社）よりも 31 拠点以上の企業（138 社）の方が ICT 化を進めていることがわかる．同時に, 総取組スコアでも, 海外展開するほど IT マネジメントが進んでおり, 総効果スコアで大きい効果を上げていることがわかる．つまり, 企業が海外展開すればするほど, IT マネジメントはより重要となり, その果実はより大きくなり, 効果をより多く享受していると考えられるのである．

さて, 本章では, 以上のような一般的な事実を踏まえ, 1995 年に始まるインターネットの時代が, ほぼすべての企業に一巡したという認識の下で, 情報革命の第 2 波ともいうべき「Web2.0 時代」における 2005 年以降, 特に注目されている, IT マネジメントの新しいトレンドである「クラウド」と「ビッグデータ」を扱う．そこではきっと従来とは異なった新しい視点を発見することだろう．

2. クラウド

一般に「クラウド」とは、「クラウドコンピューティング」の略称で、その名称は「Cloud（雲）」に由来する。つまり、インターネット上の所在を全く意識しない領域（天空の雲）という意味である。この用語は、2006年、Googleの当時CEOであったエリック・シュミットが最初に使用したといわれている。従来、ユーザーは携帯電話やPCといったハード資源を保有し、それを用いて自身のソフトウェアを使い、データを保有し、利用・管理していた。しかし、クラウドの場合は、ネットワーク上にあるサーバーの中に、ソフトウェアやデータが存在し、ユーザーは必要に応じてネットワークを通じてアクセスし、サービスを利用する形態となる。また、その利用や管理についてもソフトのインストール（初期導入時の設定）、バージョンアップ、ファイル管理、セキュリティ、バックアップといったこれまでの煩わしさか

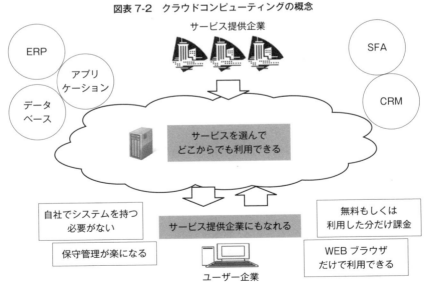

図表7-2　クラウドコンピューティングの概念

出所）筆者作成。

ら解放され，利便性が俄然増すことから，クラウドは今後コンピューティングの主流になると考えられている。

ところで，クラウドのユーザーは企業と個人に分けられ，前者の企業向けを「Business Web」，後者の個人向けを「Consumer Web」と定義される。しかし，それは一般的なクラウドであって，クラウドのサービス提供企業（ベンダー企業）とユーザー企業が一体となり，利用企業全体が生み出した所産がクラウドであるという認識に立つと，クラウドとは，「Business Web」のことを指すという新たな別の定義が成立する。本章で扱うのは，前者の企業が創り出す「Business Web」であり，それが経営管理の対象となる。さらに，ユーザー企業にとってクラウドは「外部資源の利用」という特徴を持っている，というのが本章の主張である。

以下，具体的にクラウドについてみていこう。図表7-2にあるように，クラウドを利用すると，自社でシステムを持つ必要がなく，コストが削減できる。また，汎用のERP（業務用システム）やSFA（営業支援システム），CRM（顧客管理システム）などを利用することで保守・管理も楽になる。特に社内システムの構築にかかる時間が大幅に短縮される。さらにWebブラウザだけで利用できるので利便性が増すという利点がある。このことは，従来からグローバル展開を行っている「既存の巨大企業」にもメリットがあるが，経営資源の乏しい「中小企業」が海外展開を行う場合には計り知れないメリットが生まれると予想される。さらに，近年注目されている創業まもなく国際化する「ボーン・グローバル企業」，そして国内ビジネスしか行っていなかった中小企業がある日突然に環境の変化から国際化する「ボーン・アゲイン・グローバル企業」の多くが，たとえ狭義のIT系企業でなくても，国際化する必要条件のひとつに「クラウドの利用」という条件が加わったことを意味するのである。

ところで，コンピュータの歴史からいうと，「ネットワーク経由でサービスを利用（提供）する」という形態は，以前から存在していたものであり，決して新しいものではないという主張がある。事実，1960年代から80年代後半にかけての大型汎用機（メインフレーム）の全盛時代には，タ

イムシェアリングシステム（時分割の「TSS利用」）といって，データセンターに多数のユーザーが同時にアクセスし，中央演算装置の処理時間を各ユーザーに分割して，ネットワーク経由でCPU時間（プロセスの実行時間）を共有し，さながら各ユーザーが1台のコンピュータを占有し「対話」しているかのような利用方法が存在した。コンピュータが1台数億円と高価な時代には国や大企業のみがそれを所有し，従量制または定額制で各ユーザーに対してサービスとして課金するという使い方であった。また1990年代には，UNIXやワークステーションに代表されるダウンサイジングが進み，そこでは分散システム（オープンシステム）によるクライアント・サーバ方式が採用されてきた。クライアントはサーバーを用いてサービス利用するという時代である。そこでは特定企業間ではあるが，VAN（Value Added Network；付加価値通信網）を利用し，EDI（Electronic Data Interchange）の手順を用いて電子データの交換が行われてきた。1995年以降，インターネットの時代に入ると，ネットワーク中心の，新しい集中処理が模索され始める。特に21世紀に入ってから周波数帯や通信速度も飛躍的な向上をみせるブロードバンド化や場所にこだわらず移動中にも使えるモバイル化を経て，いわゆる「Web2.0時代」（2005年）になると，世界中に分散したユーザーがサーバーを意識せずサービスを受ける，クラウドコンピューティングの処理形態が発達してきた。従って，クラウドは新しい情報処理の形態ではなく，昔からあった処理方法の延長線上にあると考えることもできる。しかし，クラウドは，今や全く新しい革命的な変化を引き起こしているということを以下に述べることにする。

最初に，クラウドの3つの階層（分類）について知っておく必要がある。

(1) SaaS：サース（Software as a Service）
　SaaSとは，ネットワークを媒介としたソフトウェアのサービスのことで，スマホやPCなど様々なデバイスからWebブラウザを介して，ERP（業務用システム），CRM（顧客管理システム）などを企業ユーザーが利用でき

る。これによって、社内システムを自社開発しなくても、より安価で導入することができるようになる。従来、巨大企業が3〜5年かけて、数10億円もの巨費を投じて開発していた社内システムと同程度のものをフリー（無料）もしくはごくわずかな金額ですぐに利用できるようになったのである。実際、米国のSalesforce.comが2005年に「AppExchange」、そして2006年に「Apex」の運用を最初に開始し、やがてMicrosoftやGoogleなど多くのIT企業がサービス提供に参入し、世界的に普及したのである。ところで、海外展開するユーザー企業にとってSaaSは外部資源の利用であり、統一の書式になっているため、多少のカスタマイズはできても、それはグローバル集権色の強いものになる。統一の書式は、ローカルな例外処理の余地を許さないからである。とはいえ、統一書式によるグローバル管理が必要な企業にとっての需要が見込まれることになる。

(2) PaaS：パース（Platform as a Service）

PaaSとは、プラットフォーム（サーバー、開発言語、APIなど）の提供サービスであり、企業ユーザーは、それを自由に用いてアプリを開発できる。プラットフォームの環境はサービス提供企業（ベンダー企業）が準備するので、企業ユーザーにとっては自社システムの開発に専念できる。企業は、自社に即した、より細かい人事情報管理や代理店管理、在庫管理、資産管理などの用途に利用できる。これはSaaSの発展系として理解できる運用形態である。2007年に米国のSalesforce.comが、従来の同社SaaSがソフト提供サービスだったのに対して、企業ユーザーが独自にソフトを開発し、稼働できるプラットフォーム自体をサービス提供した「Force.com」が始まりである。以後、Google、Microsoft、AmazonからもPaaS型が提供されている。ところで、海外展開するユーザー企業にとって、PaaSは各国拠点の習慣や市場特性を反映したもの、つまりローカルを入れ込んだ分権型のシステムの導入が可能になるという特徴がある。

(3) IaaS：アイアース（Infrastructure as a Service）

　IaaSとは，インフラストラクチャーのネットサービスである。PaaSやSaaSがソフトウェアのサービスだったのに対して，サーバーや回線などのハードウェア（インフラ）環境に重点を置いたサービスである。ベンダー企業がインフラを提供しハード障害の回避や復旧に責任を持つことから，ユーザー企業は必要なOSやデータベース管理システムなどのミドルウェアを自前でインストールして利用できる。IaaSは，サーバーやデスクトップの仮想化や共有ディスクなど，いわゆる「仮想技術」（Virtual Technology）の発展に負うところが大きい。1台のサーバーでありながら，複数のOSが使用でき，さながら複数台のサーバーと同じように利用できるという特徴を持つ。IaaSによって，インフラをすべて自前で揃えて社内システムを構築していた従来タイプの企業はそうした費用や手間暇から開放される。そうして，業態の規模に応じて柔軟な処理性能で対応できることになったのである。2006年にAmazonがAmazon EC2をパブリックベータ版（試用版）として開始し，2010年にソフトバンクが「ホワイトクラウド」を始めている。ところで，海外展開する企業にとって，IaaS型は，既存のレガシーシステム（内部資源）をベースに加工・移植することができ，しかもインフラ能力に規定されず柔軟に対応できるので，それぞれの企業タイプや事業ドメインの発展段階によって，グローバルVSローカルの両タイプのどちらでも対応

図表7-3　クラウドの分類

SaaS	PaaS	IaaS	オンプレミス
アプリケーション	アプリケーション	アプリケーション	アプリケーション
OS＆ミドルウェア	OS＆ミドルウェア	OS＆ミドルウェア	OS＆ミドルウェア
ハードウェア	ハードウェア	ハードウェア	ハードウェア

　　　ベンダー企業が管理
　　　ユーザー企業が管理

出所）前田（2014）を参考に筆者作成。

可能という特徴を持つことになる。
　以上，クラウドには3つの階層（分類）があることを述べた。ところで，これとは異なるものにオンプレミスがある。

(4)　オンプレミス（On-premises）
　オンプレミスとは，企業が情報システムを自社で保有し，自社の設備において運用することである。「premise」とは構内，店内という意味であり，オンプレミスは自社運用の意味になる。従来は自社運用が一般的な運用形態であり，特別な呼称で呼ばれることはなかったが，クラウドの普及によって，従来型の自社運用を明示するための表現として，「オンプレミス」という用語が用いられるようになってきた。しかし，「オンデマンド」のようなネットワーク技術の発展により，「サーバー」の設置場所は本国＝本社でなくともよいので，世界中のどこでも都合の良い場所に設置できる。また，一部のシステムは従来どおりオンプレミスで，一部の機能やソフトウェアをオンデマンドで利用したり，自社所有のハードウェアやソフトウェアの運用管理を外部に委託したり，余剰なハード資源を外部に提供したりというハイブリッド型も登場してきている。

　以上から次のようなことがいえる。図表7-3に示したように，クラウドといってもユーザー企業とベンダー企業のどちらが情報資源の管理を持つのかによって，SaaS，PaaS，IaaSといった3つに区分される。またオンプレミスは自社運用でありながら，外部委託によってベンダー企業になることが可能である。さらに，オンプレミスではなくとも，クラウドによる外部資源を活用することで，「商品別の売上」・「在庫回転率」・「生産ライン歩留まり率」といった個別の経営管理情報に関するアプリのみを切り離して，外部委託するという事業形態も可能となっている。
　経営資源の乏しい中小企業や新規のベンチャーであれば最初に「出来合」のSaaSを選好し，次に企業のビジネス度合に応じて「カスタマイズ」できるPaaSを選好するであろう。また大企業であれば，オンプレミスの利点を

発揮して，自らもクラウドのベンダー分野に乗り出すことが可能であり，事業ドメインの幅を広げる多角化のチャンスになるかもしれない。特に，従来からのグローバルな巨大企業の多くは，世界各地に点在する業務プロセスの標準化と効率化のために通常5年以上の歳月と数十億円の投資を要して構築してきた内製化した旧来からのレガシーシステムを持っている。この無形の経営資産は廃棄されるだろうか。いや，むしろクラウドに移植して運用され，場合によればシステムの一部を外部に提供することでベンダー化して，さらに有効に活用される可能性を持っている。こうして新しい分野が開拓される。ITマネジメントは，企業の「内部と外部」，「所有と利用」，「規模の大小」，「海外経験のステージ」，「業態の発展段階」といった観点から，全面的な変革期を迎えているといえよう。

以下，事例をみておこう。

SAPは，企業用のアプリERPを提供するドイツのベンダー企業であり，米国のオラクルと並んでグローバル市場でのクラウドベンダー最大手のひとつである。世界130カ国以上に子会社を持ち，日本へは1992年に進出している。顧客は全世界に25万社以上を持っている。従来，国際展開する企業用ERPは，人員も予算も大きかったために，大企業向けと考えられてきた。しかし，2013年から世界50カ国に展開するデータセンターを使ったクラウド型ERPである「SAP Business One Cloud」を導入することで，100人以下の中小企業でも海外展開が可能になっている。海外展開においてネックとなっていた「今使っているシステムは海外で使えない」，「複数の海外拠点に短期間でシステムを導入したい」，「海外の活動状況が見えない」，「ITの統制が取れない」といった中小企業の要望が，月々わずか11,000円で解決したのである。「SAP Business One Cloud」は，中小企業向けに特化した，財務会計，販売・仕入・購買・在庫管理，顧客管理，営業支援保守サービスなどのビジネスに必要な基幹業務を統合して管理することができるグローバルスタンダードなERPパッケージであり，27カ国の言語や世界41カ国の税制，商習慣にも対応しているため，中小企業の国際ビジネス展開を

支援することができる。業種別に550のアドオンソリューションが用意され，2カ月以内に導入がすべて完了する。(図表7-4参照)。

　日立製作所のタイ現地法人であるHitachi Asiaは，同グループのIT部門である日立システムズ，インドのIT企業NIITと3社で提携して，グローバルクラウドサービスである「Galiver」の提供を2012年から開始している。これはSaaS型のサービスであり，日本で培ってきたノウハウを活かし，タイにデータセンターを置いている。主に日系の中小企業のアジア展開用に開発され，顧客企業の都合によってメモリやCPUなどのスケールを自在に変更できる。

図表7-4　SAP Business One Cloudの機能一覧

会計	販売	購買	在庫	入出金
勘定科目	見積	発注	品目管理	支払条件
仕訳入力	受注	入荷	品目クエリ	預金
仮仕訳帳	出荷	購買返品	価格表	小切手
仕訳帳	請求	購買請求の照合	入庫管理	クレジットカード
自動転記	返品	発注買掛管理	出庫管理	手形
複数通貨	複数通貨での請求/	複数通貨での購買管理	在庫管理	入金
為替レート	価格表/レポート		倉庫間入出庫管理	先日付入力
残高試算表	顧客管理	輸入コスト管理	在庫管理	銀行取引明細書と照合
貸借対照表	原価計算	伝票小計，アイテム行の表示	ピッキングおよび梱包	複数支払先登録
損益計算書	販売機会管理		在庫再評価レポート	支払ウィザード拡張
消費税集計表	コンタクト管理		価格計算機能拡張	締請求からの入金管理
複数年度管理	サービス契約管理			
利益センター	顧客環境管理			
利益センター階層管理	伝票小計，アイテム行の表示			
在庫再評価	督促処理			
消費税自動計算	締請求			
	手入力消費税			
生産	**人事**	**レポート**	**システム管理**	**ツール**
プロダクトツリー	従業員リスト	標準レポート	ユーザ登録	ドキュメントエディタ
生産オーダー	勤怠管理	クエリウィザード	使用権限管理	ユーザ定義フィールド
レポート	電話番号リスト	クエリ編集	ライセンス	
シリアル番号			アドオン	
ロット管理				
作業指図機能拡張				
MRP				

出所）http://www.hitachi-systems.com/solution/s104/sbo/index.html より引用。

すでにグローバル展開している多くの巨大企業は，以前からの自社のノウハウ，すなわちレガシー（旧来）型システムをオンプレミスで持っている。クラウドの時代に入って，ハイブリッドを行っている事例が米国のペプシコである。ペプシコは，世界200カ国以上に展開し，売上高は650億ドル，ブランド（製品群）別では売上10億ドル以上のものが22もある多国籍企業である。ところで，従業員が87カ国に27万5,000人（北米に11万人，中南米に7万人，ヨーロッパに5万人）を擁するペプシコという巨大企業では，グローバルな人事評価システム（HR）の構築が遅れていた。そこで2009年から人事システムの改編が始まる。労働慣行や法律，年金制度といった非常にローカルな部分（しかもルールなどは各国で毎年少しずつ変わる）は残し，同時にグローバル企業にとって必要な国を超えたグローバル人材の活用という経営課題から評価基準の統一化が図られたのである。ペプシコでは，2009年からクラウドを利用した業績管理システム（Performance Management）が多言語環境で構築され，次いで2011年からSAP社のHCMソリューション（Human Capital Management；人事および給与管理）をオンプレミスで導入を開始し，約6万人を対象に稼働させ，その後，範囲を拡大し，2013年末までには北米の全社員約11万人がオンプレミスのSAP HCMで管理されている。また，2013年には，研修管理システム（Learning Management System）がクラウドで導入され，全世界で20万人以上が利用している。これは，従来使っていた他の研修管理システムから過去履歴データ100万件以上を移行し稼働させたものである。このように，オンプレミスとクラウドをシームレスに併用・統合させたのが，ペプシコである。

NTTコミュニケーションズは，2011年から米国Cisco Systemsの「Cisco Hosted Collaboration Solution」を基盤アプリとして利用しつつ，クラウドのよるカンファレンス機能とIP電話機能を国内および海外158カ国で利用できるビジネスを開始している。カンファレンス機能では，ビジネス相手の在席状況を確認するプレゼンスやインスタントメッセージング，資料共有が可能なWeb会議，ビデオ会議を利用できる。IP電話機能では，同一の番号で卓上電話や携帯電話に着信させるシングルナンバーリーチや，自席以外の

場所の電話機にログインすることでユーザー専用端末のように利用するエクステンションモビリティ，出張先から自社の電話サービス経由で発信するモバイルボイスアクセス，ソフトフォンなどを利用できる。これは，海外進出する企業を支援するものとして期待される。

3. ビッグデータ

2005年頃から進んできたクラウドに続いて，2010年になるとビッグデータが世界中で注目されるようになってくる。ビッグデータとは，インターネットの普及やコンピュータの情報処理能力の向上によって，膨大になってきたデジタルデータの総称であり，具体的には文字だけでなく，音声や写真，動画などを含めた情報をいう。

この情報量の膨大さは，カリフォルニア大学バックレー校（UC at Berkeley）の経営情報学科（School of Information Management and Systems）（2000 & 2003）が行った「How Much Information?」という研究プロジェクトの結果によると，1999年に全世界での情報量は少なくとも 2.1 エクサバイト（$=2.1 \times 10^{18}$ バイト）に達し，毎年30％以上の膨張を続けていると報告している。しかも，紙媒体に対してデジタル媒体が3,000倍以上であり，圧倒的に比重が大きいと推計している。また，IDC（2007）によると，YouTube は毎日1億ものビデオストリームを配信し，ロンドンの200カ所に設置された交通監視カメラは毎日64兆バイトをデータ指令センターに送信し，米国石油メジャーの Chevron 社では毎日1.7テラバイト（$=1.7 \times 10^{12}$ バイト）ものデータが蓄積されているという。Facebook 社（2012）は，自社が管理するユーザーの写真と動画コンテンツが，既に100ペタバイト（100×10^{15} バイト）に達していると発表している。

さらに，喜連川（2011）は，人類が有史以来これまでに蓄積してきた全情報量は2000年までに 6.2 エクサバイト（$=6.2 \times 10^{18}$ バイト）だったのに対して，2003年には約5倍となる32エクサバイト，2006年には約26倍の161エクサバイト，そして2011年には約340倍となる 2.1 ゼッタバイト（=

図表7-5　構造化データと非構造化データの伸び（イメージ）

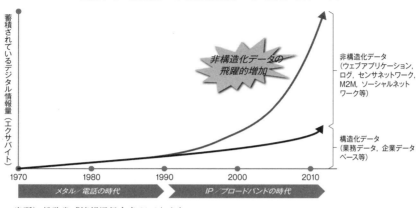

出所）総務省「情報通信白書2013」より。

2.1×10^{21} バイト）となり，21世紀の最初の10年間で情報量が実に300倍以上になると紹介した上で，これを「情報爆発」（Information Explosion）と呼んでいる。

　さて，この途方もなく巨大に膨れ上がっている情報量には，2つの種類がある。1つはデータベース化して分析しやすい「構造化データ」であり，もう1つはそうではない「非構造化データ」である。総務省（2013）によると，図表7-5にみるように，「構造化データ」（業務データ，企業データベースなど）よりも「非構造化データ」（ブログなどのWebアプリ，ログファイル，気温・交通情報などのセンサーネットワーク，SNSのつぶやき・クチコミなど）が飛躍的に増加しており，これを企業にとって意味あるデータとして取り込むことが課題であるという認識を示している。

　「非構造化データ」が急速に増加している背景には，M2M（Machine to Machine）といった機器間の通信の動作システム，つまり，人間の介在無しに自動蓄積されるデータ量の増加が考えられる。また，何億人という人々が自由に情報を発信できるSNSの存在がある。結果，「非構造化データ」は，「情報爆発」全体の8～9割以上を占めていると考えられているのである。

　前節で扱ったクラウドが「構造化データ」に対応する新しい企業トレンド

3. ビッグデータ　155

図表7-6　ビッグデータを構成する各種データ

出所）総務省「情報通信白書2012」より。

なのに対して，ビッグデータはもっと巨大な「非構造化データ」を処理・分析し，有用な意味や洞察を引き出そうとする企業トレンドである。そして，ビッグデータに関する本質的な問題とは，今まで隠れていた課題を発見し，そのソリューションを見出すことに他ならない。

では，どのように，ビッグデータが企業で使われるのであろうか。

たとえば，よく知られている事例に，Googleの「アドワーズ（AdWords）」というリスティング広告がある。これは，オークションによって決定される「キーワード単価」を企業が買って，「クリック数」に応じて広告費が決まるという仕組みであり，「広告費」（=「キーワード単価」×「クリック数」）をGoogleに支払うというものである。Googleにとって，検索結果によって蓄積された膨大なデータによって収益を得るビジネスモデルといえる。また，広告を掲載する企業にとっても，「検索ワード」に関連して，クリックで誘導されたユーザーのうち実際に何％が当該企業の商品（財・サービス）をいくら購入したのか，リアルタイムで膨大なデータから統計が取れることにな

り，今まで漠然としていた広告の費用対効果が明瞭に「可視化」できるというメリットがある。

　また，Amazon など電子商取引（EC）ショップでは，会員属性（年齢・性別・住所），購買履歴，クリックストリーム（サイト内での顧客の動き）などのデータを使って，顧客個々に対して，「おすすめ（リコメンデーション）」を提示する，いわゆる「ワン to ワン・マーケティング」を展開し，売上の増大に結びつけている。

　さらに Twitter や Facebook，Line などのソーシャル・ネットワーク・サービス（SNS）を展開する企業も膨大な会員データを基礎に，「つぶやき」「クチコミ」などの非構造化データから，社会や市場のトレンドを知り，広告やゲームなどのソフトウェア販売などの面で収益を上げている。

　ビッグデータの活用は，上記のような Web 事業を行っている狭義の IT 企業にとどまらない。我が国の情報通信白書（2013）では，ビッグデータ活用の注目事例として，デンマークに本社を置く風力発電機の製造・販売分野で世界最大手の Vestas Wind Systems 社を取り上げている。同社は，1979 年に風力発電機の製造を開始し，2012 年までに世界 67 カ国で 4 万 5,000 機の風力発電機を手がけている多国籍企業である。ここで興味深いのは，Vestas Wind Systems 社は，顧客である風力発電事業者の収益を極大化する目的から，同事業者にとって最適な風力発電機の設置場所を提案しており，その提案にあたって 2011 年からビッグデータを活用していることである。つまり，ビッグデータの活用により，風力発電機の製造だけでなく，風力発電事業のコンサルタント業務までビジネスを拡大しているのである。具体的には，天候，地形，潮の満ち引きといったデータをはじめ，衛星写真，森林地図，気象モデルなどの「外部情報」を利用して，発電量の予測，設置面積や環境・景観上の影響を考慮した最適な設置場所の解析を行っているほか，稼働後の発電量の推移についても解析を行い，発電所の最適なメンテナンススケジュールの策定も行っている。同社は，数ペタバイトにおよぶ構造化データおよび非構造化データを解析しており，このように大量かつ多岐にわたるデータを分析するため，同社では米国シリコンバレーにスーパーコン

ピュータを設置し，オープンソースソフトウェアである Apache Hadoop をベースとしたクラウドによる並列処理ソフトウェアを導入したとのことである。このことにより，同社ではこれまで約3週間要した解析作業をわずか15分で行えるようになり，業務の効率化を実現した上に，大量のデータに基づく的確な提案をよりタイムリーに顧客に対して行うという新たな付加価値を提供できるようになったため，同業他社に対する競争力の維持，向上にも寄与したとのことである。

　野村総合研究所（2012）の報告書では，ドイツの自動車企業フォルクスワーゲンのユニークな事例を紹介している。フォルクスワーゲンは，CSR（Corporate Social Responsibility）用に「The fun theory.com」という Web サイトを立ち上げ，ミラーサイトとして Facebook を使っている。そして，「『楽しい理論』が社会を良くする」というシンプルなコンセプトで世界中の人々から Web 上でアイディアを募っている。2010年にグランプリを獲得したのは，「Speed Camera Lottery」（スピードカメラ宝くじ）という企画であった。スピード監視カメラで自動車を監視し，スピード違反者の罰金を法定速度を遵守した優良運転者のうちから抽選で賞金としてプレゼントしようという企画である。実験はスウェーデンのストックホルムで3日間行われた。スウェーデン道路交通協会（NTF）と協力し，企画趣旨をストックホルム市民に事前に告知したところ，2万4,857台の自動車がスピード監視カメラ前を通過し，平均速度が実験前よりも8％減少し，事故の件数が16％ほど減ったというデータが出た。さらに重大な事故は24％，死亡事故は32％減ったという結果も報告されている。このコンテストの最終的な目的であるフォルクスワーゲン車のストックホルムにおける販売台数もアップしたという。市民，企業，社会（生活）環境と，まさに Win-Win-Win の結果である。もちろん，ビッグデータによる成果であることはいうまでもない。なお，Visible Measures 社の調査によれば，フォルクスワーゲンは翌2011年オンライン広告で，企業別世界一となった。何と6,300万回ビューを世界の人々が共有したのである。

　さらに，インターネットによる膨大な検索情報を利用すると，予想されな

かった利用法（Unexpected Usage）が新たに発見できる場合があることも知られている。Googleは人々がインフルエンザに関心を持つとき，「せきの薬」「解熱剤」といったキーワードで検索すると推測し，検索動向から数式モデルで予測したインフルエンザ発生数を予測した。その上で米政府の衛生当局が実際に収集した発症例と比較したところ，高い相関関係があることが判明したのである。ここで注目すべきことは，衛生当局のデータは収集に2週間かかったのに，Googleの情報はほぼリアルタイムで集計可能だったという点である（日経新聞2013年8月13日付より）。IPアドレスによる地域特定化と発症数がリアルタイムに高い精度でわかれば，衛生当局だけでなく，製薬会社にとって大きなメリットがあることはいうまでもない。

　さて，ビッグデータの活用によって，どのように企業の組織が変容し，経営管理への影響が出るのであろうか。ビッグデータでは，データの収集・分析・結果の予測をリアルタイムに行う必要がある。また，企業組織は，このビッグデータから得た知見を経営に活かすための内部組織が必要となる。これは，従来からすでに確立している企業用ソフトの運用とは根本的に違っている。ビッグデータは，企業内部に蓄積される大量情報と，これを上回る外部の大量情報とからなる。特に，企業外部の大量情報は，その利用にあたって企業内部の情報と結合して使用する場合，1つの企業の限界を超えると，クラウドベンダーによって結合・収集され，提供されることになるだろう。問題はこの時に発生する。プライバシー保護などの情報管理の問題が今までよりも大きな課題になっていくだろう，と予見される。

　個人が知らないうちに撮影された映像によって買い物や移動場所などを特定し，それによって企業が有益な情報を得ようとする時，情報そのものが厳密に管理されないと，深刻な法的問題をベンダー企業，ユーザー企業の双方に引き起こす危険性がある。企業の顧客情報などの内部情報が外部に流失する場合も同様である。情報は正確でなければならないが，同時にコンプライアンスを守らなければならない。だが，IDC（2010）によると，保護する必要のある情報量は，現状における保護できる能力を超えて増加しているという報告がなされている。IDC研究員であるGantz & Reinsel（2011）によれ

3. ビッグデータ　　159

ば,「こうした事態が起こっているのは,企業の従業員がより多くのモバイルデバイスを使用するようになり,消費者が意識的に(および無意識のうちに)より多くの個人データを共有するようになると共に,企業がこうしたデータを活用する新しい方法を見つけたため」であると報告している。つまり,ビッグデータというデータ活用の新しい方法は,従来からの企業組織によってプライバシーを保護できる限界を超え始めていることになる。こうして,プライバシーを保護・管理するための新たな部署の設置,外部情報と内部情報の管理,アクセス権限など,企業による管理組織の再編と制度設計が早急に求められることになる。その際,制度設計と運用にあたって,その業務を履行するだけの技量を持った人材が必要となる。

我が国の「IT人材白書2013」によれば,2012年度のIT人材の「量」に対する不足感はIT企業(564社)で72％,ユーザー企業(343社)で73.5％,「質」対する不足感は,IT企業で86.2％,84.8％に及んでいる。不足感は「量」・「質」共に大きいが,やや「質」の向上が望まれている。つまり,IT人材の「不足感」を埋めることが求められているといえる。

ところで,ビッグデータはどれくらいの経済的価値を生み出すのであろう

図表7-7　我が国のIT人材の「不足感」

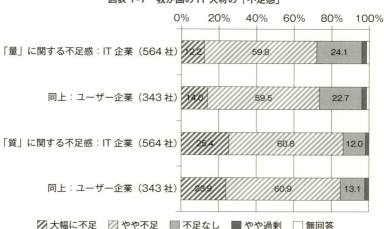

出所)独立行政法人情報処理推進機構「IT人材白書2013」より筆者作成。

か。これまでにいくつかの推計が行われている。

英国のソフトウェア，サービスベンダーである SAS 社によると，ビッグデータ解析を採用することで，英国の企業等における経済的価値は，2012 年から 2017 年までの累計で約 2,160 億ポンド高まると推計している。これは同じ期間における英国の GDP の約 2.3％である。また，産業別の推計では，製造業では累計で約 453 億ポンドと最も高く，次いで小売業が累計で約 325 億ポンドとの推計結果であった。

米国マサチューセッツ工科大学（MIT）では，経営判断，マーケティング活動等の企業・組織レベルでの活動・意思決定におけるビッグデータ解析の活用状況と企業特性・業績の関係性について，世界 108 カ国，30 産業，3,000 サンプルのアンケート調査データを基に分析している。まず，企業の業績とビッグデータ解析の活用状況との関係性について分析したところ，「トップ業績企業」はあらゆる事業活動において「業績劣位企業」に比べてビッグデータ解析を利用する確率が顕著に高く，将来戦略の策定や日常業務オペレーションにおける活用率は，「トップ業績企業」は「業績劣位企業」の約 2 倍との結果が出ている。

米国の調査会社 McKinsey & Compa（2011）は，ビッグデータの活用で特に成長が見込まれる 5 つの部門（米国のヘルスケア産業，欧州の公共事業，米国の小売業，グローバルな製造業及びグローバルな位置情報データ分野）を対象に，ビッグデータ活用により発現する経済効果・便益について推計を行った。その結果，米国のヘルスケア産業における発現効果（付加価値ベース）は 3,333 億ドル，欧州の公共事業では付加価値ベースで 1,500 億ドルから 3,000 億ドルの間，米国の小売業では，生産性は 0.5％増加，売上純利益は 60％以上増加，製造業では開発コストが 25％減少，製品の市場投入までの期間が 20％〜50％短縮化，利益マージンが 2％〜3％増加，オペレーションコストが 10％〜25％削減，そして 7％の収入増，位置情報サービス分野では，2020 年までに累計 7,000 億ドルから 8,200 億ドルの経済効果が創出されるとの結果が出ている。

我が国の日経 BP 社によるビッグデータ・プロジェクト（2013）では，

ビッグデータ活用による日本企業の増益効果は製造業で 2016 年に最大 2 兆円という試算を行っている。

以上，みてきたように，ビッグデータは，「宝のヤマ」だということがわかったように思われる。

4. クラウド，ビッグデータの経営管理上のインプリケーション

ここまで，クラウド，ビッグデータについて考えてきた。最後に，経営管理上のインプリケーションについて述べることで，本章のまとめとしたい。

IT 時代になって，注目される現象を表す用語のひとつに「ロングテール」という概念がある。もともとは，米国『ワイヤード (Wired)』誌の編集長であったクリス・アンダーソン (2006) によって最初に提唱された概念である。それによると，インターネットの普及によって誕生した Amazon などの EC サイトの仮想店舗では，売り場面積の制約がなく，流通面における仲介業者も不要で，小売店舗での費用も必要ないことから，ほとんど売れない，いわゆる「死に筋」商品でも出品できる。このことは，リアル店舗よりもかなり商品の種類が多くなることを意味するが，これを「ロングテール」と名付けたのである。そして「ロングテール」が，より長くなることで，消費者はその満足度の幅を広げるという (伊田 2012 に詳述)。

この概念は，多国籍企業のクラウド利用の今後を考える上で，とても有益な示唆を我々に与える。この概念を援用して，描いてみたのが図表 7-8 である。縦軸にクラウドが提供する企業用ソフトなどの IT 資源の「利用金額 (=利用数×単価)」，横軸に「種類」を取って，利用金額の高いものから順に並べてグラフ化すると，右下がりのなだらかな逓減型の曲線が引かれる。この時，上位 20% が「ヘッド」と言われるもので，SaaS で提供される有名ベンダー企業が提供する汎用ソフト (=「売れ筋」ソフト) である。たとえば，基幹業務用の ERP や CRM，SFA などで構成される。何故なら，これらのソフトはグローバル統合にとって重要な「言語の統一」がなされ，「標準化」されていて，使いやすく，多くの海外拠点を持つ多国籍企業にとっ

て，本社による（「集権的」な）経営判断や指針構築に不可欠なものとして利用頻度の高いものだからである。

　一方，下位80％に属する企業用ソフト群は，恐竜に例えてとても長い尻尾のような形状になる。これが「ロングテール」である。こうした形状になる理由は，このエリアでは，企業のタイプ，国ごとの嗜好，ニッチな市場など様々な理由によって，「個別的」な作り込みの必要なソフトが多いと考えられるからである。ここでは，利用頻度は低いが，しかし本社にとって，「分権的」で「ローカル」対応が重要であると考えられるソフト群が並ぶことになる。

　これまでに判明している多くの一般的な事実から，IT時代になると「ロングテール」が横に広がって，今までよりも尻尾の長さがより長くなることが知られている。その理由は，構築されるIT資源の流通コストや取引費用がゼロに近づき（つまり費用が下がり），潜在的需要が顕在化するからである。「Amazon.com」や「楽天」などで，従来「死に筋商品」とみなされていたものが注目されたのと同様，クラウドの場合には企業のITマネジメントのコストが低下し，利便性が増すことから，従来不可能と諦めていたソフトの構築・導入・運用が可能となる。つまり，総体としてのロングテールが注目されることになる。

図表7-8　クラウドにおけるロングテール

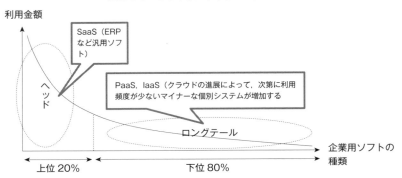

出所）独立行政法人情報処理推進機構「IT人材白書2013」より筆者作成。

この意味は，消費者向け商品市場においてバラエティの広がりが消費者の満足度を上げたのと同様，多国籍企業のITマネジメントにおいてもクラウドの利用がソフトとハードの資源利用にあたって，その運用幅を今までよりも広げることになる。そうして，それは「分権」「ローカル対応」の幅がより広がることを意味する。さらに，クラウドの世界ではサーバーやソフトの所在は，世界のどこにあっても構わないことはいうまでもない。従って，クラウドは，「分権化」という大きな影響を与える可能性を広げることを指摘しておきたい。もちろん，これによって，「本社」による経営の統治（ガバナビリティ）が失われることはない。むしろ，汎用ソフトによって，本社による多数の子会社管理，末端の社員までの管理といった集権的統合が実現する方向へ向かうだろう。しかし，ITマネジメントの行き着く21世紀の姿は，スマートな「集権化」のもと，これまで絶対に不可能だった「分権化」が花開くと理解しておきたい。

　次に，ビッグデータの活用について触れてみよう。ここでは3つの論点について考える。
　第1は，「プライバシー」の論点である。ビッグデータは，複数のカメラの映像をもとに来店客の性別・年齢・行動・時間などを分析し，その情報をもとに店舗レイアウトや棚割，品揃えの改善に活かすことで，魅力的な店づくりに役立てることが可能である。同様に，クレジットカードの購買履歴，鉄道ICカード，GPSの位置情報，ICタグの通過ルート，病気の発症数などからビジネス上のこれまでにないメリットを引き出せる可能性がある。ここで重要なことは，個人のプライバシーに関わる情報の問題である。ビッグデータの活用にあたっては，知らないうちに個人が特定化されたり，許諾していないはずの情報が使われてしまったりする可能性が常にあらゆる段階で存在する。従って，個人情報のセキュリティ，プライバシー保護の観点がますます企業統治（ガバナビリティ）上の最重要な課題のひとつとなっていくであろう。法令遵守（コンプライアンス）はもちろんだが，たとえ法に触れていなくても人々が望まない情報の使い方は，ビジネスの上で問題になる。

これを踏まえると，企業組織は，これまでの事業部間，国，地域を考慮し，情報の作成・管理・運用・廃棄などすべての段階でコンプライアンスとデータアクセス権をめぐって，当該国ごとの法・習慣・宗教などから，より緻密で適正な決定が必要となる。

　第2の論点は，「外部資源」，「外部データの利用」をめぐる問題である。これまで述べてきたように，ビッグデータは社内で蓄積されてきた内部データだけではなく，気温・天候・作物収穫量といった外部のデータも含まれる。そして内部と外部のデータを上手に結合させることで圧倒的なバリエーションが生まれる。これは企業にとって，外部情報資源の活用と呼べるものであるが，一方，データ・ソースそのものがビジネスになるのであれば，社内データも適切に加工すれば外部へ売る情報商品となる得ることを意味している。つまり，オリジナルデータを持つ企業が今後優位を示すということである。内部情報資源を外部用にどう仕立て上げるか，ビジネス化するかが課題となる。そうして，その後，実はもっと深い問題の存在に気がつく。すなわち，企業組織の内部と外部の情報資源を，いつ，どこで，どのように，活用するのか，その策定に関する決定を行う企業組織はどこか，組織再編の問題となるのである。当然であるが，グローバル企業において，海外に存在する外部資源の量は，国内の存在する情報の量より多い。企業の組織再編は不可避となろう。

　第3の論点は，「人材」である。ビッグデータは，日々刻々と生成される膨大な（非構造化データ含んだ）情報から意味のある法則性を発見し，企業にとって有益な知見を引き出すことに意味がある。従って，これまでにない新しいスキルを備えた「データ・サイエンティスト」と呼ばれるIT人材が必要となる。では，具体的に「データ・サイエンティスト」にはどういう能力が求められことになるのだろうか。ビッグデータから価値を引き出すために，非構造化データと構造化データを結びつけ，統計学のアナリティクスのスキルが求められることはいうまでもない。しかし，グローバル企業に求められることはそれだけではない。異なった言語や習慣にも精通する必要がある。さらに「メーター」と「フィート」，「キログラム」と「ミリリットル」

と「オンス」などの単位尺度などのプログラム上の国際的な統一換算，場合によってわかりやすく視覚化するためのアートセンス，デザインセンスも求められるだろう。

2013年に実施された米国EMC社のグローバル調査（50カ国，1万700社）によれば，ビッグデータが企業の意思決定を改善すると考える企業が世界で79％にもなっている。しかし，実際に「ビッグデータ解析技術によりすでに競争力を強化している」と回答した企業は全体で36％，国別でトップを走るのは台湾企業79％で，日本企業ではわずか16％にすぎないと報告している。

我が国の「IT人材白書2013」によれば，ユーザー企業のIT部門における「グローバルIT人材」の確保状況は「大幅に不足している」が46％と最も多く，一方「確保できている」は3％弱となっている。企業のグローバル展開に必要な人材の不足感が強い状況にある。また，海外で生産・販売活動を行うユーザー企業において，グローバル人材に求められている能力は，「語学力」「マネジメント能力」「海外現地拠点の業務に関する知識」が上位となっている。

「クラウド」や「ビッグデータ」は，21世紀初頭，2005年以降〜最近の10年間のトレンドである。多国籍企業の経営管理上の問題は，変遷を重ねながらも，少しずつでも課題を克服し，前進して行くものと思われる。今後の推移を注視していきたい。

【用語解説】

ERP（Enterprise Resource Planning）
企業における製造・物流・販売・調達・人事・財務会計などの経営管理全般に亘って構築された，統合型の基幹業務システムのことである。企業が出荷や在庫の「物流管理だけ」のシステムを構築しても，何年かすると海外展開に伴って，生産拠点の変化や販売チャネルの多様化が発生すると，「物流管理だけ」の単体システムは融通が効かず，再編が必要になってくる。当初は本国の本社における主力事業部だけだったものが，国内の関連会社，そして海外の子会社や関連会社を含めた情報量は膨大になり煩雑さが増す。さらに企業のグローバル展開は，こうした経営管理全般に対しての業務システムの必要性を痛感させてくる。こうして，ERPの必然性が生じる。

SFA（Sales Force Automation）

営業支援を目指したシステムのことで，「勘」「根性」「経験」の営業から「科学的」「自動的」な営業のあり方に改善するのが目的である。具体的には，顧客の社内情報や取引傾向，過去の商談や競合他社の情報などを営業担当者だけに留めず，情報を共有することで全社的な対応を可能にしようということに眼目がある。多言語選択可能なものが現れ，海外との対応が簡単になってきている。また，会社に戻ってPCから入力や出力をしなくても，出先でスマホやタブレット端末での利用が可能なことから，こうしたデバイスを選ばないクラウド型のシステムが次第に普及し始めている。

CRM（Customer Relationship Management）

顧客管理システムのこと。現在，企業内で普及しているのは顧客を「マス」としてではなく，「個別」に捉えることで，顧客ごとのニーズに合わせて，「ワン to ワン」にすることである。これにより「囲い込み」を達成し，顧客満足度を上げ，同時に企業の業績を上げることを企図したシステムになる。個別の顧客情報を管理し，顧客ごとの特性を分析することによって，長期的な顧客とのビジネス関係を築くことが目標となる。当然，顧客ごとの個別カスタマイズが含まれることになる。顧客のニーズとは，「価格」や「デザイン性」，「品質」だけではない。「優れた操作性」や「流行の最先端」にこだわる場合もある。特に，習慣や宗教，気候が異なる海外では，こういった個別性による差異は，国内ビジネスだけの場合よりも差が大きくなることが予想される。

Apache Hadoop

大規模なデータの分散処理を行うJAVA言語ベースのソフトウェアであり，ペタバイト（1.0×10^{15}バイト）級の分析に対応するとされる。フリーソフトとして公開されていて，世界中の企業が自由に活用できる。これにより，従来1台のコンピュータで数日かかっていた処理が，複数台のコンピュータによる分散処理によって瞬時に終わるという。もともとは，Googleの2人のエンジニアが書いた論文に触発されて，YahooやFacebookの技術者たちによって開発されてきたものだが，2010年に米国の非営利団体Apacheの管轄下に入ったことで，フリーソフトとなった。仮装技術により，データを蓄積するストレージや処理に必要なメモリを拡張し，ネットワークの高速化などを実現する。また，データをリアルタイムに相関分析して大容量データベースに蓄積し，それを高速に検索するソフトウェア技術も確立されているため，文字データからリアルタイムに有益な情報を引き出す「テキストマイニング」にも適用できる。こうした技術が登場したことによって，ビッグデータから新しいデータの価値を生み出し，それを新しいビジネスにつなげていくことが可能になっている。

【参考文献】

Anderson, Chris (2006), *The Long Tail, Revised and Updated Edition* (2008), Hyperion.（篠森ゆりこ訳（2009）『ロングテール：アップデート版』ハヤカワ新書。）
Gantz, John and Reinsel, David (2011), *Extracting Value from Chaos*, IDC IVIEW.
IDC (2007), An IDC White Paper.
McKinsey Global Institute (2011), *Big data: The next frontier for innovation, competition, and productivity*.
アクセンチュア株式会社（2012）『クラウドが経営を変える』中央経済社。
伊田昌弘（2012）「ICT革命とグローバル・マーケティング―いわゆる『ロングテール問題』について―」藤澤武史編『グローバル・マーケティング・イノベーション』同文舘出版。
伊田昌弘（2014）「『ICTスタートアップ』と『ボーン・グローバル』」伊田昌弘監修／阪南大学経営情報学部編「経営と情報の進化と融合」税務経理協会，第11章所収。

【参考文献】

喜連川優（2011）「情報爆発のこれまでとこれから」『電子情報通信学会誌』Vol. 94, No. 8。
国本修司（2013）『「データ経営」を実現する IT 戦略――経営管理の本質はマスターデータにある』日経 BP 社。
情報処理推進機構（2013）「IT 人材白書 2013」IT 人材育成本部。
城田真琴（2012）『ビッグデータの衝撃』東洋経済新報社。
総務省（2012）「ICT が成長に与える効果に関する調査研究」（平成 24 年）。
総務省（2013）「情報通信白書 2013」。
野村総合研究所（2012）『ビッグデータ革命』アスキーメディアワークス。
前田利之（2014）「ビジネスインフラとしてのネットワーク技術」伊田昌弘監修／阪南大学経営情報学部編『経営と情報の進化と融合』税務経理協会，第 13 章所収。
森洋一（2010）『米国クラウドビジネス最前線』オーム社。

WEB サイト
EMC（2013）http://www.emc.com/about/news/press/2013/20131212-01.htm
http://www.sas.com/offices/europe/uk/downloads/data-equity-cebr.pdfPDF（2013 年 12 月 30 日アクセス）
http://tdwi.org/research/2011/09/best-practices-report-q4-big-data-analytics.aspx（2013 年 12 月 30 日アクセス）
http://sloanreview.mit.edu/article/big-data-analytics-and-the-path-from-insights-to-value/（2013 年 12 月 30 日アクセス）
http://www.mckinsey.com/insights/business_technology/big_data_the_next_frontier_for_innovation（2013 年 12 月 30 日アクセス）
http://www2.sims.berkeley.edu/research/projects/how-much-info-2003/execsum.htm#summary（2014 年 1 月 2 日アクセス）

（伊田昌弘）

第8章

組織構造

概要

　多国籍企業の組織構造は何によって決まってくるのだろうか。また，多国籍企業の組織構造はどのような方向に向かっていこうとしているだろうか。本章では，多国籍企業の組織構造について，日本を代表する多国籍企業が採用する地域統括本社制をもとに考察し，集権型組織と分権型組織のあり方について論じていくことを目的としている。

　そのため，まず多国籍企業の組織構造を決める要因を戦略，経営者の志向性，そして優位性の源泉の3つに分けて論じていく。その上で，日本企業はもともと集権的な構造を持つこと，そして地域統括本社制による分権的な組織構造を試みたがうまく機能しないケースが多くみられたことなどを論じていく。さらに，事例として，リージョナルからグローバルへ経営の重点を移した事例と，分権的な経営を目指している事例を取り上げ，集権型組織と分権型組織のいずれの組織構造を持つかは，それぞれの企業の置かれた状況によることを論じていく。

キーワード：
戦略，経営者の志向性，知識，ワンウェーモデル，地域統括本社

1．はじめに

　近年，東南アジアに地域統括本社を設立する日本企業が増えてきている。

また，事業本部を海外に移転する日本企業もみられるようになった。さらには，本社機能の一部を海外に移転したり，本社ごと，いわゆる世界本社を海外に設立する企業も現れている。このように，「本社」とか「本部」などのタイトルがついた組織，すなわち，意思決定の要になる組織が海外に移転する時代となった。

なぜ，企業は海外に地域統括本社を設立するのだろうか，また，本社機能を海外に移転しようとするのだろうか。企業の意思決定機能が海外に移転される現実をどのように受けとめればよいのだろうか。

この章では，多国籍企業の組織構造がどのような要因で決まっていくのか，また，多国籍企業の組織構造はどのような方向に向かっていこうとしているのか，日本の多国籍企業が採用する地域統括本社制をもとに考察し，集権型組織と分権型組織のあり方について論じていくこととする。

2. 組織構造の決定要因

(1) 戦略

組織構造に影響を及ぼす要因は何だろうか。かつてチャンドラー (Chandler 1962) は「組織は戦略に従う」という有名な命題を示した。すなわち，戦略が変われば組織構造がそれにあわせて変化するというのである。この命題を多国籍企業を対象に実証したのが，ストップフォード＆ウェールズ (Stopford & Wells 1972) であった。彼らは，米国の多国籍企業を調査し，企業の戦略が変化するにつれ，国際事業部の段階を経て，グローバル構造，すなわち世界規模の地域別事業部制組織もしくは世界規模・製品別事業部制組織に移行することを明らかにしたのである。

彼らの研究のポイントは，まず，多国籍企業の組織構造には発展段階があることを明らかにしたことにある。そしてもう一つのポイントは，組織構造の変化に戦略が関わっていることを明らかにしたことである。すなわち，多国籍企業の組織構造に影響を及ぼす要因は，企業の戦略だということである。

ところで,戦略を立案し実行しているのはどこであろうか。国際事業部の段階であれば本国本社であろう。また,世界規模の地域別事業部制組織であれば全社戦略は本国本社,競争戦略は地域事業部,世界規模・製品別事業部制組織も同様に,全社戦略は本国本社,競争戦略は製品事業部になるであろう。このように組織構造の発展モデル上で考えると,一見分権化された組織に変化してきているとみることができる。しかしながら,いずれの組織構造においても,事業部本部は本国に設置されたものであり,海外に設置されたものとはなっていない。このことを多国籍企業の視点で考えると,戦略はつねに本国で策定されていることになり,海外子会社は本国で策定された戦略にしたがって行動するという形になる。すなわち,彼らの描いている組織構造はいずれも本国本社を中心とした集権的な組織だと捉えることができよう。

(2) **経営者の志向性**

組織構造に影響を与える要因は,戦略だけであろうか。これに対する答えとして,パールムッター(1969)の研究をあげることができる。彼は,親会社の基本姿勢(本社の志向形態,経営幹部の考え方)が,多国籍企業の組織のあり方に影響を及ぼすと主張している。すなわち,パールムッターは,経営幹部の考え方にもとづき企業の多国籍化の度合いを,本国志向(ethnocentric),現地志向(polycentric),そして世界志向(geocentric)の3つに分け,それぞれの特徴を次の通り論じているのである(Heenan & Perlmutter 1979)。

まず本国志向とは「世界中で本国人を中心的地位に置き,仕事のわりには気前よく彼らに多くの報酬を与える選好」(同上書,邦訳18頁)だという。また,現地志向とは「各国文化は大きく異なっており,外国人には理解しがたいものであるから,現地事業が収益を上げている限り,本社は介入すべきでない」(同上書,邦訳20頁)とする志向性をいう。そして世界志向とは「意思決定に際し,世界的なシステム・アプローチを用い,各地域を統合しようとすること。親会社と子会社は,自らを有機的な世界統一体の一部と考

図表 8-1　多国籍企業の在外子会社に対する本社の志向形態

企業の諸側面	志向		
	本国志向	現地志向	世界志向
組織の複雑性	本国では複雑，在外子会社は単純	変化に富むが相互に独立	世界ベースで複雑性が増大し，相互依存症は高い
権限：意思決定	本社に集中	本社集中の相対的低下	世界中の本社および在外子会社の協議
評価と統制	人事考課と業績評価に本社基準を採用	地域で決定	世界および現地を含んだ基準を採用
賞罰：インセンティブ	報酬は本社で厚く，在外子会社で薄い	まちまち・報酬の高低は在外子会社の実績いかんに依存する	国際的および現地経営幹部に対する報酬は，現地および世界目標の達成度に依存する
コミュニケーション；情報の流れ	在外子会社に対して大量の命令，指図，助言を行う	本社と子会社間に限定，子会社相互間ではなし	相互コミュニケーションと世界中の在外子会社間で行われる
地理的属性	本国籍法人	現地国籍法人	真の意味での世界的企業，ただし各国の国益を遵守する
継続性（採用，要員配置，人材開発）	世界中の主要な地位には本国の人材を	現地の主要な地位には現地人を	主要な地位には世界から最良の人材を

出所）パールムッター，ハワード（1969）「苦難に満ちた多国籍企業への進展過程」中島・首藤・安室・鈴木・江夏監訳（1990）『国際ビジネス・クラシックス』文眞堂，583頁。

える」（同上書，邦訳 20-21 頁）という志向性のことを指している。

　図表 8-1 は，パールムッターによる本社の志向形態とそれぞれの志向による多国籍企業の組織の特徴についてまとめたものである。ここから組織構造に関わるものを中心にみていくと，本国志向では，本国組織は複雑であっても，子会社は単純な構造であるとか，意思決定権限は本社に集中していること，そして，情報の流れは本社から子会社に対して一方的に流れることなどが示されている。また，現地志向では，本国組織と海外子会社は相互に独立し，意思決定権限はやや分権的な傾向が強まり，情報の流れは，本国本社と子会社の間のみの流れができていることが示されている。さらに，世界志向では，組織は世界ベースで複雑になり，相互依存性が高い組織となってい

ること,意思決定権限も本国本社と在外子会社の協議による傾向が強まること,情報の流れも相互コミュニケーションと子会社間の横のつながりも強く示されることとなった。

　以上のように,本国本社の経営志向が,組織のあり方に大きく影響を与えており,経営幹部がどのような志向性を持つかにより,集権型組織にもなったり,分権型組織にもなることがわかるだろう。

(3) 優位性の源泉：知識

　海外進出の初期段階は,企業経営はその国の社会や文化と密接なつながりを持っており,自国の競争優位（Country-Specific Advantages：CSA）を活用した,製品の輸出による海外進出が一般的である（安室 1993）。やがて企業が成長していくにつれ,「優れた経営方法の開発や研究活動によって世界のどこに出しても恥ずかしくない独自能力をもつようになる」（同上書,25 頁）。このような企業の独自能力を企業固有の優位性（Firm-Specific Advantages：FSA）といい,これを活用し世界市場で活躍することになる。安室（1993）によれば,製品を本国から輸出している段階では,自国の強み（CSA）を上手に活用したものが勝つが,海外生産などを行う本格的な海外進出の段階では企業独自の競争優位（FSA）が強みになるという。

　このように企業の海外進出は,その成長段階に応じて,自国の優位性を活用する段階から,企業独自の優位性を活用し,海外で活躍するようになると説明されてきた。しかしながら,ここで注意しなければならないのは,CSA は本国に由来した優位性であるが,FSA も同様に,本国に由来した優位性であるということである。すなわち,FSA は国内経営で社内に培われた知識に由来した優位性であり,本国に優位性の源泉,すなわち知識を持つということである。

　このことは,組織構造にも影響を与えることとなり,優位性の源泉が本国本社にあることから,本社中心の組織,すなわち集権型組織となるのである。先に示したストップフォード＆ウェールズの描いた組織構造はまさにこの状態を反映したものである。

さて，多国籍企業が成長するにつれ，やがて世界各地に販売拠点，生産拠点，研究開発拠点を持つようになる。そのような段階になると，本国に由来した優位性だけで海外展開を行うことに限界が見えてくる。そこで，多国籍企業は新たな優位性を模索するようになる。そこで，重要になってくるのが，多国籍企業がもつ本来の強みである世界に分散しているさまざまな経営資源や知識を活用し優位性を生み出すことができる能力である。すなわち，多国籍企業の外部（国外）に優位性の源泉を求めていくということである。

今や知識は世界に偏在しているという世界観を共有しつつある（安室 2013）。フロリダ（Florida 2005）は，クリエイティブな人々を引きつける都市が繁栄するとし，かつてアメリカはその力が強かったが，それが弱まっているという。そして現代は，世界中のさまざまなところにクリエイティブな人々を魅了する都市が生まれる可能性があり，そこにさまざまな知識が集まってくる時代になったという。こうしたことから，グローバル化により世界はフラット化するとみられたが，現実には，新興国の台頭により，あたらしく「でこぼこした」世界が生まれている。すなわちグローバルな時代は「フラットな平原ではなく，山あり谷ありの起伏に富んだ複雑な地形が，新しいビジネスの地平」（安室 2013，14頁）が広がっているのである。こうしたことから，多国籍企業にとっては世界各地に分散する知識を活用し優位性を獲得できる機会が増しているといえるだろう。

では，多国籍企業が世界各地に分散する知識を活用し優位性を生み出すとは，どのような現象をいうのだろうか。この点について，浅川（2003）はリソースド・ベースド・ビュー（RBV）の観点から次のようにまとめている。なお RBV についての詳しい説明は，別の章に譲ることとして，本章では，多国籍企業の本来の強みを発揮するための具体的な行動パターンについて論じていきたい（浅川 2003）。

その行動パターンとは，例えば多国籍企業の場合，多様かつ差別化された知識資源を遠隔地から入手し，社内にある既存の知識資源とうまく組み合わせることにより実にユニークな知識資源に変換することができ，このことが非模倣可能性をもつ優位性を持つことにつながるということをあげることが

できる。また，ある海外子会社がある特定の知識資源をもっているものの，それに対する現地での需要がない場合，それは死蔵されてしまうが，社内の他拠点でその知識資源を必要としている場合，その知識資源の保有者と需要者を結びつけることにより社内で有効活用することができるということもあげることができる。

このように，世界各地に偏在する知識を活用し，多国籍企業としての優位性をいかに生み出すかということを重視するようになると，組織のあり方も異なってくる。すなわち，パールムッターのいう世界志向型の情報の流れが生まれ，組織のあり方も集権的なものから，相互依存的なものへと変化してくるのである。

このような相互依存的な組織のあり方を示したのが，バートレット＆ゴシャールである。バートレット＆ゴシャール（1989）は集権でもなく分権でもない理想的な多国籍企業の組織モデルとしてトランスナショナルという考え方を示した。彼らによれば，このトランスナショナルの特徴として「内的な一貫性と相互補強」をあげ，「統合ネットワーク，子会社の役割と責任の分化，複数のイノベーションの同時管理の3つが，この統合的な組織システムの柱である」（バートレット＆ゴシャール 1989，邦訳89頁）と述べている。図表8-2は，このトランスナショナルの考え方を図示したものである。この図を見ながらトランスナショナルの特徴を挙げていく。まず，トランス

図表8-2 バートレット＆ゴシャールの統合ネットワーク

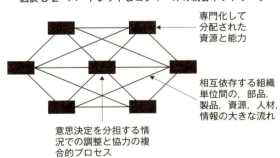

出所）バートレット，C. A. & ゴシャール，S. ／吉原英樹監訳（1990）『地球市場時代の企業戦略』日本経済新聞社，120頁。

ナショナルは「情報を中央に集中すべきか分散すべきかという問題よりも，状況に合わせて適切に意思決定を行うこと」（同上書，81頁）が重要だという。また「トランスナショナルでは，本国に集中している情報もあれば，海外に集中している情報もあり，各国の子会社に分散している情報もある。その結果分配されて専門化された組織力は複雑な構成となるが，企業側は強い相互依存関係によって分散した情報を統合する」（同上書，82頁）のである。こうしたことから，場合によっては本社は指導的役割を子会社に委譲することもあるという。すなわち，海外子会社に情報や知識があり，海外子会社がリードした方が本社よりも優れた成果を生み出す可能性が高いのであれば，海外子会社が指導的役割を担うべきであるということである。

　以上みてきたように，バートレット＝ゴシャールの議論は多国籍企業における海外子会社の重要性に目を向けさせた。その後，さまざまな研究者が海外子会社の重要性に言及するようになった。例えば，バーキンショー（Birkinshaw 2000）は，海外子会社の重要性を強調，子会社が外部の情報（ローカルマーケット）と接する重要な役割を担うことを示した。また，海外子会社がグローバル戦略の中心的な役割を演じることがあることを指摘している。またHolmら（Holm & Pedersen 2000）は高いコンピテンスを持ち，その能力が多国籍企業内部で活かされている場合，そのような位置づけにある海外子会社をセンター・オブ・エクセレンス（Center of excellence）と呼び，海外子会社が重要な役割を持つプロセスについて論じている。さらにドズ（Doz 2001）は世界規模で偏在している知識を取り込み，競争優位を構築する新しい海外進出パターンとして，海外に偏在する知識を活用した組織モデル，メタナショナル経営論を展開している。

　こうした一連の研究からわかることは，本国中心の経営には限界があること，多国籍企業の発展のためには，世界各地に偏在する知識を活用した経営が求められているということである（安室 2013）。

　ただ，一連の研究では，組織構造に関する明確な言及はない。指摘されているのは，海外子会社の役割が重視されること，それ故，ハイアラキー（階層的な構造）による組織構造を支持せず，水平的な，よりフラットな組織構

造であることが主張されているということである。かつて、この状態をヘドランド（Hedlund 1986）は、ハイアラキーからヘテラルキー（水平的なネットワークによる構造）へと変化してくると論じている。いずれにしても組織構造というよりも、海外子会社をどのように活用し、優位性を生み出すのかに焦点があてられ、組織構造については、それぞれの形があり、組織構造の絵を描きにくいということであろう。

　ここまで述べてきたように、企業の優位性を生み出す知識は、本国や本国本社内に限らず、社外に存在していたり、海外の子会社にあり、これをうまく活用することが多国籍企業の強みにつながってくるということである。そして、こうしたことを重視するようになると、組織はよりフラットな組織、水平的なネットワークへと変化していくということである。すなわち、競争優位性の源泉がどこにあり、そして、多国籍企業がそれらをどのように活用しようとするのかによって、組織構造も変わってくるということである。

3. 日本企業の分権型組織構造の試み

　吉原（1988）はかつて日本企業の多国籍化の特徴として、「日本中心」であることを指摘している。すなわち、「グローバルな経営システムにおいて、中心は日本の親会社であり、海外子会社はその中心から離れた周辺に位置している。経営資源は中心から周辺に一方向的に移転する。戦略は中心によって決定され、周辺はその戦略を実施する。中心がコントロールし、周辺はそのコントロールの下で機能する。中心はその戦略の確実な遂行を確保するために、周辺に日本人社員を送り込む」（吉原 1988, 42-43頁）という。図表8-3は、このことを図示したものであり、日本の多国籍企業は、過度な本社集権組織、すなわち、日本中心のワンウェー・モデル（吉原 1988）であることを明らかにした。

　そうした日本の多国籍企業においても、分権型組織の構築を試みたことがある。それが地域統括本社制である。この地域統括本社制とは、世界をいくつかの地域に分け、地域統括本社のもと、地域に適応した経営を行おうとす

図表 8-3　日本中心のワンウェー・モデル

注）中央の円は日本の親会社を表わし，外の円は海外子会社を表わす。矢印の線は，経営資源の流れとその方向を示す。
出所）吉原・林・安室（1988）『日本企業のグローバル経営』東洋経済新報社，42 頁。

る体制であり，グローバル化と現地化の同時達成を狙いとした組織体制である（安室 1992；森 2003）。日本企業の場合，北米，欧州，アジアの 3 つの地域に分け，それぞれに地域統括本社を置くことが多く，世界 3 極体制ともいわれることもあった。

　日本を代表する多国籍企業は，この地域統括本社制を 1980 年代後半から 1990 年代にかけて設立する傾向があった。とくに 1993 年の欧州連合誕生による単一市場の形成をきっかけに多くの企業が欧州地域統括本社を設立するようになった。業種別にみると，パナソニックやソニーといった電器産業やトヨタ，日産，ホンダといった自動車産業で設立されることが多かった。

　なぜ欧州の単一市場形成をきっかけに日本企業は地域統括本社制を採用するようになったのだろうか。当時の日本企業は，欧州単一市場の形成を，域内企業と域外企業を区別するものとして捉えていた。すなわち，当時，日本企業は欧州でのビジネスを拡大しており，域内企業として認められなければ，関税面などで欧州単一市場の恩恵が受けられず，現地企業に対する競争優位性を失いかねないという懸念を抱いていたのである。そこで，域内企業として認められるための一つの方策として欧州地域統括本社を設立したのである。また，欧州におけるビジネスが拡大するにつれ，販売子会社，生産子

会社, 等の設立も相次ぎ, それらの海外子会社を効率的に運営することも必要となってきた。さらに, 欧州市場は単一市場となったといっても, 多くの国によって形成されており, それぞれの国によって経営環境は異なってくる。それぞれの国の経営環境について本国本社が対応するには限界があり, 現地の状況を踏まえながらマネジメントを行うには欧州地域統括本社を設立することが適切であるとの判断もあった。すなわち「ヨーロッパでは不適切であるような意思決定を慎重に避けるために判断機能を現場に置き, 日本本社や北米事業の思考回路からある程度遠ざける必要がある。この意味で, 真に地域統括本社が必要な地域はヨーロッパ」(安室 1992, 240 頁) ともいわれ, そうしたことから日本企業はこぞって欧州に地域統括本社の設立を行ったのである。

一方で, 北米は, 市場としては米国中心であったので, 米国本社が北米本社を兼ねることとなり, 特に大きな変化はみられなかった。すなわち「おおざっぱに言えば, 北米は単一市場とみることができ, 法律や行政の上からも差異は比較的に小さい。事業が複雑になり大規模になれば, 日本と同様に北米に本社を作っても何ら不自然ではない。今までの現地法人を吸収合併してブランチや事業部として再編成し, 米国本社を持株会社として機能させれば, 多くの管理上のメリットが得られる」(安室 1992, 239 頁) と考えられたのである。

一方で, 先進的な日本の多国籍企業はシンガポールや香港にアジア地域統括本社の設立を行った。筆者の調査によれば, 当時, 日本企業がアジアに統括本社の必要性があったかどうかははなはだ疑わしい。実際にいくつかの日本企業は, シンガポール政府が用意した優遇税制「OHQ スキーム」を取得するために, シンガポールにアジア地域統括本社を設立したものの, 「アジア・太平洋地区の統括本社は, 日本本社の機能の延長上にあるものが多く, 管理組織を日本本社に置く場合も少なくない。アジア・太平洋地区の事業活動は, 日本での事業活動と密接なつながりがあることが多いので, 本社で一元的に管理する方が得策である。」(安室 1992, 239 頁) と指摘されるようになる。そうしたことから, 日本企業はアジア地域統括本社を設立したもの

の，それは実体を伴わない，「サービスすれど統括せず」（森 2003）という本来の地域統括本社とはかけ離れた組織として存在することとなった。こうして日本企業は，いくつかの組織的な課題を抱えつつも，欧州，北米，アジアに地域統括本社を設立し，世界3極体制を構築していったのである。すなわち，日本企業は1980年代後半より地域統括本社を設立し，本国本社中心の経営から，分権型組織構造による経営へと変化しようとしたのである。

　さて，ここで地域統括本社設立の経緯について改めて振り返ってみる。まず，当時の地域統括本社の設立理由をみてみると「海外現地法人の増加に伴い全社的視点に立った効率的なマネジメント組織が必要になったため」や「地域経済圏の形成に対応するため」といった理由を挙げる企業が多くみられた（森 2003）。そうしたことから，地域統括本社は，域内にある海外子会社をマネジメントし，効率的な経営を目指すものとされた。しかし，実際には地域統括本社は，地域における代表として位置づけられたものの，事業部の子会社がカバーできない業務，あるいは一括して行った方が効率的である業務，すなわち，法務，ファイナンス，人事・労務（人材育成を含む）などのスタッフサービスを提供する組織であった。また，多くの企業が地域統括本社社長に意思決定権限をもたせる（例えば，地域統括本社社長に本社において役員の職位を持たせる）傾向がみられたが，実態としては，地域統括本社制で想定されていた地域内で完結した経営を行うものではなく，あくまで，本国本社で策定されたグローバル戦略を地域戦略に落とし込み，その実行を促すための組織であった。場合によっては，事業部が主導となり，海外子会社の経営がなされる場合もあり（藤野 1998），地域内にある海外子会社を統括し，マネジメントする地域統括本社とはなり得なかったケースもみられた。言うなれば，地域統括本社は本国本社の出先機関であり，本国本社で意思決定されたものを現地に伝え，本社の意向に沿った経営が現地で展開されるかどうか，それをマネジメントする組織でしかなかったことを意味する。

　そうしたことから，日本企業のなかには，地域統括本社制を解消するものもみられた。例えば，資生堂は，「アジア，北米，欧州を担当する地域本部

を設立し，地域本部に担当地域の戦略立案・企画を任せて，地域特性に適した自立的な経営を推し進めた。その際に，日本の親会社は，全く現地の経営に関わらないのではなく，地域本部や海外子会社の自立性を尊重しながらも，同時に，それらの事業活動の調整も意識して行った。」(高橋 2008, 30頁) しかしながら，「資生堂は，1997年から欧州，米国，アジアを担当する地域本社を設立し，各地域に対する自立的経営を促進したが，地域本社の効率性が悪く，結局，2003年に地域本社を廃止して，親会社からの海外子会社の事業活動に対する調整を強化する動きが出てきた」(同上書, 43頁) という。

このような状況になった理由は，本社から権限委譲が少ないなどの理由が考えられるが，筆者は，真の問題は，経営に関わる優位性の源泉，知識が本社にあり，知識が本社から海外子会社へしか流れていなかった，すなわち日本中心のワンウェー・モデルのなかで地域統括本社を設立，運営しようとしたことにあるのではないかと考えている。パールムッターの本国志向や吉原のワンウェー・モデルが示すように，すべての知識は本国本社から生まれると言うことを前提にした組織では，いくら地域統括本社を設立し，権限委譲したからといっても，組織の管理，運営は本国本社を中心とした集権的な運営となり，分権的な経営にはならない。本国志向であり，また，多くの日本人が地域統括本社に海外派遣社員として常駐していた時代，知識の源泉を国内に求めていた時代に，組織構造だけを分権型に変化させてもうまく機能しないということであろう。

4．集権化と分権化：地域統括本社を巡って

以上みてきたように，日本企業による地域統括本社制はあまりうまく機能しなかったとされ，解消する事例もみられた。ところが，現在，地域統括本社の存在を調査してみると，地域統括本社を維持していたり，2000年代において地域統括本社を設立する企業もみられた。一方で，地域統括本社を廃止し，リージョナルに焦点をあてた分権型組織から，グローバルな集権型組

織に向かう企業もみられた。このように日本の多国籍企業では，グローバルな体制を基盤とした集権型組織構造を持つ企業と，リージョナルな体制を基盤とした分権型組織構造に向かう2極化の傾向がみられる。以下では，筆者の調査より明らかになった2つのケースを取り上げ，組織構造の集権化と分権化について考えてみたい。

(1) リージョナルからグローバルへ：コマツの事例

コマツは，1921年に設立された，日本を代表する建設機械メーカーである。2015年3月31日現在，資本金は678億7,000万円（連結），従業員数4万7,417人（連結）であり，2014年度の売上高は1兆9,786億円（連結）となっている。主な事業は，建設・鉱山機械，ユーティリティ（小型機械），林業機械，産業機械などの製造，販売である。

コマツの本格的な海外進出は，1967年ベルギーに販売現地法人（小松ヨーロッパ㈱）を設立したことに始まる。その後，1970年代に米国，シンガポール，そしてオーストラリアに販売現地法人を設立していった。また，生産関連では，1970年代から80年代前半にかけてブラジル，メキシコ，インドネシアといった中進国に生産工場を設立した。その後，1980年代後半から90年代にかけて，欧米での現地生産，90年代の後半からは中国，タイ，インド，ロシアなどでの生産も行っている。

そうしたなか，コマツの経営は，本国本社中心の集権型経営からはじまり，その後，地域統括本社を中心とした分権型経営を行い，そして近年では再び，本国本社中心の集権型経営への変化してきている。以下では，この変遷についてみていくことにする。まず海外展開の初期段階では，日本中心の経営がなされ，日本から製品の輸出，日本人派遣社員による経営がなされていた。その後，世界各地に販売現地法人が設立されることになるが，現地生産もおこなわれるようになった。この現地生産を開始した理由は，欧米という大市場でのシェアの拡大，そして円高や経済摩擦に対応することなどがあげられる。こうして，販売拠点や生産拠点が多く設立されるにつれ，コマツでは市場に近いところでの意思決定を行う必要性が高まってきた。そうした

ことから地域統括本社を設立し,意思決定の迅速化を図ったのである。具体的には,1996年,シンガポールにアジア地域統括本社(コマツアジア㈲:KAP)を設立し,欧米も既存会社の機能拡大により地域統括本社化することで欧米亜三極体制を確立した。その後も,中国(コマツ中国),中南米(KLC)を管轄する地域統括本社を設立し,日本を含め世界6極体制を敷いた。図表8-4は,コマツの2005年時点での地域統括本社の設立状況が示されている。そしてそれぞれの地域には,地域における経営に責任を持つ役員が派遣され,現地での迅速な意思決定が行われるような体制を作り上げたのである。このようにコマツは1980年代後半から2000年代半ばにおいて地域統括マネジメントを積極的に推進した日本を代表する多国籍企業であったのである。

　しかしながら,現在,コマツは地域統括本社によるリージョナルなマネジメント体制から,本社を中心とするグローバルなマネジメント体制へ移行している。コマツによれば,2005年頃までは地域統括本社の必要性があったが,リーマンショックをきっかけにグローバルなマネジメント体制に移行し

図表8-4　コマツの2005年時点での地域統括本社体制

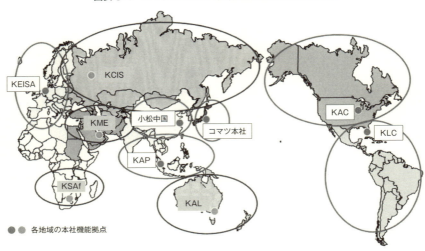

●●　各地域の本社機能拠点

出所)　コマツへのインタビュー時の資料。

たという。なぜ、グローバルなマネジメント体制へ移行していったのか。その背景には次のような理由がある。

まず第1に、ITシステムの構築である。コマツでは、2001年から販売する建設機械にKOMTRAX（コムトラックス）というGPSを活用し建設機械の使用状況を遠隔で確認できるシステムを標準装備している。コマツはこのシステムを活用し、保守管理、車両管理、稼働管理などを実施している。また、顧客に対しても無償でこの情報を提供し、顧客が保有する機械を有効活用できるようにしている。このシステムでは、日本本社にいながら世界各地にあるコマツの建設機械の使用状況がすべて把握できる。こうしたことから、コマツでは社内における情報共有が進んだという。そしてこのことは、従来、現地情報は地域統括本社を介して集めていたが、そうした経路を経ることなく本社が直接現地情報を得ることを可能にした。こうしたことから、地域統括本社の必要性が低下したという。

第2に顧客満足を実現するための組織を考えた場合、中間的な組織は不要になったということである。すなわち、コマツでは顧客満足を高めるために意思決定や顧客対応の迅速化を進めてきたが、地域統括本社の存在が問題となってきたということである。従来は、地域統括本社に権限を与え、地域において意思決定の迅速化、顧客対応の迅速化を実現してきたが、KOMTRAX整備の効果もあり、現在は地域統括本社を経ず、本社や各子会社が現地と直接つながり（直結化）、直接現地とやりとりをした方が意思決定や顧客対応の迅速化が図れる体制が整ったのである。そうしたことから、コマツでは北米、欧州、中国に地域統括本社的なものは残しつつも、大きな権限は日本本社に持たせ、本社と現地の販売会社や生産工場の直結化をすすめている。この結果、本社における意思決定の迅速化を図るとともに、現地情報のフィードバックの迅速化と販売・生産能力の強化を目指している。

このようにコマツでは、本社において現地情報を直接把握できるようになったことから、中間的な組織の存在意義が低下し、それがひいては組織構造にも影響を与えたことになる。つまり、重要な情報や知識が本社に集まってくることから、組織構造を分権型組織から集権型組織に変え、グローバル

経営に移行したのである。このコマツのケースでわかるように分権的な組織のメリットよりも，グローバルな組織体制のメリットが上回る場合，企業は，集権的な組織構造を持つといえるだろう。

(2) リージョナル中心の経営：豊田自動織機の事例

一方で，リージョナルなマネジメントを重視する企業もみられる。以下では，豊田自動織機の欧州地域統括本社，トヨタマテリアルハンドリングヨーロッパ（Toyota Material Handling Europe：TMHE）を例に，リージョナルなマネジメント体制構築の事例をみていくこととする。

豊田自動織機は，1926年，豊田佐吉が設立した会社であり，トヨタグループの中核会社である。2014年3月31日現在，資本金804億円，従業員数5万2,523名であり，2015年度の売上高は2兆1,666億円となっている。主な事業は，繊維機械，自動車，産業車両，物流となっている。同社のこれらの事業のうち，産業車両部門は世界を5地域に分け，それぞれに地域統括本社を設立し，海外展開を行っている。以下では，この産業車両部門に焦点を絞り述べていくことにする。

豊田自動織機の産業車両部門は世界に17工場をもち，2014年度の売上高は9,249億円，車両販売台数が22.2万台となっている。このうちフォークリフトの世界シェアは約20％で世界一のシェアである。この産業車両部門の海外展開は当初は輸出中心の展開であったが，1988年に米国でトヨタ自動車株式会社との合弁でToyota Industrial Equipment Mfg., Inc. を設立したことから，現地での生産を開始することとなる。その後，1995年，フランスにトヨタ自動車株式会社及びManitou B.F. との合弁でToyota Industrial Equipment, S.A. を設立している。さらに，北米では2000年にスウェーデンのウェアハウス用機器メーカーBT Industries AB（現Toyota Material Handling Europe AB）を子会社化，同時に欧州ではBT社の子会社のチェサブ社，北米ではBT社の子会社であったレイモンド社も手に入れることとなり，現在トヨタ，レイモンド，BT，チェサブの4つのブランドで，世界展開を行っている。

組織的には，図表8-5のような5極体制を敷いており，日本にトヨタ マテリアル ハンドリング ジャパン（TMHJ），北米にトヨタ マテリアル ハンドリング ノースアメリカ（TMHNA），欧州にトヨタ マテリアル ハンドリング ヨーロッパ（TMHE），アジア，中南米，オセアニア，中東，アフリカ地域（ALOMA）をカバーするトヨタ マテリアル ハンドリング インターナショナル（TMHI），そして中国を担当するトヨタ マテリアル ハンドリング チャイナ（TMHCH）によって運営されている。

　このうち，産業車両部門の欧州統括本社トヨタマテリアルハンドリングヨーロッパ（TMHE）はもともと買収した欧州企業BT社を基盤としている。具体的には2000年にBT社を子会社化し，2006年より欧州地域統括本社としたものである。こうしたことから，一般的にみられる日本企業が100％出資で地域統括本社を設立し，傘下に海外子会社をぶら下げる形とは異なった展開となっている。

　この欧州統括本社TMHEは，比較的本国本社から自立した形で経営が行われている。なぜ自立的な経営となっているのだろうか。それには次のような理由がある。まず第1に，扱っている商品の違いがある。同社の日本本社での最大の顧客はトヨタ自動車である。つまり，自動車の工場で使用する産業車両を得意とするということである。自動車の工場で使用する産業車両の場合，重いものを持ち上げることができるようにパワーのあるエンジンを積み，比較的外で使用することが前提という仕様である。一方，ヨーロッパ

図表8-5　トヨタマテリアルハンドリンググループ組織図

地域	日本	北米	欧州	ALOMA*	中国
組織	TMHJ トヨタ マテリアル ハンドリング ジャパン（トヨタL&F）	TMHNA トヨタ マテリアル ハンドリング ノースアメリカ	TMHE トヨタ マテリアル ハンドリング ヨーロッパ	TMHI トヨタ マテリアル ハンドリング インターナショナル	TMHCN トヨタ マテリアル ハンドリング チャイナ
ブランド	トヨタ	トヨタ レイモンド	トヨタ BT チェサブ	トヨタ BT レイモンド	トヨタ BT レイモンド

＊アジア，中南米，オセアニア，中東，アフリカの地域を指すための当社の呼称。Asia, Latin America, Oceania, Middle East, Africa の略。
出所）『豊田自動織機レポート2013』（2013年3月期発行），26頁。

のBT社の主力商品は流通業を対象とした商品が多い。この場合，高さのある狭い倉庫の中を自在に移動でき，縦方向に荷物を移動することが求められる。そうしたことから，電気，電子系の駆動装置を積む商品に強みを持つということである。

　第2に，販売方法の違いがある。日本では主に代理店を経由して販売しているが，欧州では直営店による販売体制が作られている。これは欧州における大口の顧客（例えば，スウェーデンのイケアや英国のテスコ）は欧州全体を一括してカバーしていることが多く，そうした顧客に対応するために，欧州で取引を行うためには全欧的に同質のサービスを提供することが求められる。そうしたことからTMHEは各国に直営店を置き，即座に顧客に対応できる体制を整えている。また，代理店を通さないことで，同社の強みである金融サービスをはじめ，サービス部品や物流相談なども合わせて提供でき，トータルでサービスを提供することを可能としている。

　第3に，BT社のシェアが，子会社化以前の同社のシェアよりも大きく，市場に近いところでビジネスを行っていたことがあげられる。そうしたことから，ヨーロッパ系のビジネスのプラットフォームはBTを主としたものとすることに決め，そのためにBT社を地域統括本社とし，自立的な経営がおこなわれるようになったのである。TMHEでは，BT社のもつ優位性を活かすことにより，ヨーロッパの持っているDNAの良さを殺さないようにしたいとの想いがあり，早急なTOYOTA WAYの浸透を行わなかった。TMHEによれば，日本から多くの日本人を送り，会社を変えていくという仕組みではなく，対話を通じてその必要性をよく確認しながら，自立，自発的に動いていくようになることを期待しているということである。

　こうしたことから，TMHEの経営は現地人が中心となって行われている。例えば，社長はドイツ人であり，開発生産系部門のトップがイタリア人，マーケティング部門のトップがオランダ人，ファイナンス部門のトップはスウェーデン人といった具合である。こうしてTMHEには必要最小限の日本人派遣社員が常駐するだけになり，その代わり日本本社は，その余力を中国，ブラジル，ベトナムの進出に向けているという。すなわち，グローバル

規模で限られた人的資源を有効に活用しているのである。

　以上で述べてきたように，豊田自動織機では買収した欧州企業を地域統括本社とし，この地域統括本社を中心に欧州で自立的な経営を行っている。また，欧州の持つ優位性を活かすために，本社による集権化を避け，分権的な構造による経営が行われている。このようにグローバルな組織体制によるメリットよりも，リージョナルな組織体制のメリットが上回る場合，分権的な組織構造をとるといえるだろう。

5. まとめ

　本章では，まず多国籍企業の組織構造の決定要因について述べてきた。ここでは，戦略，経営者の志向性，そして優位性の源泉によって，組織構造が異なってくるということを論じてきた。また，日本の多国籍企業は従来，本国本社を中心とした集権型組織であったが，地域統括本社による分権型組織への移行の試みがなされたこと，そしてそれがかつてはうまく機能しなかったことなどを述べてきた。その上で，コマツと豊田自動織機の事例を取り上げ，グローバルに集権型組織を構築するか，現地の良さを活かし，分権的な組織構造を構築するかは，どちらのメリットが上回っているかによることを示した。

　以上のことから，多国籍企業の組織構造が，集権型組織か分権型組織になるかは，企業の採る戦略やビジネスモデルによって異なってくるということがいえよう。すなわち，集権型組織によるグローバルな組織体制を構築するか，リージョナル他組織体制を構築するかは，企業によって異なり，それぞれの強みを活かせる組織構造を考えていく必要があるということであろう。

【用語解説】

地域統括本社
北米や欧州，アジアといった地域に多くの現地法人が設立された段階で，地域ごとに効率的な経営を行うために設立される組織。多くの場合，地域統括本社社長には大きな意思決定権限を持たせ，迅速な地域統括マネジメントが遂行できるようになっている。北米や欧州，アジアのそれぞれに設

立されることから世界三極体制と呼ばれたこともある。

ワンウェー・モデル
伝統的な日本の多国籍企業の発想の特徴。すなわち，中心は日本の親会社で海外子会社は中心から離れた周辺に位置している。また，戦略は中心で決定され，周辺は戦略を実施するだけという状態。そうしたことから，ヒト，もの，カネ情報といった経営資源が，中心から周辺に一方向的に移転する様子を示したモデル。

メタナショナル経営
自国の優位のみに立脚せず，世界各地に分散している知識資源を活用しながらグローバル規模での競争優位を築き上げるマネジメント。

ヘテラルキー
ハイアラキー（階層性）に対する概念で，一つの頂点を持つハイアラキーに対して，ヘテラルキーは複数の頂点を持つ他中心型の組織をイメージしている。

OHQ スキーム
シンガポール政府が地域統括会社に対して行った優遇税制。この制度を活用する企業は，①OHQ業務による利益に対する法人税を10％に減額，②海外の子会社及び関連会社からの配当所得の面背，といった税制増の恩恵が受けられる。

【参考文献】

Bartlett, Chiristopher A. and Ghoshal, Sumantra（1989），*Managing Across Borders: The Transnational Solution*, Harvard Business School Press.（吉原英樹監訳（1990）『地球市場時代の企業戦略』日本経済新聞社。）

Birkinshow, Julian（2000），*Entrepreneurship in the global firm*, Sage Publications.

Chandler, A. D.（1962），*Strategy and Structure*, MIT Press（三菱経済研究所訳（1967）『経営戦略と組織』実業之日本社。）

Doz, Y., Santos, J. and Williamson, P.（2001），*From Global to Metanational: How Companies Win in the Knowledge Economy*, Harvard Business School Press.

Florida, Richard（2005），*The Flight of The Creative Class*, Harper Collins Publishers, Inc.（井口典夫訳（2007）『クリエイティブ・クラスの世紀』ダイヤモンド社。）

Hedlund, Gunner（1986），"The Hypermodern MNC—A Heterarchy?," *Human Resource Management*, Vol. 25, No. 1, Spring, 1986, pp. 9–35.

Heenan, David A. and Perlmutter, Howard V.（1979），*Multinational Organizational Development*, Addison-Wesley Publishing Company.（江夏健一・奥村皓一監修（1990）『グローバル組織開発』文眞堂。）

Holm, Ulf and Perdersen, Troben eds.（2000），*The Emergence and Impact of MNC Centres of Excellence*, Macmillan Press Ltd.

Perlmutter, H. V.（1988），"The Tortuous Evolution of the Multinational Corpotation," *Columbia Journal of World Business*, 4, pp. 9–18.（「苦難に満ちた多国籍企業への進展過程」中島・首藤・安室・鈴木・江夏監訳（1990）『国際ビジネス・クラシックス』文眞堂，578-596 頁。）

Stopford, J. M. and Wells, L. T. Jr.（1972），*Managing the Multinational Enterprise*, Basic Books.

【参考文献】

（山崎清訳『多国籍企業の組織と所有政策』ダイヤモンド社，1976 年。）
浅川和宏（2003）『グローバル経営入門』日本経済新聞社。
コマツレポート 2013（2013 年発行）コマツホームページ（http://www.komatsu.co.jp/Company Info/ir/annual/　2013 年 11 月 20 日取得）。
髙井透（2008）「知識移転が市場を創り出す―資生堂の事例―」江夏健一・髙井透・土井一生・菅原秀幸編『グローバル企業の市場創造』中央経済社，27-50 頁。
高橋意智郎（2008）「知識移転が市場を創り出す―資生堂の事例―」江夏健一・髙井透・土井一生・菅原秀幸編著（2008）『グローバル企業の市場創造』中央経済社，27-50 頁。
豊田自動織機レポート 2013（2013 年 3 月期），豊田自動織機ホームページ（http://www.toyota-shokki.co.jp/ir/library/annual/2013/tir.html　2013 年 11 月 20 日取得）。
藤野哲也（1998）『グローバリゼーションの進展と連結経営』文眞堂。
森樹男（2003）『日本企業の地域戦略と組織』文眞堂。
安室憲一（1992）『グローバル経営論』千倉書房。
安室憲一（1993）『国際経営』日本経済新聞社。
安室憲一（1993）『多国籍企業と地域経済：埋め込みの力』お茶の水書房。
吉原英樹・林吉郎・安室憲一（1988）『日本企業のグローバル経営』東洋経済新報社。

※　本章のケースを作成するあたっては，コマツ本社，建機マーケティング本部建機マーケティング戦略室長・佐原匡氏，ならびに，Toyota Material Handling Europe 社会長・藤原啓税氏，リーガルコーディネーターの近藤勝仁氏に大変ご協力頂き，貴重な情報を提供頂いた（肩書はインタビュー当時のもの）。ここに記して感謝の意を表したい。なお，本章における一切の過誤は筆者の責任である。
　また，本章は，科学研究費基盤研究（C）（一般）（H22～H24）「多極化時代における多国籍企業の地域マネジメント：欧州地域統括本社を中心に」（課題番号 22530390）の成果の一部である。

（森　樹男）

第9章

組織文化

概要

　企業競争力の源泉は常に変化している。創業段階ではユニークな製品・サービスに関わる特殊の技術が重要だが，成長段階では生産性や各分野の専門知識を束ねる組織過程が大事である。問題は，持続的な成長だが，それを可能にするために欠かせないのが組織文化のコントロールである。上手くコントロールされている組織文化は，組織能力（Organizational Capability）の重要な部分を構成し，その因果関係の曖昧性や歴史性，複雑性などから，競争相手がすぐには模倣できない持続的競争力維持の源になる。上手くコントロールされている組織文化は，組織一体感や相互信頼をベースに組織全体として変化のための柔軟性を高め，危機対応にも強みを発揮する。したがって，グローバル規模の異質的な環境の中で様々なビジネス活動を展開している多国籍企業にとって組織文化マネジメントは特に重要な課題であると言えよう。

　多国籍企業の組織文化マネジメントに関連する主なイシュー（issue）は次の3つである。第一は，核心価値（Core Value）の共有と戦略的意図（Strategic Intent）の実践である。戦略的意図にあわせて持続的に変化管理（Change Management）プログラムを回していくことにより，グルーバルに散在している異質的な人的資源のベクトルを合わせて，全体としての組織力を引き出すことができる。第二は，グローバル規模のダイバシティを活かしてシナジーを発揮し，創造的なビジネス・アウトプットを生み出すことに貢献することである。産業・製品・サービス間のコンバージェンス

(Convergence) や集団知性 (Collective Intelligence) が求められる今の時代に，ダイバシティの確保は必要条件で，組織文化マネジメントを通じてそれを活かせることは充分条件である。第三は，組織文化活動を通じて，本社志向と現地志向を束ねる両手利き (Ambidextrous) マネジメントの実践ができるということである。本章では，以上のような観点から多国籍企業が組織文化を上手くコントロールしていくための実践的な方法論をみていく。

キーワード：
戦略的意図，組織能力，ダイバシティ，変化管理，両手利きマネジメント

1. 戦略実現ドライバーとしての組織文化

　一般的に，ある企業が他の企業より経済的な価値をより多く創出できている状態を競争優位 (Competitive Advantage) があると言う。企業にとってマネジメントというのは，競争優位を持続的に創出するための戦略を選択し，実行していくことに他ならない。しかし，残念ながら多くの場合，戦略というのは当初の意図通りに実現できないのが現実である。ミンツバーグ (1985) の話を借りることもなく，意図された戦略と実際に実現された戦略の間には相当の差があるのが普通である。その背景には外部環境などの様々な現実的要因があるが，ここでは，組織文化マネジメントと関連する部分に限定してみていきたい。
　ホフステード (2010) によると，戦略は既存の構造や統制システムを通じて実施され，その結果は組織文化によって修正される。実際に，上手くコントロールされた組織文化は組織構成員のベクトルを合わせて，組織力を発揮させることにより，当初に意図された戦略をより多く実現できる。また，現実的な阻害要因で諦めるしかないと思われた戦略も場合によっては生き返ることができる。それから，多国籍企業で特に大事なことだが，多様性を活かせる組織文化の構築が可能であれば，創発戦略を促進し，それを実現することに大いに貢献できる。このような関係を示したのが次の図表9-1である。

図表 9-1 戦略の実現と組織文化

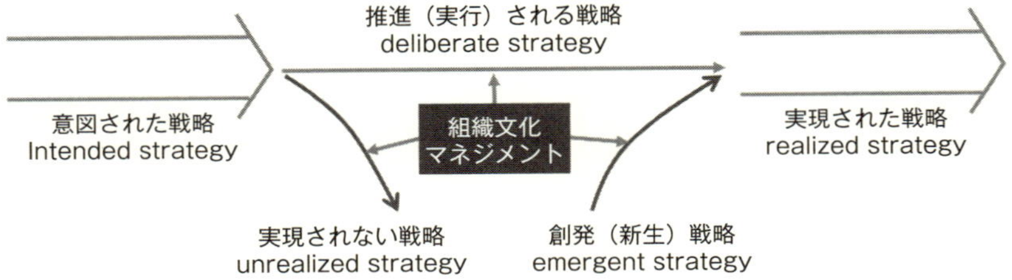

意図された戦略 Intended strategy → 推進(実行)される戦略 deliberate strategy → 実現された戦略 realized strategy

組織文化マネジメント

実現されない戦略 unrealized strategy

創発(新生)戦略 emergent strategy

出所)Mintzberg & McHugh(1985)から修正。

　では,何故,多くの企業は,こんなに効用性の高い組織文化のコントロールが上手くできていないのか。それは,組織文化が目に見える実体のようなものではないし,因果関係も曖昧で,組織文化マネジメントの効果が発生するまでには相当の時間がかかるからである。また,多様な下位文化の存在で一貫した政策の展開が難しく,慣れている既存の文化が楽であるため変化への抵抗が起こるからでもある。このような難点を乗り越えて成功的に組織文化のマネジメントができてからこそ,組織文化は持続的な競争力の条件として機能することになる。それでは,組織をコントロールする,あるいは,マネジメントするということは一体どういうことなのだろうか。以下では,まず,組織文化の要素のなかで何がコントロールでき,何ができないのかをみていきたい。

2. 国民文化と組織文化

　多国籍企業が組織文化のマネジメントに注目することになったのは,ホール(Hall 1976)の研究に触発された部分が大きい。ホールはコミュニケーションにおけるコンテクストに注目し,高コンテクスト文化(High Context)と低テクスト文化(Low Context)を区別した。高コンテクストのコミュニケーションやメッセージは大部分の情報が場所や環境的要因などの物理的コンテクストのなかにあるか,または当事者に内在化され,メッ

セージの記号化，表出化および伝達された部分にはあまり情報がない。低コンテクストのコミュニケーションはその反対で，多くの情報が表出化された記号のなかにある。低コンテクスト文化圏の人々は言葉を重視するが，高コンテクスト文化圏の人々はそのコミュニケーションが行われる状況を重視するとも言える。したがって，欧米を中心とする低コンテクスト文化圏でビジネス活動を行う多国籍企業は，会社の活動全般についてなるべく細かい部分まで文書化し，現地のスタッフとコミュニケーションする必要がある。また，日・韓・中を中心とする高コンテクスト文化圏では，言葉の要らないいわゆる以心伝心を期待し，情緒的に一体感を高める活動を行うことがコミュニケーションに効果的である。実際に，高コンテクスト文化圏の企業が低コンテクスト文化圏に進出して現地の利害関係者たちに本国でのやり方でコミュニケーションすると，あんまり説明力がなく，コミュニケーションに消極的であるようにも見える。逆に，低コンテクスト文化圏でのやり方で高コンテクスト文化圏のなかでコミュニケーションしようとすると，重複が多いように感じられ，聞き手を馬鹿にしているように見えるかもしれない。

　一方，ホフステード（Hofstede 2010）は，ホールのコンテクスト論のような単次元ではなく，権力格差，個人主義・集団主義，達成志向・育成志向（男性性・女性性），不確実性の回避，長期志向・短期志向などの多次元で国民文化を分析したことで有名だが，ここでは，何故，組織文化はコントロール可能なのかを明らかにした議論だけを紹介する。ホフステードは，すべての人は，どのように考え，感じ，行動するかについて，固有のパターンを備えていると前提し，それを心のプログラム（Software of the mind, Mental Software）として捉えている。もちろん，人間はコンピュータとは違って，メンタル・プログラムによってあらかじめ決定されているのは人間の行動の一部分にしかすぎないし，ある人が成長してきた過程がわかれば，その人の反応をある程度予測でき理解できるということを示唆するにすぎない。ともあれ，ホフステードは，この心のプログラムを文化と同意語として使っており，国ごとに文化の違いが現れる幾つかの形を次の図表9-2のような「たまねぎ型モデル」として整理した。

図表9-2 たまねぎ型モデル

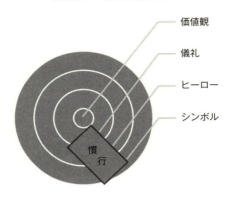

出所）ホフステード他（2010）。

図表9-2のもっとも表層にあるシンボルは，同じ文化を共有している人々が理解できる，特別な意味を持つ言葉，しぐさ，絵柄あるいは物である。ヒーローとは，その文化で非常に高く評価される特徴を備えていて，人々の行動のモデルとされる人物である。儀礼とは，人々が集団で行うもので，その文化圏の人々にとっては，社会的になくてはならないものである。もっとも中枢にあるのが価値観で，ある状態の方が他の状態よりも好ましいと思う傾向である。価値観は目に見えないのだが，シンボルやヒーローや儀礼は慣行として他の文化圏の人々の目に触れる。ホフステードは，1990年代から世界的に流行っている企業の価値観について，企業の行動にとって望ましい原理原則を文章化したものであり，本来はイデオロギーに属するものであって，人々の感情や好みに基づき実証的に導かれたものではないとし，たまねぎ型モデルでの価値観とは区別している。

ともあれ，国民文化は，我々が10歳になるまでに，家族や生育環境，学校で身につけるメンタル・ソフトウェアの一部であり，基本的な価値観のほとんどを含んでいるという。企業の場合，組織文化はその企業組織に入ってから身につけるが，そのとき人々はたいてい成人しており，若い者もいればそう若くない者もいる。またそのときには，すでに自分の価値観が形成されている。組織文化は主に組織での慣行から成り立っており，国民文化より

も表面的である。したがって，国民文化は変え難いが，組織文化は変えられる。

国民文化より表面的であるからといって，企業における組織文化マネジメントの重要性が色褪せることはない。キャメロンとクイン（Cameron & Quinn 2006）の曰く，組織文化はその組織で実際に起きていることの鏡像であり，そこで働く人々の頭のなかにある支配的な価値観や考え方を反映したものだからである。また，組織文化は社員の一体感を強め，組織のなかでうまくやっていくための暗黙のガイドラインとなり，社員が属する"社会システム"を安定的なものにする。組織文化には，ある組織を他の組織と異なるものとする価値観，支配的なリーダーシップスタイル，言語あるいは組織を象徴するシンボル，仕事の進め方，日常業務，成功についての定義といったものが反映される。

ホフステードが明らかにしたように，組織文化はソフトな特性であるが，それを変革するためには構造や統制システムなどのハードな手段が必要である。構造を変えることは，新しい組織の創設と廃止，活動内容の統合や分割，個人あるいは職場ぐるみの転勤などを意味する。統制システムを変えることは，コントロールの仕組みを除去するか新たなコントロールの仕組みを導入するか，自動化するか，人の手に戻すか，コミュニケーションの流れを短くするか，新たな経路を設けるかなど，手続きを新しくすることである。また，雇用や昇進の方針を刷新するなど，人事を変えることも大事である。このようなハードの改革にも相当の時間がかかるため，最後までずっと当初の戦略的意図を維持，実践することは非常に難しい。次の節では戦略的意図に合わせて組織文化の変革を進めていく方法をみていきたい。

3. 戦略的意図の実践と組織文化の変革

(1) 変化の動因と戦略的意図

ホフステードは，組織文化を変えるには，権力者が断固とした態度をとり，関心を持ち続けることが必要であるとしているが，これについて，シャ

イン (Schein 1999) は，リーダーが変革を成し遂げるための原則を提示している。それは，生き残りの不安と学習することへの不安をベースにした変化への動因（駆動力）を維持することである。シャインによると，何かを変えるということは，何か新しいことを学ぶということだけではなく，すでにそこに存在していて，おそらく障害となりそうなものを学習放棄するということである。どのような変化でも何らかの現状否認から始まる。現状否認すべきだと示すデータを否定することもできず，それから身を守ることもできなければ，生き残りの不安あるいは罪悪感を感じることになる。また，変化の必要性を認識し，古い慣習と考え方の一部を放棄し，新しい慣習と考え方を学習しなければならないことに気づく。このようなことから次のような2つの原則が引き出される。

第一に，生き残りの不安あるいは罪悪感が，学習することへの不安よりも大きくしなければならない。
第二に，生き残りの不安を増大させるよりはむしろ学習することへの不安を減らさなければならない。

一見して単純な原則のように考えられるが，これこそ変化への駆動力とも言えるものであり，まさに組織文化のコントロールはここから始まるとも言えよう。様々なコミュニケーション手段を使って，組織全体に優れた戦略的意図を伝播し，危機造成（Crisis Construction）に成功したとしても，組織構成員各自の学習することへの不安が大きいと，なかなか実践までいかないのである。

ある企業が戦略的意図を持っていることは組織として志向する方向性（ベクトル）があるということであり，その方向性に向けて全組織構成員のベクトルを合わせることは組織能力を高める重要な経営管理活動の1つである。ハメルとプラハラド（Hamel & Prahalad 1989）によると，戦略的意図（Strategic）とは，自社の望む指導的地位を想定して，それに向かってどう進んでいるかを測定する基準を定めることである。小松製作所が"キャタピ

ラーを包囲せよ"を目標にスタートしたこと，キャノンが"ゼロックス打倒"を目指したことなどは，いずれも戦略的意図を表現したものである。このような戦略的意図が，言葉だけの単なる果てしない野望に終わらないためには，次のような具体的な経営プロセスを組み込んだものが必要であると言う。

第一に，勝利の本質について組織の関心を集中する。
第二に，組織の目標に関する価値観を伝えることによって社員をモチベートする。
第三に，個人とチームが貢献する余地を残す。
第四に，環境の変化に応じて新たな業務上の定義づけを行い戦略的意図への熱意を持続させる。
第五に，経営資源の配分の手引きとして戦略的意図を常に活用する。

このなかで，多くの企業が失敗に陥りやすいのが第四と第五の項目である。第四の項目は，生き残りへの不安を感じさせ，また，学習することへの不安を減らすことにつながるものだが，問題は，常に変化する内外の経営環境のため，その感覚を一貫して持たせることが難しいことである。多くの場合，環境が変化しても旧来通りのやりかたにこだわり，これくらいでいいのではないかと安住してしまう。また，第五の項目も，キャッチコピーや口頭では簡単に言えることだが，実際に守ることは至難の業である。特にお金や人の使い方については，組織内で様々な利害，力学関係の絡みで，戦略的意図とおりに使われない可能性が非常に高い。これを防ぐ方法には，常に理想と現状のギャップを把握し，変化への方向性に合わせていくこと，変化を牽引する要素（変化ドライバー）に注意を払い上手く活用していくこと，長期的変革と短期的変化を見分けて推進していくことなどが挙げられる。

(2) 組織文化の診断と変化方向の明示

組織構成員たちに理想と現実のギャップや変化への必要性を認識させ，変

198 第9章 組織文化

図表 9-3 競合価値観フレームワーク

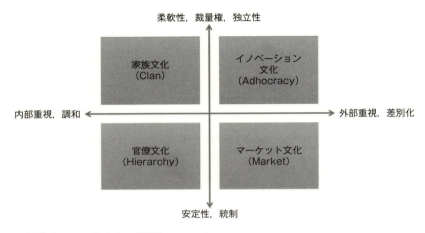

出所）Cameron & Quinn（2006）．

化の方向性を共有させるために，多くの企業で使っているのが組織文化診断という手法である。組織文化診断ツールも様々であるが，ここでは，ネット上でも公開されていて（http://www.firstpress.co.jp/），事実上誰もが自由に使えるキャメロンとクイン（2006）のモデルを紹介したい。キャメロンとクインは，組織文化を2つの次元で4つのグループに分けて考えるモデルを提示している。まず，1つ目の次元は，組織が柔軟で，裁量権があり，活力やダイナミックさを重視するかどうかという指標に対し，逆に安定的で規律と管理を重視するかどうかという指標が対極に置かれる。2つ目の次元は，組織が内向きで，統合，団結を重視するかどうかという指標に対し，組織が外向きで，差別化と競争を重視するかどうかという指標が置かれる。これらの2つの次元を縦軸と横軸にとると，4つの象限もしくはグループができる。この4つのグループはそれぞれ組織の有効性を表す指標の組み合わせが異なっていて，その独特の組み合わせが組織文化の特徴を表すことになると言う。組織の有効性を表す指標は，組織のさまざまなパフォーマンスのうち，どんな項目に価値を見いだし，いったい何を評価するのかを表しているもので，いわゆるコアバリューである。4つのコアバリューはお互いに相反

する，あるいは競合する。

たとえば，図表9-3の左上のグループは，内部指向性を持ち，かつ活力やダイナミックさを重要とするが，右下のグループは，外部志向性と組織管理を重要視する。同じく，右上のグループは外部志向性と活力やダイナミックさを重要とするが，左下のグループは，内部指向性と組織管理を重要視する。このように，それぞれのグループのコアバリューは，そのまま組織文化のタイプを表しており，他のグループのものとは相反するので，「競合価値観フレームワーク」と名付けられている。

実際に，内田洋行は，このモデルを利用して組織変革に取り組んでいる。内田洋行は，100年以上の歴史をもっている会社で，元々教育機材や事務用家具を扱っていたが，近年「ICT×デザイン」というスローガンを掲げ，知識生産性向上のための新たなオフィス・スタイルや働き方を提案している。内田洋行は，2012年，東京駅周辺に新社屋を建て移転することをきっかけにその移転対象になっている部署を中心に大々的な改革を推進することにした。そのために2011年にまず組織診断を行ったが，そこで使われたのはキャメロンとクインの組織文化診断モデルである。内田洋行がキャメロンとクインのモデルからキャッチした4つの組織文化タイプのイメージは次のようである。

① 家族文化：人々が多くのものを共有する非常にフレンドリーな職場。組織は，チームワーク，組織メンバーの参加，そしてコンセンサスを重視する。
② イノベーション文化：ダイナミックであり，企業家精神にあふれクリエイティブな職場。組織は，個人の自発性や自由な活動を奨励する。
③ 官僚文化：非常に形式的で構造化された職場。組織は，決められた手順や手続きが人々の活動を規定する。
④ マーケット文化：過程ではなく結果を重視し，仕事を完遂させることを重視する職場。組織は，社員に対する要求が厳しい。

以上のようなイメージに基づいて内田洋行のオフィス事業部は現状と目標についての診断と分析を行った。その結果，図表9-4のように，組織構成員

200 第9章 組織文化

図表 9-4　競合価値観フレームワークによる組織文化診断事例

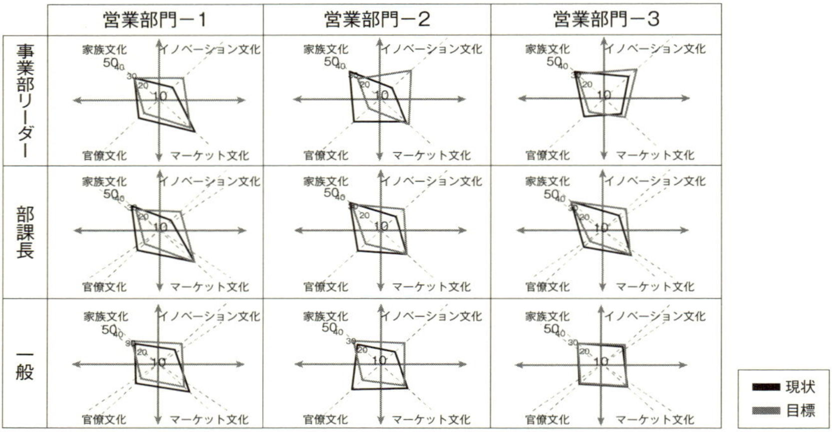

	営業部門－1	営業部門－2	営業部門－3
事業部リーダー	家族文化／イノベーション文化／官僚文化／マーケット文化	同上	同上
部課長	同上	同上	同上
一般	同上	同上	同上

凡例：■現状　▨目標

出所）内田洋行社内資料。

の階層，営業部門，開発部門を問わず，現在の官僚文化からイノベーション文化への変化を志向していることがわかったのである。

　このような分析に基づいて内田洋行は大々的な経営改革を推進することになるが，当然ながらその大半は組織文化関連のイシューが多い。カフェテリアのようなオフィス環境の構築，フリーアドレス座席制の導入などをベースに具体的な施策を引き出して様々な難関を克服しながら推進している。

(3)　変化ドライバー（Change Drivers）

　組織診断を通じて変化の方向性が決まったとしても，組織文化の変革は，そう簡単に実践できるわけではない。また，その変革の形も様々であるため，コンサルティング会社を中心に実に多くの変化管理（Change Management）モデルが乱立している。変化管理モデルでは，変革への履行を促進する多様なイベント，活動，行動，制度などが提案されており，それを総称して変化ドライバーと言う（Whelan-Berry & Somerville 2010）。次の図表 9-5 は，組織文化の変革と関連する代表的な変化ドライバーをまとめたものである。

組織文化をマネジメントするということは，図表9-5のような変化ドライバーをコントロールすることに他ならない。言い換えれば，新たなビジョンの設定，その実践を促すリーダーの行動，様々なスタイルのコミュニケーション，変化のための学習（教育訓練），組織構造や人事システム改革などの変化ドライバーは，組織文化マネジメントのよいツールである。多くの変化ドライバーは，1つだけではなく，幾つかのものが同時に作動するのが普通である。それは，変革プロセスの段階ごとに変化ドライバーの遂行する役割と重要性が違うし，集団なのか，個人なのかによってその影響力も違ってくるからである。要するに，様々な組織文化マネジメント手法の適切な使い

図表9-5　変化のドライバーとその役割

変化ドライバー	意味	役割
ビジョン	変化ビジョンが従業員，利害関係者，組織全体に肯定的であると認識し，受容	組織内の多様な集団，個人の課業と関連して，変化がどのような意味を持っているのかを明らかにする
リーダーの行動	リーダー共同体が組織全体に変化ビジョンの重要性を伝達し，その実行を支持する行動を遂行	変化が組織の未来にとって如何に重要なのかを認識させ，従業員が変化イニシアティブを採択，実行するよう誘引
コミュニケーション	変化イニシアティブ，実行，成果，障害物及びその解決に関する定期的双方向コミュニケーション	変化の必要性と優先順位を理解させ，関心を促す。障害物を確認，除去し，変化へのモメンタムを維持
教育訓練	変化イニシアティブが要求するスキル，核心価値，または変化の枠組みに対する教育	集団と個人が自分の課業脈絡のなかで変化を理解するようにし，適切な知識，スキル，業務プロセスを提供
従業員参加	従業員がパイロットグループなどの形式で変化イニシアティブに直接関連する課業を遂行	変化への理解を深くし，体験を通じて，変化が本社や変化推進主体だけではなく，各部門や地域で行われるよう刺激
人事制度	成果評価，報奨，採用，新規入社者教育などの人事制度・慣行を変化イニシアティブに合わせる	経営陣の約束と意志の表明。変化イニシアティブに適合した行動に報奨し，集団と個人の行動を強化，拡散
組織構造	組織構造，組織の成果測定，企画，予算，報告システムを変化イニシアティブに合わせる	変化に必要な組織構造上の支援を提供し，変化を容易にする。過去に回帰しないように制御

出所）Whelan-Berry & Somerville（2010）から修正引用。

分けと調和が必要だが，当然ながら各組織の置かれている状況によってその適切さのレベルが違う。したがって，その都度の状況を見極め，それに適合した変化管理プログラムを回していくことが大事である。

(4) 変化管理プログラム（漸次的変化と変革的変化）

変化管理プログラムは，そのスピードにより，漸次的変化（incremental change）と変革的な変化（transformative change）に区別できる（Stace & Dunphy 1992）。漸次的変化は，組織構成員の広範囲の同意と参加のもとで組織の成長に適応していく過程であり，変革的変化は，内部の成長要因よりは外部環境要因による急激な変化で，構造調整（リストラ）を伴うケースが多い。したがって，変革的変化は，主にトップダウンによって進められるのが普通だが，トップ・マネジメントによる戦略的意図の提示と組織文化の変革プログラムの推進には幾つかの問題点がある。実際の多くの変革的変化プロジェクトは，再生（Turnaround, Renewal）を目指す事後対応型か，変革的（Transformational, Reinvention）変化型になりがちだが，このような急進的な変革にはリスクも高く，結果的に失敗に終わるケースが多いのも現実である。それは，その組織の歴史，業務慣行，組織構成員の意識などの組織内部要因を軽視し，外部の環境変化に適応するための目標だけが強調され，実際に変化しなければならない主体である従業員の参画を引き出すことに失敗したことに起因する。一方で，組織構成員の満足，力量開発，働き方の変化などの組織内部にフォーカシングする漸次的変化は，組織の戦略的意図や長期発展方向に連携されていないケースが多く，活動のための活動に転落してしまう可能性が高い。

このような変化管理プログラムの失敗を防ぐためには，漸次的変化と変革的変化の両方を同時に推進することが望ましい。具体的には，一方のデメリットを他方のメリットで補うやり方，つまり，組織内部で培ってきた知識の活用と組織構成員の参加を推進しながら，変化の方向性を環境や戦略の変化にフィットさせ，柔軟性とスピード感を引き出すことが必要であろう。次の図表9-6は，このような漸次的変化と変革的な変化の特徴を要約したもの

図表9-6　漸次的変化と変革的変化

	漸次的変化	変革的変化
意味	信頼，疎通など，組織文化の基礎健全性を高めていくための日常的な組織文化の改善を意味	外部環境の変化，内部の中長期ビジョン及び戦略変化のような大きい変化に対応して，戦略的に推進する組織文化の変化を意味
変化動因	企業内部のニーズによる改善 従業員満足，よりよい職場との連携	外部環境の変化と密接に関連 企業の存立，成果と直結
目標	明確な目標を追求するよりは，健全な組織文化の構築が目的	明確な目標と方向性を持つ
変化主体	比較的に現場中心的	CEOが強くドライブ（トップダウン）
変化速度	漸次的（変化の幅が小さく，持続的で日常的に起こる）	変革的（変化の幅が大きい）
プロセス	① 診断 ② 課題導出 ③ 持続実行	① ビジョン策定 ② 推進組織作り，変化企画 ③ 実行 ④ 成果創出
変化周期	上のプロセスを通常1年周期で反復（持続的につながる反復的性格）	上のプロセスを通常3～5年間推進（始まりと終わりが比較的に明確）

出所）ジンヒョン他（2011）。

である。

4. グローバル・ダイバシティの活用と組織文化

(1) ダイバシティ＆インクルージョン（D&I；Diversity & Inclusion）

　ダイバシティは，個人の持つあらゆる属性から現れる。従って，企業におけるダイバシティ・マネジメントというのは，このような「個人のあらゆる属性（個人差）を活かせる管理」であるということになる。ダイバシティの捉え方は企業が置かれている状況によって様々であり，研究の流れも相当に変わってきた。1970年代までは女性やマイノリティの地位向上そのものを目的とした格差是正に焦点をあてる社会運動的な研究が主流であったが，1980年代以降は，格差の有無よりも多様性が組織にとってどのような影響を与えてくれるのかといった理論モデルを探究する研究にシフトし，研究

基盤が拡大された。1990年代に入ってからはダイバシティを企業の競争優位の側面から捉えようとする動きや，ダイバシティ・マネジメントがビジネス・パフォーマンスに与える影響に対する研究も出ている（谷口 2008）。

多国籍企業におけるダイバシティ・マネジメントの課題は，概ね次の2つの領域に整理できる。

第一は，ダイバシティの確保で，これには多様性豊富なグローバル人材の採用と既存の人材の配置転換による経験の蓄積などの施策が使える。
第二は，ダイバシティの活用による生産性の増加で，この問題に関してはまた「情緒的葛藤の解消」と「創造的摩擦の増進」という2つの施策が考えられる。

組織構成員の多様性が高くなると，摩擦や葛藤の可能性も高くなる。せっかく多様性を活用すべく，グローバル次元で多様性の溢れる人材を沢山採用したとしても，実際に組織のなかで上手く活用できなければむしろマイナス効果が出てしまう可能性が高い。葛藤のなかでも特に異質的なメンバーの間の感情葛藤は仕事より葛藤状況にエナージを消耗させ，創造性を阻害する側面がある。反面，仕事上の意見衝突などの葛藤は創造的摩擦を起こして，新しいアイデアを引き出す可能性があるので奨励される必要がある。したがって，多様性の溢れる組織構成員の感情葛藤を最小化しながら創造的摩擦は最大化する組織文化のマネジメントは大いに意義ある活動であるとも言えよう。

企業現場ではすでに2000年代の半ばごろから米国企業を中心にダイバシティ＆インクルージョン（D&I：Diversity & Inclusion）という言葉がよくつかわれるようになった。差を認識・認めるという意味合いの強いダイバシティに加えて，包括して一体になるという意味のあるインクルージョンを一緒に使うことで，より明確なメッセージを送ろうとする企業側の意志が読み取れる。その代表的な例がジョンソンエンドジョンソンだが，公式的にD&I戦略を担当するグローバル事務局（Global Office of Diversity &

Inclusion)を設置し,様々な活動を行っている。ジョンソンエンドジョンソンは,D&Iの戦略的ビジョンを「優れたビジネス成果と持続的競争優位をドライブするD&Iのグローバルパワーを最大化する」という内容に定めている。つまり,グローバル次元のD&Iが優れたビジネス成果と持続的競争力をドライブするだろうと看做しているのである。D&I事務局の具体的な活動としては,第一に,人事部と連携し,グローバル人材の採用,育成,維持に貢献すること,第二に,創造的摩擦を起して(Create the Spark),マーケットシェアの拡大とビジネススタイルの変革的転換を生み出すこと,第三に,企業評価項目にD&I指標を入れて管理すること,などが挙げられている。グローバル人材の採用,育成,維持への貢献は,ダイバシティの確保につながる活動であり,他はダイバシティの活用に関わる活動である。企業評価項目にD&I指標を入れて管理することは,戦略的意図の実践マネジメントにもつながる。但し,感情葛藤を解消するための活動を具体的に適示していないのは,低コンテクスト文化圏の米国生まれの企業だからかもしれない。

　そもそも感情葛藤は,高コンテクスト文化圏の組織で問題が大きい。つまり,仕事の詳細や役割分担が明確に定められている低コンテクスト文化圏の組織に比べて,以心伝心を期待し,何でも適当に決まっているケースの多い高コンテクスト文化圏の組織では,感情葛藤次第で仕事のやり方やその成果がより大きく変動する可能性が高い。したがって,低コンテクスト文化圏で育ったジョンソンエンドジョンソンも目に見えない情緒的な部分についてはインクルージョンという一言で片づけてしまい,目に見える成果の創出につながる創造的摩擦に関しては大いに関心を示しているのではないかと考えられる。実際に,多国籍企業においてダイバシティ・マネジメントの最大の関心事は,如何にしてこの創造的摩擦を起こす組織文化を築いていくかということである。近年,ICTの発展に伴い,仕事の環境上,創造的摩擦を日常化する仕組みを作ることにより,個人の創意性を刺激し,組織としての集団知性の活用につなげようとする企業の努力が目立つ。

(2) 創造的摩擦を生み出す組織文化活動

　ダイバシティ溢れる個人の創意性を組織の創造性につなげようとする企業の試みは様々な分野で行われている。以下では概ね空間，時間，仕事のスタイルという3つの側面からその一端をみていきたい。まず，第一に，空間の変化と関連して目立つのは，カフェ化するオフィス環境である。オフィス内にカフェテリアや個別休憩場所を設けることはすでにグーグルカフェなどのケースで有名だが，いまは先進的な企業を中心に相当ひろがっている。もう1つの注目すべき動きはフリーアドレス座席制の導入である。その背景には，ICTの進展でモバイルワークが可能になったため社内に固定席を置くことが非効率的になったこともあるが，それよりは，頻繁に顔を合わせる場を提供することにより組織構成員同士の水平的な意思疎通を促進させ，セレンディピティ（serendipity）による成果を期待する部分が大きい。また，P&Gなどでは層間エスカレーターを設置して社員の層間移動をしやすくし，コミュニケーションの促進を図っている。ソニーの韓国法人も近年，複層構造のオフィス内に層間階段を設置し，エナージ節約と社員のコミュニケーション向上を期待している。

　日本ではニューオフィス推進協議会が経済産業省の支援を得て2007年からクリエイティブオフィス調査研究を行い，野中郁次郎研究グループのSECIモデルをベースに知識創造行動を誘発する空間マネジメントを提案している。具体的には知識創造につながる12個の行動を定義し，それぞれの行動に適合したワークプレイスの特徴を明らかにしたもので，それをまとめたのが図表9-7である。

　次に，時間管理の問題だが，働く時間の量ではなく，時間使用の質に関心が集まっている。よく知られている3Mの15％ルールやグーグルの20％ルールのような，業務時間内に非公式活動を奨励すること以外にも，裁量労働制や集中作業時間の導入などが進んでいる。こういった新たな労働時間管理制度は，必ずしも創造的摩擦のために導入されているわけではないが，大きくみると，時間使用の質をたかめようとする努力をしているには違いない。サムスン電子の場合，2009年から研究開発部門を中心に自律出勤制度

表9-7 12の知識創造行動とクリエイティブワークプレイス

	知識創造行動	誘発する空間の代表例
S 刺激しあう	ふらふら歩く	ジグザグの通路，話しかけやすくする工夫がされた執務空間
	接する	雑談したりするコーヒースペース
	見る，見られる，感じる	ガラス張りや上から見ることができるなど，様子をみやすいような工夫がされた執務空間，工場の様子などがわかるような工夫がされた空間
E アイデアを表に出す	軽く話してみる	開放的なソファのあるような空間，立ち話のしやすい空間，メインの机の脇や後ろにある小さなテーブル，人の距離的には70cm程度で小さな声でも通じる距離
	ワイガヤ・ブレストする	やや大きめの可動テーブルを囲んで，大声を出しても大丈夫な声の漏れないような明るい空間，ホワイトボードがあることが望ましい
	絵にする，たとえる	ホワイトボードを皆で囲んでそれを見ながら皆で1つのものを作っていける空間
C まとめる	調べる，分析する，編集する，蓄積する	電話などに邪魔されず，籠って落ち着いてPCに向かえる空間，過去のプロジェクト実績や他社の資料・マーケティングデータなど社内共有の資料室のような空間，自分の業務に必要となる書籍などを保管する空間
	真剣勝負の討議をする	声が外に漏れない会議室，閉鎖され殴られない距離を確保した上で安心して口喧嘩ができるような議論のための空間
	診てもらう，聴いてもらう	プレゼンテーションを行えるようなプロジェクターの利用できる部屋，権威的な会議室，かしこまった空間で緊張してプレゼをする空間，プレゼンテーション用の資料を落ち着いて作るための空間
I 自分のものにする	試す	試作などが行えるように簡単な工具類のある空間，実験室
	実践する	商談スペース，社外の人が気軽にやって来られるような展示ルーム，顧客が製品を試せる，生産現場などを知ることができるスペース
	理解を深める	研修室，ビデオ学習等を落ち着いて行える空間，模擬店
SECI	12個のうちの多くの行動	自席，12個のうちの多くの行動を行え，かつ素早く各モードをまわすための執務空間

出所）経済産業省ホームページ。

を導入し，その成果を見据えてから他の部門にも広げている。自律出勤制は，1日8時間さえ勤務すれば午前6時から午後1時の間に何時出勤してもいいということで，社員たちには遅刻の不安から逃れたと大変歓迎された。サムスン電子の一部の事業部門は自律出勤制度の概念をさらに拡大し，1週間40時間勤務を満たすのであれば1日4時間だけ働いてもいいという自律

出退勤制度も導入している。自律出退勤制度は，社員たちの WLB（Work-Life Balance）を考慮した制度でもあるが，個々人の生体リズムの多様性により仕事に集中できる時間帯もそれぞれ違うということからダイバシティを活かす新たな方法でもある。

　最後に，仕事のスタイルだが，インターネットや SNS の活用で新たな意思疎通のパターンと協業システムが生まれつつある。特に，外部との疎通によるオープン・イノベーションが目立つ。オープン・イノベーションと関連して組織文化マネジメントの観点から 1 つ指摘しておきたいのは，ゲートキーパーの育成と活用である。高橋（2000）によると，ゲートキーパーとは，直訳すれば「門番」のことであるが，経営学では，組織や企業の境界を越えて，その内部と外部を情報面からつなぎ合わせる人間のことを指す。経営学者アレンが企業の研究開発組織における個人のコミュニケーション・パターンを詳細に調査・分析することにより提示したものである。アレンの研究で明らかになったのは，組織の中にはコミュニケーションのキーとなるスター的な人間（ゲートキーパー）が存在し，彼らの外部の情報との接触頻度が他の同僚とは明らかに違うこと，ゲートキーパーは，一般の技術者と比べて，高度の技術専門誌を含めた読書量が圧倒的に多いことであった。

　より高度な専門知識をもつゲートキーパーが存在する組織は，他の条件を一定とした場合，それが存在しない組織よりも研究開発パフォーマンスが高いと言う。つまり，ゲートキーパーは，外部と頻繁に接触することにより，セマンティック・ノイズ（解釈ミス）に煩わされることなく外部情報を獲得することができる。また，ゲートキーパーは，高度な専門誌の内容をよく理解していることから，そうした情報を一般の技術者にわかりやすいように変換し，説明することもできる。

　このようなゲートキーパー効果は研究開発組織に特有のものではない。営業活動の場面でも，自分のもつ情報だけでは解決できない問題に直面したとき，身近に幅広い知識や人脈をもった人間（ゲートキーパー）がいてくれたら，自分一人で解決するときと比べて，問題解決の効率が格段とよくなることは容易に想像できる。多国籍企業の現地法人であれば，現地の事情に詳し

図9-8 ゲートキーパーとコミュニケーション形態

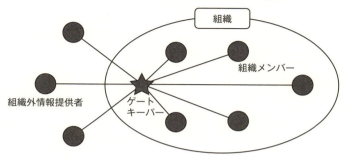

出所）高橋（2000）。

い駐在員や本社の事情に詳しい現地社員のオピニオンリーダーがゲートキーパー的な役割を担当することになるだろう。

5. 両手利きマネジメントと組織文化

　グローバルビジネス活動には文化的に2つの側面がある。1つは，経営を風土の支配を受ける文化拘束的な活動として看做す環境論者（Environmentalists）の立場で，異文化へ適応する受動的態度を取ること，もう1つは，先進的な経営管理手法は環境とは関係なく最大の効率を保障するという普遍論者（Universalists）の立場で，異文化を牽引する能動的態度を取ることである。問題になるのは能動的な態度を取る場合，文化優越主義に走る可能性が高いということである。もちろん，ある段階では組織としてのシナジーを引き出すためにわざと能動的な態度をとった方が良い場合もあるだろう。

　ともあれ，多国籍企業の現地法人では従業員が異質的な文化の壁を越え，自らの力量や組織能力を強化し，グローバル本社の経営哲学や方針に共感しながらその方向性へベクトルをあわせていくようにマネジメントする必要がある。そのためには，環境論者でも普遍論者でもなく，両方の考え方を融合させることが大事である。一時期サムスン電子はイギリス工場で現地社員

とトラブルを経験したことがある。当時はまだイギリスでサムスンの認知度は低く，韓国から派遣されたマネージャーを現地社員たちが無視する傾向があった。何かを変化させようとしても現地社員たちは自分たちのやりかたが韓国式より優れているからそれに従えと言わんばかりであった。それで駐在員の法人長が出した解決案は，お互いの方式でやってみて，結果がいいものについては，それをイギリス式だとか韓国式だとか言わずにサムスン式，あるいはイギリスサムスン式として認めよう，ということであった。組織文化的なアプローチはこのように相反する立場を調整し，両手利き経営を可能にする。つまり，次の図表9-9のように，本社志向か現地志向かを問わずに，両方にプラスになる選択肢があるということである。

　図表9-9のような考え方は，バートレットとゴシャール（Bartlett & Ghoshal 1989）のトランスナショナル・アプローチと類似したものである。彼らはトランスナショナル企業の特徴として，第一に，資産，能力が分散し，かつ相互補完的であり，またそれぞれ専門化されている，第二に，海外の各ユニットは，それぞれ差別化された形でグローバル・オペレーションに貢献する，第三に，知識は他の本支社ユニットとともに開発されグローバルで共有される等を挙げている。実際に現地法人レベルでの組織文化活動が生み出した創造的摩擦の成果が本国に伝わって，グローバルに広がったケース

図9-9　両手利き経営

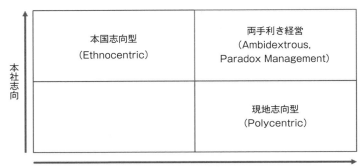

はよくある。

　サムスン電子日本法人（日本サムスン）は，2005年から2007年の3年間にわたって現地社員の意識と行動を本社の戦略方向に合わせることを目的に大々的な組織文化変革プログラムを企画・実施したことがある。初年度に行ったのがCDC（Customer driven change）というスローガンの下で行ったVI（Value Innovation）教育であった。VI教育の内容は，後ほどブルーオーシャン戦略と知られる理論モデルに基づいたもので，従業員の発想の転換を促すものになっていた。この教育を受けたパソコンモニター販売担当者は，VIの理論モデル通りに自分の顧客と担当製品の市場を新たに再定義し，それまでに形成されていなかった電子ポスター（デジタルサイネージ）市場を考え，中小企業や自営業者が大きな設備投資なしに使えることを目的とした新たな製品を企画した。2005年当時の電子ディスプレイ市場は，コンピューターシステムと一体となった複雑な製品しかなく，需要者が手軽に使えるものはなかったので，USBメモリーだけで簡単に操作できる製品コンセプトは画期的なものであった。日本サムスンでは，誰もが気軽に設置でき，コンテンツ制作や更新が簡単にできる製品を目指して，本社の開発部隊と連携作業を行った。その結果，用途をあえて液晶ポスターに限定し，専用スタンドや配信用のUSBメモリー，簡単マニュアルや用途別テンプレート等を用意することで，「お手軽液晶ポスターシステム」という新たなパッケージ商品が出来上がったのである。業界初となる，いわゆる「DIY（Do it Yourself）型」液晶ポスターの誕生であった。日本サムスンの現地社員が企画したこの製品については，多くの海外拠点や本社からも注目を集め，海外拠点が創造性を発揮して新しいビジネスを開拓した優秀事例として評価された。事情により，日本でのビジネスは拡大しない状況になったが，重要なのは，一現地法人がグローバル本社に1つのビジネスモデルを提供したということと，そういう試みが組織文化マネジメントの結果として生まれたという事実である。

　以上で，多国籍企業の組織文化マネジメントに関連する幾つかの主要イ

シューをみてきた。重要なのは，会社全体としての戦略方向とグローバル多様性を調和させることである。そのためには，戦略的意図と現地事情とのギャップを見極め，いったい何が問題で戦略的意図が上手く実践できないのか，あるいは，当初の意図通りの戦略実践やその場での創発的な戦略を促すのは何かを確認する必要がある。また，組織文化が持続的な競争力の源として機能するためには，常に変化する経営環境に合わせて，短期的には組織の体質改善を，中・長期的には変わる会社の戦略に合わせて変革的変化に取り組むことも必要である。経営というのはイノベーションの連続であると言われているが，組織文化も変化し続けていかなければならいのである。変化管理に関連してよく引用されるのが①溶ける（Unfreeze），②変化させる（Change），③固める（Refreeze）という，レヴィン（K. Lewin）の提示した3段階モデルであるが，まさに組織文化マネジメントというのは，一定の形になっている氷を溶けて，好きな模様に変えてから再び凍らせて，また，溶ける過程を繰り返す経営のプロセスなのである。

【用語解説】

コンテクスト（Context）
「文脈」に訳される場合が多い。学問の領域ごとに様々な用例のある言葉だが，本章ではコミュニケーションに影響を及ぼす外部環境を指す。空間や騒音などの自然的・物理的環境だけではなく，社会的環境やコミュニケーターの数などを含む。情報を送る側と受け取る側の立場や関係性，前後のメッセージ内容など，意味合いの伝達に関連するあらゆる知覚を指す。

ワークライフバランス（WLB；Work-Life Balance）
仕事と生活の調和。元々は女性労働者問題や福利厚生制度の補完の次元で現れた概念であるが，21世紀産業社会で働く労働者の新たな生活様子を描くものに発展した。日本では1985年の男女雇用機会均等法により触発され，ファミフレ（Family Friendly）政策や地域社会の育児支援，社会保障による次世代支援などの概念を含む包括的な政策に発展してきた。

SCEIモデル
組織の中で知識が創造されるプロセスに関する理論モデル。野中郁次郎研究グループにより世界に広まった概念である。共同化（Socialization），表出化（Externalization），連結化（Combination），内面化（Internalization）が相互作用しながら一段上の知識レベルに上昇するという。

危機構築（Crisis Construction）
危機意識を持たせること。戦略的意図と現実とのギャブを明確にし，それを組織構成員に共有さ

せ，生き残りへの不安を高めること。特に，開発途上国や後発企業がキャッチ・アップのためによく利用する手法であるが，現状に安住せず，高い組織目標にむけて努力する企業なら日常化されている概念でもある。

セレンディピティ（Serendipity）
思いかけないものを発見する能力。科学分野で失敗が思わぬ大発見につながった時などに使われるが，近年，マネジメントの現場でもよく使われるようになった。オフィスをフリーアドレス座席にしたり，自由な話の出来るカフェテリアのような休憩空間を設けたりして，偶然の出会いによる創造的摩擦を期待しているのがその代表例である。

【参考文献】

Bartlett, C. and Ghoshal, S. (1989), *Managing Across Borders: The Transnational Solution*, Harvard Business School Press.
Cameron, K. S. and Quinn, R. E. (2006), *Diagnosing and Changing Organizational Culture*, John Wiley & Sons, Inc.（中島豊監訳（2009）『組織文化を変える』ファーストプレス。）
Hall, E. (1976), *Beyond Culture*, Anchor Press.（H. S. Choi 訳（2000）『文化を超えて』Hangilsa。）
Hamel, G. and Prahalad, C. K. (1989), "Strategic Intent," *Harvard Business Review*, May-June, pp. 63-76.
Hofsted, G., Hofstede, G. J. and Minkov, M. (2010), *Cultures and Organizations*, 3rd ed., Geert Hofsted BV.（岩井八郎・岩井紀子訳（2013）『多文化世界』有斐閣。）
Mintzberg, H. and McHugh, A. (1985), "Strategy Formation in an Adhocracy," *Administrative Science Quarterly*, 30 (2), pp. 160-197
Schein, E. H. (1999), *The Corporate Culture Survival Guide*, Jossey-Bass Inc.（金井壽宏監訳（2004）『企業文化（生き残りの指針）』白桃書房。）
Stace, D. A. and Dunphy, D. C. (1992), "Translating business strategies into action: managing strategic change," *Journal of Strategic Change*, v. 1.
Whelan-Berry, K. S. and Somerville, K. A. (2010), "Linking Change Drivers and the Organizational Change Process: A Review and Synthesis," *Journal of Change Management*, 10 (2), pp. 175-193.
ジンヒョン・カンウラン・オムドンウク・イェジウン・ベクソンウク・リビョンハ＆リュジソン（2011）「SERI 型の組織文化変化管理モデル」サムスン経済研究所研究報告書。
高橋伸夫編（2000）『超企業・組織論』有斐閣。
谷口真美（2008）「組織におけるダイバシティ・マネジメント」『日本労働研究雑誌』No. 574, 労働政策研究・研修機構。

（李　炳夏）

第10章

中国民営上場企業におけるコーポレート・ガバナンス
──プリンシパル・エージェンシー理論を踏まえて──

概要

　本章では，中国民営上場企業におけるコーポレート・ガバナンスにどういった特徴が見られるかを解明することを目的とする。そのため，日本企業における株主をプリンシパル，経営者をエージェントとみなして，プリンシパル・エージェンシー理論を応用して定式化を試みた場合との対比に注視してみる。次いで，中国における伝統的な中国国有企業，大型複合型で株式分散が進んだ近代の国資企業，経営と分離が進んだ近年の民営上場企業を対象とし，プリンシパル・エージェント理論を用いて企業統治の相違を検出していく。そこでは，第1に，中国国資企業に固有の多重・政治性エージェントの存在が無視できない。第2に，民営企業の場合，政治性エージェントが少ない反面，同族企業経営者による究極の所有者支配構造の多重エージェント弊害が生じやすい。そのため，プリンシパルとしての同族企業経営者とエージェントである独立取締役との利害関係の分析が欠かせない。コースの所有権理論も交えて株主と経営者の関係を分析してみる。
　日本企業をはじめ先進国系企業とはコーポレート・ガバナンスの面で上記2つの差異が必然的に大きい。報酬モデルの定式化から導かれた最適解にも違いが生じることから，日本企業と中国企業のコーポレート・ガバナンスの差異はもとより，中国民営上場企業のコーポレート・ガバナンスは，中国国資企業のそれとも相違が顕著に示唆される。独立取締役設置の義務付けにより，取締役がプリンシパルで独立取締役がエージェントという利害関係が

生まれたことが，その1つの大きな原因とみなせるため，そこにも重点を置き，2社の事例を基にして，両者の利害関係行動への洞察をコントロール権とキャッシュフロー（配当）権の収益という次元から試みる。その結果，外部株主集団と独立取締役が発揮するはずのモニタリング効果に限界が露呈される。

キーワード
コーポレート・ガバナンス，プリンシパル・エージェンシー理論，所有権と経営権の分離，独立取締役，モニタリング効果

1. はじめに

中国企業の海外進出は増加の一途を辿る一方，不正取引企業は減少していない。深圳証券取引所上場企業1,578社のうち不正取引企業は2011年に40社，2012年に53社であるが，2013年は76社へと増加している[1]。不正取引企業が減少しない背景として，コーポレート・ガバナンス，いわゆる企業統治が問題視されている。

2005年，公司法で上場企業に独立取締役設置が義務付けられ，独立取締役による監査・監督機能が期待された。独立取締役設置人数は2人以上，そのうち1人は会計士であること，取締役の3分の1以上を占めること，さらに独立性に関しても明記されている。

社会主義体制中による国有企業の定義は，「企業の全ての資産が国家により所有され，中華人民共和国企業法人登記管理条例の規定に沿って登録されている非会社制的経済組織」とある。国有企業は全人民の所有ということになる。所有者の属性により，公有制企業と非公有制企業に分けられ，公有制企業は国有企業と集団所有制企業，非公有制企業は個人企業，私営企業に分けられる[2]。

実際，プリンシパル・エージェンシー理論では，出資者は全人民であり，政府や公的機関は全人民の代理人にすぎないという概念が残っている。国有

資産への関心とその責任は，私有財産の所有権に関する興味よりはるかに低く，責任の個所も不明確である。所有者であるプリンシパルは，エージェントである経営者に委託する関係にある。張承輝（1995），張維迎（1994）等は，国資企業のプリンシパル問題としてエージェンシーよりもプリンシパルの行動の統制を指摘している[3]。また，林（1999）によれば，所有権と経営権の分離は国有企業改革後の現象とみなされる[4]。孫（1979）は，国有組織の財産の所有権は国家，支配権は国有組織の運営者と指摘している[5]。

だが実際，近年，多くの国資企業においては，大株主である政府が経営陣を送り込み，経営権を握っているため，経営権は大株主に集中し，中小株主においては所有と経営が分離する。表面上，経営者と大株主の人物が違い，分離しているようにみえても，実際には経営者と大株主は同じ従来の政府であることに変わりはない。

本章では，従来の中国国有企業のプリンシパル・エージェント理論に関する先行研究に続き，大型複合型で株式分散が進んだ近代の国資企業，さらに，経営と分離が進んだ近年の民営上場企業を対象とし，プリンシパル・エージェント理論を用いて企業統治を分析する。

中国国資企業では多重・政治性エージェントが存在する。民営企業では政治性エージェントは少ないが，同族企業経営者による究極の所有者支配構造の多重エージェント弊害が生まれている。その点を明確にし，独立取締役との利害関係を分析する必要が出てくる。上場企業の独立取締役に関する先行研究には，彭有桂（2006）による業績との連動性[6]や余峰燕（2011）による情報の質等との連動性[7]が知られる。双方の研究ともに，民営企業の独立取締役が区分されておらず，特徴が明確に示されていない。またコントロール権，キャッシュフロー権とコーポレート行動に関してはXu Yong bin & Hu Zuguang（2007）等がある[8]。とはいえ，独立取締役の実行力等を表した論文は少なく，特に分野別民営上場企業の独立取締役の監査委員会での監査の役割に焦点をあてた研究成果は見当たらない。

本章では，コーポレート・ガバナンスにおいて重要な監査・監督のチェック機能が可能であるかどうかをプリンシパル・エージェント理論に沿って分

析し，独立取締役の役割として十分な監査・監督機能が必要であることを論じる。ここでは，有限責任会社の形態である国有独資会社や国有資本が筆頭株主となる企業，実質的に支配権を行使する企業等を包含して「国資企業」と定義する。

2. プリンシパル・エージェンシー理論における日中企業の比較

(1) 日本企業におけるプリンシパル・エージェンシー理論

Jensen & Meckling (1976) が唱えたプリンシパル・エージェンシー理論では，株主をプリンシパル，経営者をエージェントとみなし，両者間に典型的なエージェンシー関係が存在することを前提に，所有と経営の分離という視点から所有者支配や経営者支配等が議論されている。以下では，株主と経営者及び独立取締役の観点から想定できるあらゆる関係を，プリンシパルとエージェントの関係としてとらえていく。

1990年代後半から米国型のガバナンスシステムに移行する日本企業が増加したとはいえ，1990年代前半まではメインバンク主導型のガバナンスシステムが採択された。負債の比率が自己資本比率より高い企業が多かったため，菊澤 (2004) は，エージェントは経営者で債権者がプリンシパルであると主張した。製造業においては，1980年代前半までは負債比率は80％近くあったが，1990年代前半には62％へと減少した。そのため2000年に自己資本比率は45.62％，2005年には50.99％に上昇し，自己資本が負債合計を超えた。つまり，ようやくプリンシパルが債権者ではなく株主になった。

しかし，経営者のモチベーションを上げる方法や業務執行する経営者の監視方法等において，株主及び独立取締役と経営者間においてエージェンシー問題が生まれた。プリンシパルである株主及び独立取締役には，限定的な情報だけが提供され，情報の非対称性が生みだす非効率な資源の利用と配分問題であるエージェンシー問題が生じた。

Jensen & Meckling (1976) による素朴なエージェンシー理論があり，伊藤 (2004)，Fehr & Schmidt (1999) によると，自分の利得を (x)，相手の

利得を (y) として，効用を (U) とすれば，以下の式のように表現している。ここでは，αとβは非負の定数であり，max {a, b} は大きい方を選ぶことを意味する。

$$U(x, y) = x - \alpha \max\{y - x, 0\} - \beta \max\{y - x, 0\} \cdots\cdots\cdots\cdots(1)$$

　この場合，自分の利益が相手の利益より高ければモチベーションが上がるが，低ければ下がるという不公平回避が起きる。プリンシパルを株主及び独立取締役，エージェントを経営者とした場合，費用 (c) が収益 (R) より小さいという条件下で，経営者が最低の行動 (a = 0) を選べば R = 0 となり，最高の行動 (a = 1) を選べば R > 0 になる。株主及び独立取締役と経営者は効用を最大化しようとするが，限定合理性なので利害は一致しない。情報量も非対称になる。株主及び独立取締役は出来高の報酬 (w) を提示し成功すれば w，失敗すれば最低報酬 (w = 0) を払う。w = 0 なら，参加制約条件は w = 0 以上となる。株主及び独立取締役が完全合理的で情報が同じ量なら，w = 0 で経営者と契約，a = 1 を強制的にとらせれば w = 0 がベストである。しかし株主及び独立取締役は限定合理性のため経営者を強制的に働かせられない。a = 1 にさせるため，経営者のモチベーションを上げる自発的な報酬契約 w (≧0) のインセンティブを提示する必要がでてくる。

　完全利己的経営者のセカンドベスト報酬は，a = 0 を選択したとき w* = 0，a = 1 を選択すれば w* = c となる。完全利己的経営者は完全に利己的なので，株主の利得を考慮せず自分の利得の追求をする。

　一方，限定利己的経営者は，完全に利己的ではないので，株主及び独立取締役の利得も考える。株主の利得が経営者以上となる条件は，以下のとおり示される。$(R-w)-(w-c) \geq 0$ となり，すなわち $R - 2w + c \geq 0$ の条件が必要である。

　不公平回避効用関数は式 (1) に従うと，$x = (w-c)$，$y = (R-w)$，$(R-w)-(w-c) \geq 0$ となる。以上のように，菊澤 (2007) は示し，$U(w-c, R-w) = (w-c) - a(R - 2w + c)$ と表わしている。経営者が a = 0 を選択する

と，Uは0となる。株主及び独立取締役の利得に強い関心を持つ経営者ほど報酬を高くする必要があるといえる。

また，菊澤（2007）は，限定利己的経営者に支払うセカンドベストの報酬 w** は以下のとおりと示している。

$$w^{**} = \frac{a(R+c)}{1+2a}$$

限定利己的経営者が a=0 のときは w**=0 であり，a=1 の場合は以下のとおりである。

$$w^{**} = \frac{c+a(R+c)}{1+2a}$$

株主及び独立取締役が完全利己的経営者とのセカンドベスト報酬契約は a=0 のときは，w*=0，a=1 のときは w*=c となる。

株主及び独立取締役にとって限定利己的経営者に支払うセカンドベスト報酬（w**）は，完全利己的経営者に支払うセカンドベスト報酬よりも常に大きくなるから w**>w* となる。

以上のように，経営者が限定利己的である場合，株主及び独立取締役にとっては完全利己主義的な経営者より，インセンティブが高い報酬を支払う必要があることを意味している。

限定利己的経営者にはより高い報酬を支払う必要があり[9]，また，経営者がプリンシパルで社外取締役がエージェントの場合も同様である。

企業内部組織が円滑に機能するためには，企業の経営状態を観察する必要がある。モラルハザードが起きないようにモニターし，生産向上への努力のインセンティブを与える設計が必要である。経営状態が良好なときには，株主の余剰請求権，報酬を与えるが，経営危機時には経営陣が更迭され融資銀行が管理権を獲得するようになる。この状態を Aoki（1994）は，「状態依存型ガバナンス」と呼んだ。しかし，新古典派経済学的な参入と退出が自由な株式市場の下ではモニターが銀行から株主へ移行する。経営が危機的状況では，モニターは状態依存型ガバナンスに従い行動せずに株式の売却等により解決する方法をとる。株主へのインセンティブが明確でない限りはモニター

としての監査機能は期待できない[10]。

(2) 中国国資企業におけるエージェント関係

　中国企業は，株主が残余請求権者として企業の利益を配当として受け取り，倒産した場合には資産に見合うだけ清算後の財産を債権者に請求できる。そのため中国の場合も日本のエージェント関係と同様，株主がプリンシパルで債権者がエージェント利害関係者として存在していた。株式会社制度により，株主がプリンシパルで取締役がエージェントという利害関係が生まれ，さらに取締役会の下に設置された専門委員会との関係，そして会計士等の専門家との関係，さらに各部署の責任者との関係という構造になった。それにより，各部署の構造にそれぞれエージェント関係が存在していた。

　さらに独立取締役設置の義務付けにより，取締役がプリンシパルで独立取締役がエージェントという利害関係が生まれた。株式会社は従業員との間で労務契約を結び，また，取引先の企業と売買契約を結ぶ。さらに，投資者とは社債に関する契約を交わし，それだけでなく消費者や地域住民との関係，外部者，監督機関との間にもエージェント関係が成り立つことになった。

　しかし，実際には，大株主である政府が支配株主であり，他の少数株主は議決権の行使を通じ企業の意思決定に影響を及ぼすことができない。支配株主は自分の利益を優先する取締役を選任できるため，内部情報の入手も容易である。加えて業務執行や経営の意思決定まで支配する。そのため，経営者と少数株主の間には，情報の非対称性と利害対立が発生する。つまり，従来は，所有者と株主，経営者が同じ政府＝プリンシパルだった企業が，株式制度転換後，表面上は，株主と経営者が分離されたことになる。それにより中国企業は先進国と比較して，多重エージェント関係と政治性エージェント関係が存在することになった。

　中国は公有制経済のためインセンティブ・メカニズムとして公有化の水準が高く，公有経済の規模が大きい。そのためにエージェントにおける関係の階層が多重に増え，最初のプリンシパルと最終のエージェントとの間に距離がかなり拡大してしまうため，多重エージェント関係が生じる。特に，公有

経済規模の割合が大きい国資企業では，プリンシパルとエージェントの階層が増える。つまり，政治性エージェントが存在し，最初のプリンシパルである全人民は最後のエージェントである経営者に行きつくまでにいくつかの政府を通さなければならない場合もある。階層が増えるほど監査・監督の目が行き届かなくなる。

政府と経営者のエージェント関係が形成される従来の中国企業では，まず国家，いわゆる全国人民代表大会があり，その下に中央政府，それから地方政府，さらに各主管部門，そして国資企業という順の構造組織であった。すべてのそれぞれの間に，政治性エージェント関係が存在した。国家から政府，各主管部門，そして国資企業の中に，それぞれ政治性プリンシパルとエージェント関係が存在するということは，それぞれの箇所において情報の非対称性が存在する。そして，プリンシパル・エージェント関係における監査・監督などの役割が果たせないのが現状である。

中国国資企業において，複雑な政府部門からの多重・政治エージェント問題が多発するため，政府及び共産党組織が先進諸国の構造より増える。そのため $w^{**} > w^*$ が $w^{***} > w^{**} > w^*$ になる。また，限定合理性はなく，多くが完全利己的経営者になり，上記数式の (1) において，その乖離性がさらに大きくなると考えられる。

企業，または取締役がプリンシパル，独立取締役がエージェントである場合は，完全利己的効用最大化が当てはまる。社会主義体制中は，wは平等ですでに決まっていたため $a=0$ となり $w-c=0$ にとどまっていたが，現代の中国国資企業の場合は，取締役に比較して独立取締役の報酬が非常に少なく情報入手も限定的であるため $a=0$ にとどまっている。独立取締役のインセンティブを上げなければ $a=1$ にはならない。

しかし，ここで問題なのは，企業，または取締役が独立取締役に対して必ずしも $a=1$ を求めているかどうかということである。独立取締役制度により独立取締役設置が義務化されているため企業内に独立取締役を設置しているが，経営者の監査・監督としての役割として $a=1$ は要求していない。

大株主＝政府がプリンシパルで経営者がエージェントの場合，たとえ経営

者がa=1であっても独立取締役の監査・監督機能による評価は明確ではない。また，ほとんどの独立取締役は経営者の紹介者であり，また肩書きのために就任した人が多く，機能は形式的なものにすぎない。評価が明確でなく報酬も低いため，それがモチベーションにつながらないため結果的にa=0にとどまる。よほどw≧0を明確化しなければa=1が維持できない構造になっている。$w^*=c$ やa=1により，R>0という条件は，中国に存在する外資系企業や，一部の民営上場企業にあてはまる可能性が高い。次に民営上場企業の現状を探るとしよう。

(3) **民営上場企業のエージェント関係**

民営上場企業内の党組織や工会の役割は，従業員の利益の保護，労使関係などの調整や民営企業と政府機関，管理行政部門の調整役をしている。工会は日本企業でいえば労働組合と同じである。近年，民営上場企業内に党組織を設置する企業が増加している傾向にある。

企業内に党組織がない民営上場企業の場合は，企業外の政府がプリンシパルで，経営者がエージェントという関係になる。国資企業に比べ政府の関与が少なく個人の出資者が経営に関与している企業も多いが，所有と経営は一体化しており意思決定には主要出資者の影響が大きい。この場合は株主がプリンシパルで，経営者がエージェントという関係よりも，所有と経営の一体化のため出資者＝株主＝経営者＝プリンシパルで，独立取締役，その他従業員がエージェントとなることが多い。国資企業の多重構造に比較すると非常にシンプルな構造である。国資企業よりは日本企業や先進国企業のエージェント関係に近い組織構造といえるが，政府である党組織が企業内に設置されている民営上場企業も多いため，その構造は日本企業等より未だ複雑で多重エージェントであるといえるだろう。

また，中国の民営上場企業は，親戚等によるファミリービジネス，つまり，同族企業経営者による究極の支配者による支配権がある企業が多いという特徴がある。それにより所有と経営の分離の度合いは低いと考えられ，エージェント関係は，創業家＝経営者＝プリンシパルで，その他の従業員，

独立取締役等がエージェントとなる。

　筆者が分析した5分野における民営上場企業の結果[11]から，民営上場企業において政治性エージェント関係は，「国有経済の参入撤退が自由な業種に近い分野」の方が「国有経済が絶対的な支配地位を保持すべき業種の分野」より少ない。しかし一方で，同族企業経営者による究極の所有者による多重エージェントによる企業ピラミッド支配構造の弊害が生まれている。究極の支配者構造によるピラミッド型支配となる民営上場企業では，コントロール権と配当権との乖離により企業価値にマイナス効果が及ぶから，利他主義の視点から家族構成員間のエージェンシー問題が発生している。

　そのため独立性の高い独立取締役による監査・監督機能が期待されていたが，民営上場企業において独立取締役がエージェントで経営者はプリンシパルとした場合，wにより$a=1$になり$R>0$になるが，独立取締役の報酬は業績に連動している企業も多く，wとなり行動も$a=1$となることが期待される。しかし，独立取締役の全員が同じ報酬，あるいは2パターンと一定である企業が多く，また取締役に比べ報酬は最大70分の1と低いため，$a=0$という結果になることがありえる。

　中国にも第三者機関による独立取締役協会を設置し，報酬の支払い元を企業から独立取締役協会にする等，報酬によるモチベーションを上げる必要性がある。また，監査・監督機能を具体化し，監査機能が発揮できたことに対して報酬を比例配分する等，より大きなw（$\geq w0 \geq 0$）の提示が必要である。

(4) 国務院国有資産監督管理委員会の役割とエージェント関係

　国資企業はエージェントの階層を減少させ，政治性を弱くしてエージェント関係を築くことが必要となる。経営者を選任する権限を非国有株の投資家に渡すことを前提に，張維迎（1996）は国有株を債権に転換する（股転債）方法を提案し，楊瑞龍（2001）は，経営者の指名権は非国有株の投資家に渡し国務院国有資産監督管理委員会（以下，国資委）が支配株主として拒否権を保留するという方法を提案している[12]。

　1980年代から国有企業の所有と経営の分離という目的のため，政府は国

有資産管理制度の整備を進めた。2003年に第10回全人民代表大会第1次会議の国務院機構改革法案に基づき、新・国有資産監督管理委員会へと再編成された。それにより、金融を除く中央政府が管理する国資企業が、国資委の管理の下に配置された。

　これは、政府と企業の行政従属関係をなくし、新たな企業統治制度を構築することを目的としたものである。つまり、国資委や国有資産経営公司が親会社となり、企業の支配株主となった。具体的に株式の所有権を保持し、株主総会を通じて上場会社の取締役会で決定後に業務執行経営者を選任している。この場合、国資委と国有資産経営公司がプリンシパルで、経営者がエージェントになる。

　国資企業が抱えている問題の多重エージェンシーの階層が1つ減り改善したと評価されている。この場合、完全利己的であることに変わりはないが、$w(>w0>0)$ により限定利己的に近づくと考えられる。

　しかし、国資委の設立により国資委-国有資産運用会社-国資企業となり、資産の所有と経営が分離されたが、国資委員を通じて党が国資企業に影響を残しており、国資委の存在の意義を問う議論もある。

3. コースの所有権理論による中国民営上場企業の企業統治

　Course (1960) によると、実際のビジネスの取引には、不完全な契約と取引費用がある。改善策として責任の箇所を明確化するためにも財産権を明確化する必要がある。公有制である国有企業の場合、公的な資産は全人民の所有と定義されることになる。そのため公有資産の帰属が不明確であることは、市場経済において効率性の確保も難しい。一般的に公有制の国有企業よりも民営企業の方が所有の帰属が明確化されており、効率性が高まるのもそのためである。

　Course (1960; 1988), Alchian (1965; 1977), Demsetz (1967) 等によるシカゴ学派の所有権理論によると、全ての人間は自己利益を追求する。しかし、全ての人間は完全ではないため完全合理主義ではなく、その情報収

集，処理，伝達能力は限定され，限定合理的な人間が仮定される。これらの経済主体による取引対象は財自体だけではなく，財がもつ多様な特質をめぐる所有権であるとされる。

ここでいう所有権は，財のある特質を排他的に使用する権利，財から生まれる利益を得る権利，権利自体を自由に売買する権利等も含まれる。つまり，所有権の帰属者が明確であれば，財がもたらすものは帰属者に確実に明確に与えられる。そのため，その財を効率的に利用しようと企業では株式優待や配当金等のように資源が分配される。

しかし人間の能力は限定的であり，マイナス効果も生まれる。所有権を明確化するためにはコストがかかる。所有権を明確化し外部性を内部化することで発生するプラス効果と利益が，所有権を明確化するためのコスト（経費）を上回るなら，所有権を明確化するための制度や法律等の規定が生まれる。しかし，所有権を明確化しても，マイナスの発生，害が発生している場合，所有権を明確化する制度が展開されない。

上記が所有権理論の基本的考えであるが，これらに基づき，所有権構造の効率化を探る。企業の所有権が集中し大株主により所有されると，経営者による非効率なマイナスの発生についても責任は所有主体に集中的に帰属される。所有主体，いわゆる大株主には経営者を監視するインセンティブが生まれる。所有主体の帰属先を明確化するにはコストがかかり，明確化されることでリスクも集中的に所有主体に集まる。

したがって，最適な所有権構造は，所有権を集中させることで削減できる限界コストと，それによりかかる負担から生まれる限界リスクがほぼ等しくなるように集中分散する構造である。これが適切な所有権の配分となる。

所有権を行使できるのは政府ではなく裕福な個人，組織の中の個人に帰属される必要がある。市場経済下の所有権構造の所有主体は，経営状態が危機的で自分に経営再構築の能力がない場合は，資産を効率的に扱うため株式を売却する。組織型の企業を統治する能力があれば株主総会や取締役会等で再構築する。このように，市場型企業統治や組織型企業統治により企業という資産を効率的に扱うことが可能になる。

このような所有権理論に基づくと，日本企業の所有権構造はドイツ，米国企業に比べて分散度も集中度も低いが，企業という所有物に対して帰属者が不明確である。よって，それから生まれるプラス・マイナス効果を受ける所有，責任の個所も不明確になる。日本企業のコーポレート・ガバナンスの改革が促進されない背景には，所有権帰属が明確でないという問題がある[13]。

　中国国資企業の所有権構造では，企業の所有権が集中している。株式会社の株式の性質は国家株，国有法人株，非国有法人株，流通株などに分類される。近年は，株式保有数においては分散化が進み，政府保有株式数は減少傾向にある。しかし，未だ所有権を持つ大株主は政府である基本的な所有構造であることに変わりはない。所有権構造は，大株主である政府が所有しており，経営者による非効率なマイナスの発生についても所有主体に集中的に責任が帰属するため，経営者を監視するインセンティブが生まれる。しかし，政府である大株主，所有者が自分に有利になる政府関係者である経営者を送り込んでいるため，責任の所在が明確ではない。これらを解決するため，国資委が設置された。国資委や国有資産経営公司が親会社になり，同時に国資企業の支配株主になった。

　呉敬蓮（1995）は，企業には決定権も自主権もなければ財務の責任もないと指摘する。日本の会社法では3％以上の議決権を有する株主には会計帳簿閲覧権が与えられるが，中国の会社法ではない。

　所有権のある政府が企業をコントロールするようだと，コーポレート・ガバナンスが機能しているとは言い難い。所有権構造の集中度も低いが，政府である帰属が多重になっていることで不明確になっている。

　従来は国家が企業の所有権を管理していたが，近年では国家，法人，個人による株式保有構造になっている。民営上場企業の所有権は，個人または家族等で多くの株式が保有され，大株主となっている。個人による株式保有構造となる民営上場企業においては，市場経済の効率を高めている私有制であり，多くの所有権を行使できるのは政府ではなく，裕福な個人，組織の中の個人に帰属されている。

　民営上場企業の所有権構造は国資企業に比べて集中度が分散され，政府の

帰属も減る。経営者による非効率なマイナスの発生についても，株主は経営者を監視するインセンティブを持つ。しかし，多くの民営上場企業は株主と経営者が同一人物，または集団である。したがって，プラス発生の為に効率化が促進されるが，リスクも集中する。責任の所在は国資企業より明確化されるが，所有と経営の分離が不明確で監視へのインセンティブが曖昧になっている。同時に，一方で究極の所有者である家族等の経営者による権利が強化され，究極の所有者による支配影響力も増し，マイナスの発生も懸念されている。

分散所有等により所有権と支配権が分離していれば，所有者と経営者の間にプリンシパル・エージェンシー問題が生まれる。これらの問題を解決するためには，大株主による牽引（Shleifer & Vishny 1986）や法律の整備（La Porta et al. 1988），さらにコントロール権の競争（Jensen & Ruback 1983；Jensen 1986）があると指摘されてきた[14]。

次に，民営上場企業の究極の所有者によるコントロール権について論じる。

4. 民営上場企業における究極の所有者によるコントロール権とキャッシュフロー権

(1) 究極の所有者による支配型構造の理論分析

日本企業の場合，創業家の株式所有は収益性に対して必ずしも正の効果を及ぼさないが，リスクに関しては所有比率の上昇に非連動し，リスク低下傾向にある。創業家が代表権を持つ役員の影響は収益性に対しては正・負の両方の効果を持つが，リスクに対しては低下する傾向がある[15]。

中国民営上場企業の場合，創業者の家族・兄弟・親戚による究極の所有者が支配者になる割合が高く，不正取引やコーポレート・ガバナンスの意識が低く，企業のピラミッド型支配構造問題にともなう利益重視型の行動がリスクを低下させることにつながらず，逆に横領行為を促進させることにつながっているとみられる。

武立東ほか（2007）によると2005年における民営上場企業のピラミッド型支配構造のうち、支配階層が単一の支配階層が全体の71.11％を占めている。

　究極の所有者の収益構造はコントロール権とキャッシュフロー（配当）権の収益であり、コントロール権収益は、究極の所有者が上場企業に対してコントロール権を行使することによって取引間で得られる利益、過度な報酬等を通じて得る全ての収益のことである（Grossman & Hart 1988）。Dyck & Zingales（2001）は、コントロール権収益とは、究極の所有者だけしか受け取れない利益と定義し[16]。キャッシュフロー権収益は、株式保有者が株式配当から得られる収益のことを指す。キャッシュフロー権が収益構造に占める比率が高いと、モニタリング効果が高まり、大株主の企業価値向上意欲が高まると同時に、中小株主による大株主モニタリング効果や抑制効果が高くなるという相乗効果がみられる。La porta et al.（1988）によると、コントロール権収益が大きい場合は、支配株主による横領行為が高まり、上場企業の価値が損なわれる可能性が高くなる。アジアの家族企業ではピラミッド型支配の下で、究極の所有者が子会社までコントロール権とキャッシュフロー権とを乖離させ、横領行為が問題視され、懸念事項となっている。

　図表10-1のように、コントロール権とキャッシュフロー権の比較により、民営上場企業の究極の所有者の行動は、モニタリング効果が強いか、横領効果であるかを明確化することができる。究極の所有者が自身の効用最大化に基づいた行動選択をとると仮定すると、大株主であるため、コントロール権収益のみを追求することもできなければ配当金収益のみを追求することもできず、究極の所有者の効用関数は$u(Rx, Ry)$となる。Rx, Ryは、コントロール権収益と配当権収益を示す。究極の所有者の追求するコントロール権の上限は配当権収益がゼロにならない程度であり、赤字企業の場合は利潤を調整し赤字をなくすよう努力するため、$Rx>0$と仮定した場合、$Ry>0$となる。資源制約があるためコントロール権収益の増加は配当権の減少をもたらし、$\triangle Rx / \triangle Ry < 0$となり、以下のとおりとなる。

4. 民営上場企業における究極の所有者によるコントロール権とキャッシュフロー権

$$\max u\,(Rx,\ Ry)$$
$$s.t.\ C_1 Rx - C_2 Ry \geqq I$$
$$Rx > 0 \quad Ry > 0$$

I は究極の所有者が投入する資源を指す。C_1, C_2 は究極の所有者がコントロール権収益とキャッシュフロー権を得るための努力（コスト）を示すため，最適な効用均衡点は，効用曲線 U と資源制約直線 AB との接点になる[17]。

図表 10-1　収益均衡モデル

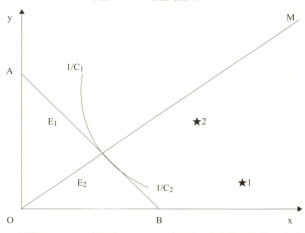

出所）Claessens（2000），La Porta（1999），武立東ほか（2007）などをもとに2社の財務諸表より筆者作成。

コントロール権収益をyとし，キャッシュフロー権収益をxとし，究極の所有者が，収益均衡に至るまでの行動に与える要因分析のため，収益への選好は同じであると仮定する。効用曲線 U は直線 OM 線に対して対称的であり，O-M は2財が同値の直線を示す。

OM 線と効用曲線 U の均衡点（究極の所有者の行動）は行動選択により横領領域またはモニタリング領域に配置される。

均衡点がOM 線より左にあれば横領効果が強くなり，右にあればモニタ

230　第10章　中国民営上場企業におけるコーポレート・ガバナンス

リング効果が強くなる。究極の所有者によるコントロール権とキャッシュフロー権の乖離度が上がると横領効果が高くなる。

　コントロール権とキャッシュフロー権を1単位得るために払う努力を C_1, C_2 と示し，全資源をコントロール権収益獲得のために努力し費やした場合は，資源を努力で割った $1/C_1$ の収益が得られるが，キャッシュフロー権収益獲得のために努力した場合は $1/C_2$ となる。

(2)　2社の究極の所有者による支配者構造例

　図表10-2のように，コントロール権とキャッシュフロー権を明確化するため La Porta の計算式に基づき乖離率を用い，製造業分野と農作品分野を比較した結果，スカイワース社（製造業分野）の場合，株式保有の割合による究極の所有者の影響は（31.54％×0.27％）＋（2.68％）＋（33.9％）＋（31.54％）＝68.25％となり，株式権益は内部株主集団が68.44％，外部株主集団のHSBCが31％となる。

　キャッシュフロー権は（31.27％×0.27％）＋（2.68％）＋（33.95％）＋

図表10-2　スカイワース社と中華薬業生物化学社の究極の支配者構造の割合

	スカイワース社	中華薬業生物化学社
キャッシュフロー権	68.25％	61.52％
コントロール権	0.27％	29.58％
Board Seat ratio	5.78％	-80.62％
Moral hazard 1	3.85％	48.08％
Moral hazard 2	5.64％	71％
株価変動率	9倍	15倍
配当金額（1株当たり）	0.04-0.17	0
取締役人数	6人	5人（07年）→2人（11年）
独立取締役人数	3人	3人（07年）→1人
会計士（独立取締役）	0人	1人
業績悪化時	なし（株価・配当連動なし）	取締役のみ報酬減少
株価・配当連動性	あり	あり

出所）各社年報の財務諸表を元に筆者作成。

(31.54%) = 68.25%となる。コントロール権は = 0% + min (31.54%, 2.68%, 33.95%, 31.27%, 0.27%) = 0.27%となる。

モラルハザード1は 2.95% ÷ 76.56% = 3.85%となる。

モラルハザード2は $(1/3) \times (1/6) \times (3/9)^{1/3}$ ÷ 68.25% = 5.64%となる。

一方,中華薬業生物化学(農作物分野)では,株式保有の割合による究極の所有者の影響は(31.94% + 29.58%) = 61.52%となり,株式権益は内部株主集団が61.52%で,外部株主集団が32.6%である。

キャッシュフロー権は(31.94% + 29.58%) = 61.52%。コントロール権は 0% + min (31.94%, 29.58%) = 29.58%となる。

モラルハザード1は,2.95% ÷ 61.52% = 48.08%となる。

モラルハザード2は $(1/2) \times (1/1) \times (2/3)^{1/3}$ ÷ 61.52% = 71%である。

スカイワース社は,図表10-1の収益均衡モデルの★1に位置し,中華薬業生物化学社は,★2の位置になり,モニタリング効果よりもやや横領効果が優位となる区域にある。

$C_1 < C_2$ のコスト収益は行動選択の要因になる。E_1 からキャッシュフロー権収益によるモニタリング効果の区域を選択する E_2 を選択した場合,究極の所有者の効用水準は低下し,パワーバランスが不均等になる。

究極の所有者による支配株主のコントロール権が増えると横領効果が増えるが,株式所有が分散すると権力が分散化され,相互的なモニタリングにより究極の所有者の正行動が高まる。

2004年の中国民営上場企業の調査では,コントロール権とキャッシュフロー権の差異はコーポレートパフォーマンスと負の関係であり,究極の株主保有者によるキャッシュフロー権はコーポレートパフォーマンスと正の関係にありと示される。究極の株式保有者のコントロール権の集中度は高く,コントロール権とキャッシュフロー権は明確に乖離している。コーポレートパフォーマンスは究極の所有者のキャッシュフロー権と連動しており,コントロール権とキャッシュフロー権の乖離はコーポレートパフォーマンスと負の関係になる[18]。

(3) **外部株主集団と独立取締役のモニタリング効果**

スカイワース社や中華薬業生物化学社のように,究極の所有者が支配株主の場合,コントロール権収益が増え,モニタリング効果のある行動が減りやすくなる。スカイワース社は Lin Wei と Wong Wang の夫婦が究極の所有者となり,株式保有数は全体の 68.44％を占めている。中華薬業生物化学社は創設者と妹の 2 人が取締役であり,その株式保有は全体の 61.52％を占めている。

外部株主集団は,内部株主集団を監視・監督し,抑制して初めてモニタリング効果を示現できるが,2 社とも内部株主集団の割合が外部株主集団の割合より大きいため,コントロール権収益獲得コストを増加しても抑制効果につながらない。逆に,内部株主集団は効用最大化のためコントロール権収益を追求し,横領効果の行動を選択しやすくなる。こうして,外部株主集団の役割が果たしづらい構造になっている。その場合,独立取締役の占める割合等,外的圧力によりコントロール権収益の獲得コストが上がることで,究極の所有者のキャッシュフロー権収益がコントロール権収益を上回り,図表 10-1 において行動均衡点が E_1 から E_2 に移動する。

スカイワース社は,取締役 6 人のうち政府関連組織所属者は 1 人,独立取締役 3 人のうち政府関連組織所属者は 0 人で,会計士資格保有者である独立取締役は存在しない。監査委員会に取締役は構成員として含まれていないが,指名・報酬委員会には取締役が含まれている。また,Lin Wei が政府関連組織所属者で,報酬委員会の構成員である。

中華薬業生物化学社は 2007 年から 2011 年にかけて,取締役は 5 人から 2 人,独立取締役は 3 人から 1 人(会計士保有者)に減少しており,いずれも政府関連組織所属者は存在しない。会計士資格保有の独立取締役はスカイワース社には存在せず中華薬業生物化学社には 1 人存在している。スカイワースの独立取締役設置人数は 3 人で中華薬業生物化学社は 1 人であるが,取締役に占める独立取締役の割合は同じ 50％で上場企業の平均の 3 分の 1 より多い。しかし両社とも「独立取締役は 2 人以上の設置,そのうち 1 人は会計士でなければならない」という規定を守っておらず,外部圧力としての

4. 民営上場企業における究極の所有者によるコントロール権とキャッシュフロー権　　233

図表 10-3　スカイワース社の株主構造によるコーポレートストラクチャー

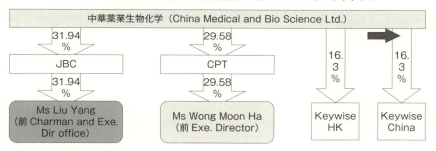

出所）スカイワース社の年報を元に筆者作成。

図表 10-4　中華薬業生物化学社の株主構造によるコーポレートストラクチャー

```
            中華薬業生物化学（China Medical and Bio Science Ltd.）
     31.94%              29.58%              16.3%        16.3%
      JBC                 CPT
     31.94%              29.58%
  Ms Liu Yang       Ms Wong Moon Ha       Keywise      Keywise
(前 Charman and Exe.  （前 Exe. Director）    HK          China
  Dir office)
```

出所）中華薬業生物化学社の年報を元に筆者作成。

独立取締役の影響は限定的と考えられる。

　スカイワース社は，2008年から2012年において売上は伸び続けているが，株価は2007年から2008年，2010年から2012年にかけて下落している。配当金は2008年から2009年にかけて1株当たり0.04元から0.16元に増加しているが，2010年には0.13元に下がり，2011年は0.14元，2012年は0.17元と再び増加している。取締役全員の報酬は2008年から2009年にかけて下がり，2010年から2012年にかけて究極の所有者以外の報酬が下がっている。

　一方，2006年から2012年までの中華薬業生物化学社の売上は，2008年と2009年が減少しているが取締役と独立取締役の報酬と株価においても，ほぼ連動して下がっている。配当金は0のまま変わらない。

コントロール権が高くコーポレートパフォーマンスが高い時においては，売上上昇時にともない連動して報酬も上げているが，キャッシュフロー権が少ないという状況下では，究極の所有者による横領効果が最も出やすい傾向にある。会計士資格保有の独立取締役の確保や独立取締役の人数の確保によるcが増え，配当金も増えるとモニタリング効果が増えることが考えられる。しかし，究極の所有者による株主保有割合が外部株主集団より多い場合，その効果が抑制されやすい。会計士資格保有の独立取締役設置コストより究極の所有者の支配構造により私欲を優先しやすくなる。コントロール権収益がキャッシュフロー収益を上回り，コーポレートパフォーマンスがよくても株主や取締役に還元しない横領効果が低くなることが考えられる。

株主保有割合，独立取締役の割合が近い2社の比較では，会計士資格保有者である独立取締役が存在する中華薬業生物化学社のほうがコーポレートパフォーマンスによる取締役・独立取締役の報酬へ連動性のある経営行動であることが考えられるが，配当金は売上の上昇年度も下落年度も一定して配分しておらず株主への還元はみられないことから，経営者の行動要因は株主ではなく企業内の利益を優先していることがうかがえる。

5．おわりに

民営上場企業は，政治性エージェント関係は国資企業より少なく，また同じ民営上場企業でも「国有経済の参入撤退が自由な業種に近い分野」に位置する企業の方がより少ないという結果が得られた。一方で，民営上場企業は，同族企業経営者の究極の所有者による多重エージェントによる支配構造があり，コントロール権と配当権との乖離による企業価値へのマイナスの影響が出ている。独立性の高い独立取締役による監査・監督機能が期待されていたが，インセンティブが不十分なため機能が発揮できていない。独立取締役協会等の設置により責任の明確化と監査機能へのモチベーションを上げる工夫が必要である。

また，究極の所有者による内部株主集団への影響が及ぶ状況下では，コン

トロール権とキャッシュフロー権の乖離度が増すほど，究極の所有者から横領効果は出やすくなる。

民営上場企業の同族企業経営者による究極の所有者を監査・監督，モニタリングする組織の明確化が必要である。また同時に企業統治における独立性の高い独立取締役の監査・監督機能の強化が必要である。欧米のような第3者組織によるモニタリング強化も必要である。

【用語解説】

プリンシパルエージェント理論
代理人をエージェント，依頼人をプリンシパルと呼ぶ。株主と経営者，雇用者と被雇用者などの関係者を指す。エージェントはプリンシパルに依頼されているのにもかかわらず，プリンシパルの利益に反し，自己の利益を優先することもある。そのような行動をとらないように，インセンティブ，報酬，また，監督，監視機能の面から研究されている。

所有権理論
企業には，経営資源としてのヒト，モノ，カネなどの財がある。企業は誰が所有しているのか，など所有権を資源配分システムの一つとみなし分析されている。コースの定理では，資源の所有権が誰であろうと，自由な交渉を通じて，能力のある人に配分され，効率的に利用される，としている。

【注】

1）2013年6月28日現在，深圳証券取引所 http://www.szse.cn/main/en/ に公開されている不正取引企業件数。
2）李東浩（2008）『中国の企業投資制度』中央経済社。
3）張承輝（1995）「内部人控制与中国企業改革」『改革』1995年第3期；張維迎（1994）「従現代企業理論看中国国有企業改革」『経済学消息報』11月17日第3版。
4）林毅夫・蔡昉・李周（共著）関志雄監訳（1999）『中国の国有企業改革：市場原理によるコーポレート・ガバナンスの構築』日本評論社。
5）孫治方（1979）『社会主義経済的若干理論問題』人民出版社。
6）彭有桂・楊青（2006）「独立董事与審計委員会執行効果研究」『武漢・財会通訊』。
7）余峰燕・郝項超（2011）「具有行政背景的独立董事影響公司財務信息質量么？—基于国有控股上市公司的実証分析」『南開経済研究』。
8）Xu Yongbin and Hu Zuguang (2007), *The Control Rights, Cash Flow Rights and Corporate Performance of the Private Listed Companies in China*, Zhejiang Gongshang University, P.R.
9）Fehr, E. and Schmidt, K. M. (1999), "A Theory of Fairness, Competition and Cooperation," *Quarterly Journal of Economics*, 114, pp. 817-878；伊藤秀史（2004）「組織とインセンティブ設計の経済分析を豊かなものとするために」『経済セミナー』3月号（No. 590），26-29頁を参考に菊澤研宗（2007）「コーポレート・ガバナンスの行動エージェンシー理論分析」『三田商学研究』第50巻第3号にて展開。

10) 青木昌彦・奥野正寛編（1996）『経済システムの比較制度』東京大学出版会，218 頁。
11) 5 分野における民営上場企業の分析結果，業種別国有支配構造の「国有経済が絶対的な支配地位を保持すべき業種」にある銀行業分野 11 行，「非国有資本の参入可能な業種」の農産品分野 9 社，「国有経済の支配を一層強化しなければならない業種」の医薬製造分野の民営企業 8 社，「国有経済が撤退すべき業種」の果汁分野 9 社，「国有経済の参入撤退が自由な業種」の製品製造分野 10 社を調査分析した。サンプル数は多くないが厳しい上場基準で他市場より情報公開量も多い外国人が投資可能な B 株上場企業の民営企業を分析対象とした。
12) 魏傑（2000）「国企改革両大難題：解除歴史負担与明晰産権」『社会科学刊』第 2 期；張維迎（1996）「所有制・治理結構与委託―代理関係」『経済研究』1996 年第 9 期；楊瑞龍（2001）「国有企業治理結構創新的経済学分析」『中国人民大学出版社』等。
13) 菊池敏夫・平田光弘（2000）「企業統治の国際比較」文眞堂。
14) 李東浩（2008）「中国の企業統治制度」中央経済社，196 頁；Jensen and Michael (1986), "Agency Costs of Free Cash Flow, Corporate Finance and Takeovers," *The American Economic Review*, Vol. 76, No. 2, pp. 323-329；Jensen, Michael and Ruback (1983), "The market for Corporate Control: The scientific evidence," *Journal of Financial Economics*, Vol. 11, No. 1-4, pp. 5-50 など。
15) 竹原均（2013）「同族経営企業の収益・リスク特性」『Chuo graduate school of Strategic Management』http://c-faculty.chuo-u.ac.jp/~kekubota/
16) Grossman, Sanford J. and Hart, Oliver D. (1988), "One Share-one Vote and the market for corporate control," *Journal of Financial Economics*, (20), p. 78；Dyck, A. and Zingales, L. (2001), "Why Are Private Benefits of Control so Large in Certain Countries and What Effect Does This Have On Their Financial Development?," *Working Paper*, University of Chicago.
17) 武立東・楊錦華・渡部直樹（2007）「中国民営上場企業のコーポレート・ガバナンス」『三田商学研究』第 50 巻第 1 号。
18) 武立東ほか（2007）「中国民営上場企業のコーポレートガバナンス」『三田商学研究』第 50 巻第 1 号。

【主な参考文献】

Alchaian, A. A. (1965), "Some Economics of Property Rights," *Il Politico*, 30 (No. 4), pp. 816-829.
Alchian, A. A. (1977), *Economic Force at Work*, Indianapolis, Liberty Press.
Aoki, M. (1994), "The Contingent Governance of Teams: Analysis of Institutional Complementarity," *International Economics Review*, 35, pp. 657-676.
Aoki, Masahiko and Hugh Patrick (eds.) (1994), *The Japanese Main Bank System*, Oxford University Press.
Course, R. H. (1960), "The Problem of Social Cost," *Journal of Law and Economics*, 3 (No. 1), pp. 1-44.
Course, R. H. (1988), *The Firm, The Market, and The Law*, Illions: The University of Chicago.（宮沢健一・後藤晃・藤垣芳文訳（1992）『企業・市場・法』東洋経済新報社）。
Demsetz, H. (1967), "Toward a Theory of Property Rights," *American Economic Review*, Vol. 57, No. 2, pp. 347-359.
Demsetz, H. and Kenneth Lehn (1985), "The Structure of Corporate Ownership: Cause and Consequences," *Journal of Political Economy*, 93 (6), pp. 1155-1177.
Demsetz, H. (1995), *The Economics of Business Firm*, New York: Cambridge University Press.

Fehr, E. and Schmidt, K. M. (1999), "A Theory of Fairness, Competition, and Cooperation," *Quarterly Journal of Economics*, 114, pp. 817-868.
Jensen, M. C. and Meckling, W. H. (1976), "Theory of the Firm: Managerial Behaviouragency Costs and Ownership Structure," *Journal of Financial Economics*, 3 (4), pp. 305-360.
Jessie, Yeh (2004), "Financial Holding Company and Corporate Governance from the Perspective of Ownership and Control," *National Chengchi University for degree MBA*.
Kahneman, D. and Tversky, A. (1979), "Prospect theory: An analysis of decision under risk," *Economics*, 3, pp. 305-360.
Laeven, Luc and Ross Levine (2004), "Beyond the Biggest: Do Other Large Shareholders Influence Corporate Valuation?," *Unpublished Working Paper University of Minnesota*.
La Porta, R. F. Lopez-de-Silanes, Andrei Shleifer, Robert Vishny (1998), "Law and Finance [J]," *Journal of Political Economy*, 106, pp. 1113-1155.
Mauryenjamin, and Anete Pajeste (2005), "Multiple controlling shareholders and firm value," *Working Paper*, Stockholm School of Economics.
Modigliani, F. and Miller, M. (1958), "The Cost of Capital, Corporate Finance and the Theory of Investment," *American Economic Review*, 48.
Shleifer, Andrei and Vishny, Robert W. (1986), "Large Shareholders and Cororate Control," *Journal of Political Economy*, 94 (3), pp. 461-488.

金山権(2008)『中国企業統治論』学文社。
川井伸一(2003)『中国上場企業―内部者支配のガバナンス』創土社。
菊澤研宗(1995)「エージェンシー理論分析」『コーポレート・ガバナンス―日本とドイツの企業システム』中央経済社。
菊澤研宗(2007)「コーポレート・ガバナンスの行動エージェンシー理論分析」『三田商学研究』第50巻第3号。
菊澤研宗(2004)『比較コーポレート・ガバナンス論』有斐閣。
菊池敏夫・平田光弘編著(2000)『企業統治の国際比較』文眞堂。
佐久間信夫編著(2005)『アジアのコーポレート・ガバナンス』学文社。
栄兆(2007)『政治経济学教程新編』安徽人民大学。
何玉長(1997)『国有公司産権結構与治理結構』上海財経大学出版社。
貝和亭(1995)『法人治理結構：分権与制衡』福建人民出版。
魏傑(1998)「全面認識産権制度改革」『国有資産管理』第10期等。
張英春(2006)「コーポレート・ガバナンス改革の日中比較―エージェンシー理論からのアプローチを中心として」『立命館経営学』第45巻第4号。
李健(1999)『公司治理論』経済科学出版社。
劉偉・高明華(1999)『転型期的国有企業重組』上海遠東出版社。
虜昌宗(1994)『「司治理結構及新，老三会関係論」『経済研究』第11期。
王岐岩(1999)『我国公司治理結構的主要問題和改進意見』中国(海南)改革発展研究院編『中国公司治理結構』外文出版社。
汪志平(1995)「中国国有企業改革の経済学的分析」『経済と経営』26-3, 473-499 頁。
呉家俊(1994)『日本的股份公司与中国的企業改革』経済管理出版社。
呉敬蓮・陳寛等訳(1995)『中国の市場経済 社会主義理論の再建』サイマル出版社。

（柏木理佳）

第 11 章

インド IT 企業にみる経営管理
― 「IT-BPM」と「HCL 社の事例」 ―

概要

　本章では，最初にインドのソフトウェア産業の発展の概況を確認し，次いで 2010 年以降のインド IT 企業のビジネスが「BPO」（ビジネス・プロセス・アウトソーシング）から「IT-BPM」（IT を駆使したビジネス・プロセス・マネジメント）へと急速に変貌していることを示す。続いて，HCL をケースに，同社の掲げる「従業員第 1 主義」の内容と，組織改革のあり方を考える。インド IT 大手の中で「破壊的企業」といわれる HCL が「企業パフォーマンス」の良さで 1 番となった秘密を解明するのが目的である。結論として，「外部資源」の利用の場である国際アウトソーシング市場の存在と組織内の「権限の委譲」＝「分権」が述べられる。さらに，インド IT 企業と（先進国の）多国籍企業との違いについて，従来理論との異動関係について述べる。

キーワード：
BPO，IT-BPM，HCL，従業員第 1 主義，権限の移譲

1. インドのソフトウェア産業―BPO から BPM へ

　インドのソフトウェア産業が世界的に注目されるようになってから早くも 10 年以上が経った。国際的にみて，最も貧しい国のひとつであるインドは，

1. インドのソフトウェア産業―BPO から BPM へ　　239

図表 11-1　インドのソフトウェア産業の規模推移

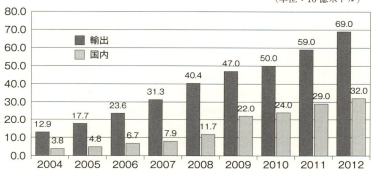

（単位：10 億米ドル）

出所）NASASCOM より筆者作成。

　IT 時代に入って，ハードウェアをアメリカなどの先進国から輸入し，それを元に主にビジネス用のソフトウェアを作って輸出したのである。1988 年にインドのソフトウェア企業 38 社で創設された業界団体 NASASCOM は，25 年後の 2013 年には，ほぼすべてのインドの IT 企業を抱え，加盟企業が 1,500 社以上へと拡大している。インドのソフトウェア産業は，図表 11-1 に掲げたように，リーマンショック（2008）後も順調に拡大している。特に「輸出」は「国内向け」と比較してかなり大きい。インド経産省の発表では，インドの全産業による輸出総額は 2010 年度に 2,511 億ドル，2011 年度に 3,060 億ドル，2012 年度に 3,004 億ドルであり，ソフトの輸出が 2010 年度に 500 億ドル，2011 年度に 590 億ドル，2012 年度に 690 億ドルであることから，輸出の実に約 20％ がソフトウェア産業で占められていることがわかる。インドにとってソフトウェア産業は，外貨を稼ぐ非常に重要な産業になっている。

　NASASCOM によれば，インドのソフトウェアを使う海外企業は世界で 5,000 社以上に及び，逆にインドに社内データセンターを置いて活動する海外からの多国籍企業は実に 750 社以上が存在する。この 2 つのタイプの異なった企業群（すなわちインド IT 企業と海外多国籍企業）によって，世界の IT アウトソーシング・マーケットにおけるインドのシェアは 52％ となっ

図表11-2 インドのIT企業と海外企業

出所）筆者作成。

ている。ここでいうアウトソーシング・マーケットとは，世界中の企業が総務・人事・財務といった経営管理をはじめとした業務プロセスの一部を海外に存在するIT企業のデータセンターに外部委託することで出来上がる国際市場のことである。

ところで，最近のインドのソフトウェア産業は，業態が大きく変容してきている。2012年7月，NASASCOMは自らの属する産業を「BPO」から「BPM」へと名称変更し，ビジネスの定義そのものを改めた。この事情について以下に述べる。

BPOとは「Business Process Outsourcing」の略で，自社の業務プロセスの一部を（国内外問わず）外部の専門的なIT企業に業務委託をすることをいう。これにより自社の中核をなす業務に人材や資本を集中し，企業競争力を増大することができるというのがよく知られている発注企業側の論理である。他方，こうした世界的な企業のアウトソースの需要の増大につれて，インドのIT企業は主に業務用ソフトの受注企業として成長してきた。

ところで，BPOビジネスには，「オンサイト」と「オフショア」という2つの方法がある。「オンサイト」とは，インド人労働者をクライアント側である発注企業に派遣するビジネスモデルであり，プロジェクトの終了後，

インドに帰国する。「オフショア」とは、インドにおいて海外クライアント企業のプロジェクトを行うものである。収益ベースでみると、「オンサイト」と「オフショア」の比率は 2001 年に 56 対 44、2002 年に逆転して 45 対 55、2003 年に 43 対 57、2007 年に 29 対 71 となっている（みずほコーポレート銀行 2008）。山本（2004）などの研究では、90 年代、ソフト開発でインド企業が担当してきたのは、下流工程のプログラミングテスト、コーディングといった先進国企業のいわば「下請け業務」が過半であり、低付加価値部門であった。「オンサイト」は、この時代、8 割以上を占め、インドの IT 産業によるソフトの輸出とは、業務ソフトの「上位設計」ではなく、「部分的な作り込み作業」や「運用・管理チェック」といった作業を主に派遣労働として稼ぐものであった。しかし、「オンサイト」と「オフショア」が逆転する 2002 年以降、インドのソフトウェア産業は次第に国際的地位を上げ、欧米先進国企業にとってインドの IT 企業は「下請け」から「パートナー」へと変貌していく。そこでは、「オフショア・デリバリー・モデル」（Offshore Delivery Model）と呼ばれる方式が次第に一般的になってくる。ところで、オンサイトの作業が完全に無くなったわけではない。クライアントから持ち込まれる案件によってオンサイトの必要性が生ずることもある。この場合はオンサイトとオフショアをミックスした「Offshore Hybrid Delivery Model」と呼ばれる方式で対応する。こうして BPO による「IT サービス」が大きくなっていく。

　さらに、この傾向に拍車をかけたのは、2008 年くらいからグローバル IT サービスのビジネスモデルとして注目されている「クラウド」（「第 7 章」参照）である。高速大容量通信というブロードバンドがグローバルに普及するにつれ、データやソフトウェアの所在を意識することなく、クライアント側のサーバを使わなくても、世界中どこにでもあるサーバやデバイスを使っても、つまり「クラウド（雲）」の中から必要に応じてデータやソフトの利用が可能になってきたのである。こうした事情を背景にして「ニアショアモデル」といったクライアントの近接国のサーバから「IT サービス」を行うという方法が新たに登場してきたのである。

2013年，NASASCOMによると，狭義の「ソフト製品」の輸出はわずか19％に過ぎない。現在，「ITサービス」と「BPM」が8割以上となっている。

　では，NSSCOMが定義を変えた「BPM」とはどういうものだろうか。「BPM」（Business Process Management）とは，企業における一連の業務の流れ（ビジネスプロセス）に注目し，問題を発見し，継続的に改善・最適化を行うことをいう。特にIT（情報技術）が用いられることから「IT-BPM」といわれることが多い。具体的には，生産・販売・サポートといった業務プロセスの実態把握がなされ，改善ポイントを発見して，改善のための設計及び適用に入る。さらに新システムの適用後は，監視がなされ，業務改善の効果の判定を経て，再設計といったサイクルを繰り返すのである。

　業務プロセスに焦点が当てられるという点では，1990年代に世界的に注目されたChampy & Hammer（1993）の「リエンジニアリング」という概念がある。これは，自社のビジネスプロセスを見直し，業務効率を上げ，人件費などのコストを削減し，競争優位を築こうというものであり，そのためにITを活用し，組織や管理のあり方，求められる人材などにも影響を及ぼすという点で，「IT-BPM」と同じように思える。しかし，自社のビジネスプロセスの再構築という点に力点がおかれていたために，新しく適用されたシステムがその後どのように機能するのか，短期と長期の時間の経過による効果の測定，さらには「連続した改善サイクル」といった点にはあまり重点が置かれてこなかった。その理由は自社で業務プロセスの改善を行おうという傾向が強かったためであり，自社のノウハウが漏れてしまうことを恐れて，外部企業の利用ということにはあまり積極的ではなかったことが挙げられる。ところがインドのIT企業が重視しているBPMビジネスは，世界の発注企業にとっては企業の外部資源利用，つまりアウトソースによって支えられている側面が強い。最近のインドIT企業の発展は，インド企業の組織分析能力の向上と世界中の企業による信頼の結果が相まって，ITサービスとBPMの利用が急速に広まったという現実によって説明される。したがって，90年代の「リエンジニアリング」と2010年代の「BPM」は決定的に異

なっていると考えられるのである。

「BPM」では，ITを用いて，ビジネスプロセスをデータ化してコンピュータ上で可視化するモニタリング機能や，最適な業務プロセスを見出すためのシミュレーション機能，さらには既存の複数にわたる業務システムを連結する最新のソフトウェアが用いられる。むしろ，業務プロセスの連続的な改善サイクルに焦点が当てられ，「BPMツール」の開発と維持能力がある「外部」企業が重要になるのである。

インドは，東経70〜90度に立地しており，世界の主要ビジネス都市からかなり離れている。このことは，たとえばニューヨークとの時差が12時間半であり，1日の時間がほぼ逆転する距離にインドがあることから，ニューヨークで深夜に仕事をしなくても安価なデリーやバンガロールに任せればよいというアイディアを生む。東京との時差＝3時間半は，東京で仕事が終わる夕方17時になっても，まだインドでは昼過ぎであり午後から仕事ができるということになる。インターネットによるITサービスは，「時差と空間」を巧みに利用することで先進国企業のアウトソース要求と合致し，インド企業に有利に働く。BPMの委託といった取引企業の内部に入る業務へと広がったのである。

以上のようにソフト輸出は，狭義の「ソフト」から次第に「ITサービス」へとその業態を広げて，さらに「BPM」へと内容が変貌してきたことにより，インドの業界団体であるNASASCOMが「BPO」から「IT-BPM」と名称を変更したのである。

2.「破壊的」な企業としてのHCL

本節では，インドIT企業大手4社のひとつ，HCLを取り上げる。その理由は，大手4社の中で，HCLが「1人当たり売上高」が断トツに高く，企業パフォーマンスが格段に良いからである。加えて，「従業員第1主義」を掲げ，フォーチュン誌が選んだ世界的に最も「破壊的」（disruptive）な企業として知られており，多国籍企業の経営管理を知る上で絶好のケースとな

るからである。

　HCL は，インドの上場企業 HCL テクノロジーズと HCL インフォシステムズの 2 社から構成されるグループ企業であり，2012 年度に従業員数が 9 万 1,000 名，総売上高が 64 億ドルのグローバル IT 企業である。オフショアビジネスのネットワーク拠点を活用して，国内 500 カ所以上，世界 31 カ国に展開し，製造，金融，ヘルスケア，コンシューマー向けサービス，公共事業などの IT サービス分野で統合的な企業向けのソリューション・ビジネスを行っているインド生まれの多国籍企業である。

　最初に，HCL の「規模」を知るため，インドの IT 企業大手 4 社の売上推移（2010－12）を図表 11-3 で確認しよう。4 社とも順調に成長していることが確認できる。2012 年，大手 4 社で合計 355 億ドルであり，これは，同じ年の産業合計 1,010 億ドルからみると，35.1％のシェアとなっている。ここで HCL は，第 4 位である。

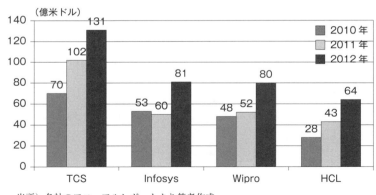

図表 11-3　インドのソフト大手 4 社の売上推移（2010－12）

出所）各社のアニュアルレポートより筆者作成。

　ところで，図表 11-4 をみていただきたい。2012 年における企業の効率指標である「1 人当たり売上高」である。HCL は，7 万 330 ドルとずば抜けて高いことがわかる。したがって，「規模」では HCL は第 4 位であるが，「効率」では第 1 位となる。

　ちなみに，HCL の「1 人当たり売上高」が 7 万 330 ドルというのは，日

図表11-4　インドIT企業大手4社の1人当たり売上高（2012）

	売上高 （A：億ドル）	従業員数 （B：万人）	1人当たり売上高 （A/B：桁調整後ドル）
TCS	131	27.6	47,534
Infosys	81	15.8	51,013
Wipro	80	14.5	54,828
HCL	64	9.1	70,330

出所）各社のアニュアルレポートより筆者作成。

本企業と比してそれほど高いと感じないかもしれない。しかし、インドの賃金を知ると、どれくらいの水準かが客観的にわかる。新興国に属するインドの賃金水準は上昇しているものの、ILOの「Global wage report（2012-3）」（99カ国調査）によるとOECD加盟国（28カ国）平均の未だ12分の1であり、依然としてナイジェリアやスリランカと並ぶ世界で最も低い所得13カ国のカテゴリーに分類されている。PayScale（2014）によれば、インドのソフトウェア・エンジニアの年収は、37.5万ルピーであり、これは6,000米ドル程度である。ちなみに、日本は420万円、米国は7万7,000ドルとなっている。海外企業との格差は7～13倍である。さらに、伊田・斎藤（2013）では、国内にも大きな所得格差が存在しており、インドでは所得レンジでいうと20～100万ルピーが広範な中間層を形成し、100万ルピー以上が富裕層と指摘している。そして、37.5万ルピーのソフトウェア・エンジニアは「新・中間層」を形成していると考えられる。さらにPayScale（2014）では、企業ごとの賃金データが示されてあり、これによるとHCLはインドIT企業の中で最も高い（486人の中位数で）87.1万ルピーとなっている。WIPROは、（314人の中位数で）43.8万ルピーであることを考えると、HCLは「社員を大切にする会社」であることがわかる。HCLの社員は、中間層上位、富裕層の一歩手前にきているということになる。

　HCLの経営管理に関するキーワードは、「従業員第1主義」である。「お客様第1主義」はCRM（Customer Relationship Management）や日本企業でもしばしば聞く話である。ところがHCLは「従業員第1主義」という。

いったい，どうなっているのであろうか。

　正確にいうと「従業員第1主義」とは，「Employees First, Customers Second」（EFCS：従業員第1，お客様第2）のHCL社による略式スローガンであり，これを主導したのは2005年にHCLの経営トップに就任したヴィニート・ナイアーであった。2000年から2005年にかけて，全体としてのインドIT産業が年率30％台という驚異的な成長を遂げる中，HCLは，成長こそしているものの相対的地位を低下させていた。社内では，国際市場においてHCLが次第に取り残され，やがて脱落してしまうのではないかという焦燥感が蔓延していたという。こうした中，ナイアーは，HCLを浮上させるための組織変革に取組む。

　最初に着手したことは「現状を知り，変革の方向を知る」ということであった。ナイアーは，2005年1月，経営トップに就任すると，最初の2週間でインドのチェンナイを皮切りに，米国，ロンドン，フランクフルト，東京と海外を回り，再びインドに帰って，バンガロール，そしてデリーに戻った。次々とHCLの国内外にあるオフィスへ出かけ，社員を集めてミーティングを開催したのである。ここで得たことは，「バリューゾーン」の認識であった。HCLにとって，売上と利益の源泉は顧客企業のオファーに日々対応している現場の従業員であり，この人々こそが価値を創出する「バリューゾーン」である。そして「バリューゾーン」で働く従業員の能力をもっと引き出すために生み出された方針が「従業員第1主義」であった。

　第2段階は，「従業員第1主義」の具体化である。ここでは「透明性による信頼」がキーワードとなる。経営陣と従業員の信頼がなければ，従業員の能力を引き出すための「従業員第1主義」はうまく機能しない。ここでポイントなのは，新しい時代の知識産業の従業員にとっては「透明性」は常識であるのに対して，経営陣や管理職が古い時代の経営思想，すなわち，「（秘匿による）情報管理」や「権威主義」にこだわれば，「信頼」が醸成されないことである。

　「透明性」に関して具体的に実施されたのは，従業員に対する「財務情報」の全面的な公開であった。古い時代の管理職の一部からは「外部への情

報漏えい」や「モチベーションの低下」を心配する声があがったが、情報公開は実施された。2005年までHCLの従業員は自分の関わっているプロジェクトの財務情報しか目にすることはなかったが、改革が実施されると、他のプロジェクトとの財務上の比較が可能になった。これまで上司による一般的な説明でしかなかったものが、直接自分たちで、それぞれのプロジェクトの金額ベースでの価値を比較できるようになり、自分のプロジェクトの社内における価値が認識できるようになったのである。

次いで実施されたのが「U&I」(「あなたがた」と「私」)という名称の経営陣と従業員の社内フォーラムの設置であった。これは経営層の従業員へのアカウンタビリティ(説明責任)を確立することが目的であった。そして、制度設計にあたって、従業員が聞いても良い質問、経営陣が回答しても良い質問を事前に決めることはしなかった。もしも、そのようなことを決めるなら、そもそも「U&I」の設置自体の意味がなくなってしまうからである。果たして、当初に出てきたものは、「愚痴」「不平不満」「説教」「恨みつらみ」といったネガティブな声であふれかえってしまうことになる。しかし、それこそがHCLの現状であり、隠れていた「真の声」ともいえる。従業員が会社について思っていても言えなかったことを、公然と言えることを会社が認めたという事実こそが、HCLの社内文化を風通しのよいものに変えていく。「U&I」は、HCLの従業員なら誰でも見ることができる。そして、実際、経営陣だけでなく、他の部署の従業員が問題解決に必要な情報を提供したり、協力したりする事例が出てくる。こうして従業員は主体的に動き始める方向へと導かれていった。社内の「透明性」は、各利害部署の関係者が全体のビジョンを知り、顧客企業の情報を知り、自分の会社=HCLを信頼できる会社であると確信することに役立ったのである。

第3段階は、2007年に「従業員第1主義」のための組織変革=ピラミッドの逆転へ着手したことである。伝統的な経営組織における意思決定は「経営陣主導」であり、それが通常のピラミッド型の経営構造である。図表11-5に示したように、通常の意思決定は職位が上であるほど、財務・人事・マーケティングはもちろん、研究開発や投資といった企業の存続に関わる重

図表 11-5　HCL のピラミッド逆転

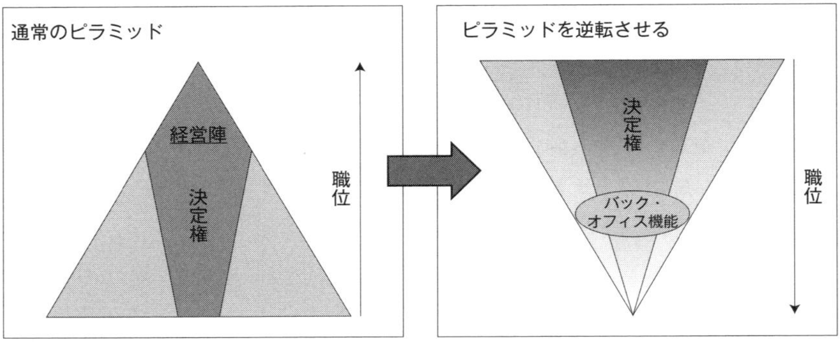

通常のピラミッド　　　　ピラミッドを逆転させる

（経営陣／決定権／職位）→（決定権／バック・オフィス機能／職位）

出所）筆者作成。

要案件に至るまで，広範で上位決定の比率が増す。しかし，経営陣が決定を下すための事前の情報は中央に集中され，しかも情報の集約に時間がかかる。おまけに「都合の悪い真実」が伏せられることもある。他方，下位に属する従業員たちは，些末な決定権を少しは持つものの部分的な情報しかないために，全社方針が理解できなかったり，上司決済を仰ぐための時間が経つうちに重要なビジネスチャンスを逃したりして失望することがある。ところが，ピラミッドを逆転させることで，顧客企業と接点にある現場の従業員たちが重要な決定権を持てば，リアルタイムな即効性を持ち，やる気も増す。ここでは，職位上位の管理職や経営陣は，偉いからそのポジションに就いているわけではなく，「バックオフィス機能」として現場を支援するために存在することになる。情報共有を促進し，社内の組織関係を信頼の絆で結ぶ役割に徹することになる。そして，500 社を超える HCL の顧客に対して，真の価値を提供できるようにすることがピラミッド逆転の真の目的であった。

3．HCL における権限の委譲

「従業員第 1 主義」の理念が HCL に定着し始めた 2006 年頃から，CEO のナイアーは，どうすればこれが継続され維持できるのか，次期の CEO に交

3. HCL における権限の委譲

替すればその人物が思い描く新しい戦略がもたらされ,「従業員第1主義」の理念もいつしか消えてしまうのではないかと,考えるようになったという。

かつてチャンドラーは,「組織は戦略に従う」という有名な言葉を残した。新しい CEO が着任する度に新しい戦略が導入されれば,組織も変わる。そうなれば「従業員第1主義」も「ピラミッドの逆転」もいつしか消え,組織に揺れ戻しが起こり,また昔の組織に逆戻りしてしまう。復活するのは,バリューゾーンを理解せず,情報を独占し,権限を振りかざす昔型である管理職のヒエラルヒーである。ここで,ナイアーの打ち出した2度と逆戻りしないための方法とは,革命的な CEO の破壊と権限移譲であった。

2008年3月11日,ナイアーの公式ブログには「CEO 室を破壊する」というタイトルの記事が掲載された。新しい世代のグローバルな企業組織では, CEO の命令といったヒエラルヒーではなく,「情報学習による協力」(information-learning-collaborating) というスタイルで意思決定がなされるべきであることを宣言している。

具体的には,「信頼と透明性」のために存在した「U&I」を次の段階にステップアップすることから着手する。2006年までに「U&I」は多くの HCL 社員に活用されてきたが,かなりの数がある同じパターンを示していた。それは「ヴィニート・ナイアーさん,私の質問に答えて下さい」といったものであった。「U&I」はいつの間にか CEO ナイアーの中央集権化の道具になってしまっていることに彼は気づく。さらに,些細なことまで CEO は全知全能ではない。まして専門性が深い問題は担当のエンジニアの方が詳細に至るまでよく知っている。この当たり前のことをナイアーが悟るに至って, CEO である彼自身が悩んでいた問題を,「I(私)」に投稿したのである。「U(あなたがた)」から多くの意見が寄せられ,これが契機となって,従業員が自らの問題として考えることから「責任感」が生まれる。ナイアーの悩んでいた問題とは,顧客企業のコンサルタントをしているアナリスト企業の存在であった。HCL がいくら付加価値の高い仕事を安く提供する努力をしても,アナリスト企業の多くは保守的で,その斬新性を認めない。インドの HCL

よりも規模の大きいライバル企業，海外の多国籍企業であるIBMなどの有名IT企業を顧客企業に推薦する傾向があり，HCLは部分的な仕事を請け負うことが精一杯で劣勢に立たせられるという問題であった。こうした背景であるアナリスト企業の存在をどう考えるべきなのか，ナイアー自身の悩みを公開したのである。すると，社内から多くの意見が寄せられたが，結果的にこの問題を解決するには至らなかった。しかし，アナリスト企業の存在と顧客企業との関係，そしてCEOの悩みを多くの従業員が知り，解決のためのアイディアや知見を「U（あなたがた）」であるひとりひとりがCEOの職にあるかのように真剣に考え始める契機になったのである。そうして，しばらくして従業員たちは，自分にできるアナリスト企業へのアプローチをそれぞれの立場で行うようになる。それは，ナイアーの化身であり，多くの分身たちは，HCLのために何ができるか，情熱を持って行動することでもある。人は情熱がある時，職位や職種を超えて進化する。

　HCLによる顧客企業アンケートでは，何故，HCLを選んだのかという問いに，いつも「ソリューションイノベーション」「サービスの品質」「対応の速さ」「拠点と立地」「価格の優位性」といった，よくある，決まりきった表面上の回答が寄せられる。しかし，IT企業の大手であれば，どの企業であっても，ほぼ同じグローバルサービスを提供できる。HCLでなくとも多くの企業がある。新しい時代の知識産業に属する競合他社であれば，大抵のことは大なり小なり似たようなものとなる。わざわざ顧客企業がHCLを選び，HCLに望んでいる真の理由は，たとえ契約になくとも相談に乗ってくれてソリューションを一緒に考えてくれる他社にはないHCLの社員自身が持つサービス，すなわち「情熱」だという結論に至る。このことをナイアーはたくさんの顧客企業との接触から得たという。

　こうして，EPIC（Employee Passion Indicative Count：従業員情熱測定）が始まった。

　従業員は，一体，どういう時に，何に，情熱を持つのか。EPICが始まり，HCL内に多くのクラブが誕生した。それは趣味のものもあれば，ビジネスのものもある。多くの社員は，自分の好みに応じて好きなクラブに入

り，勝手に代表を決め始めたのである。従業員は自身の情熱を持てるものなら，指図されなくとも自分から動く。硬直的で官僚体質の企業から自由な社風に変わっていく。そして副産物として，HCL の業績はさらに向上していく。従業員の給与はアップしていく。CEO の権限移譲へ向けた動きはさらに加速する。

　2008 年 12 月，HCL は英国の SAP コンサルティングであるアクソン社の買収を発表する。買収金額である 4 億 4,000 万ポンドは過去のインド IT 企業による国際買収の中でも最大規模であった。この時，ナイアーが取った方法は，HCL の組織にアクソン社を合わせるのではなく，買収された側のアクソン社に権限移譲し，アクソン社の望むように HCL の組織を変えるという方針であった。アクソン社の成功を支援するために HCL の SAP 組織は解体され，HCL の 2,500 人がアクソン社所属になり，アクソン社の経営陣が HCL の他の事業も担当するようになった。買収された側の企業の社風やシステムをそのままにして，買収した側の HCL の方が権限委譲するという組織のあり方は衝撃を与えた。「HCL-アクソン」となった新会社は，SAP の世界における単一のパートナーとして飛躍を遂げる。

　2009 年になると HCL の経営方針が，それまでの 300 人の幹部から一挙に 8,000 人のマネージャークラスにまで公開され議論されるようになった。社内では「行き過ぎた透明化」だとして反対の意見もあったが，それも含めて公開された。こうして，社員の「情熱」は「責任」へと昇華し，「権限移譲」が進んだ。2011 年には，社員と共同で決定した，モバイル・ソリューションビジネスに参入し，「HCL Mobility and Innovation Lab」をシンガポールに設立し，その後の発展に貢献している。

　2013 年 1 月，ヴィニート・ナイアーは，HCL の CEO を退任した。彼の在任期間中，HCL は，売上・利益共に大きく伸ばしたが，その背景に，企業変革を従業員と共に歩んだ経営管理をめぐるストーリーを忘れてはならない。21 世紀という時代は，古くからある上意下達といった決定方法や権威による支配を必要としない。HCL の事例は，ハーバード・ビジネススクールで紹介され，世界中のビジネス界に新風を巻き起こしている。

HCL のストーリーをまとめると,次のような構図となる。
(1) 顧客企業と直接接して価値を生み出す「バリューゾーン」は従業員である。
(2) 従業員の能力を最大限引き出すために「従業員第1主義」という理念を掲げる。
(3) そのためには,「信頼」のカルチャーを築き上げる必要があり,社内の「透明性」を高める。その際「アカウンタビリティ(説明責任)」を課す。
(4) 具体的には「財務情報の公開」,「U&I」などを実施する。
(5) 従業員は,風通しの良い「企業文化」により,次第に能力を発揮してくる。
(6) 経営陣を頂点とするピラミッド型の組織構造を逆転させる。
(7) 最後に,CEO の責務を従業員に委譲する。

以下,参考までに「従業員第1主義」のために実施した HCL の社内システムを図表 11-6 に記す。

図表 11-6　HCL の組織改革

スマート・サービス・デスク(SSD):バックオフィスなどのサポート部門の従業員に対するアカウンタビリティ(説明責任)を高め,一定の時間内に従業員の抱える問題を解決するために導入されたシステム。
ダイレクションズ:CEO や経営陣が従業員と共に企業戦略や新たな方針,翌年に向けた HCL の検討課題などについて話し合うための年次交流会。
U&I:HCL の従業員が従業員同士,さらには CEO に対して問題を提起し,アイディアや意見を交換するためのオンライン・ディスカッション・フォーラム。
360 度評価:マネジメント層から従業員へのアカウンタビリティや社内のアカウンタビリティを高めることを目的として,従業員がさまざまな観点から上司を評価することのできるシステム。

出所) http://www.hcljapan.co.jp/ より。

4. まとめ

　本章では,「外部資源」の利用の場である国際アウトソーシング市場において, BPO（ビジネス・プロセス・アウトソーシング）というデリバリーモデルによって, インドのソフトウェア産業が発展してきたことを述べた。90年代から始まるこの流れに乗って, 最初は先進国企業の「下請け」的な存在だったインド企業が, 21世紀に入ると基幹システムの構築などの「ビジネスパートナー」となり, 2010年代には, ソフト販売は2割, ITサービスとBPM（ビジネス・プロセス・マネジメント）で8割を稼ぎ出すようになってきている。今やBPMで先進国企業に対して「提案型」のビジネスを行うまでになっている。

　そうした中, HCLを典型的な事例としてみてきた。2005年～13年にHCLのCEOであったヴィニート・ナイアーの組織変革は,「バリューゾーン」が従業員と顧客企業との現場から生まれることに着目し,「従業員第1主義」を掲げた。現場の従業員が自由に決定できるシステムの拡張は,「権限の委譲」=「分権」であり, 20世紀型企業の「破壊」である。そのためには,「透明性」が前提となる。

　かつて, ナイアーは言った。「私たちの競争上の差別化は, 業界のどの企業よりも高い透明性にある。透明性ゆえに顧客企業はこの会社を好んでくれるし, 隠された秘密がないからこそ, 従業員はこの会社を好きでいてくれる。だから, 我々は透明性を築いたのだ。」(Cappelli, Singh & Useem 2010, 邦訳76頁)

　我々は, HCLから学ぶものが多い。「透明性」は「信頼」を生み,「説明責任」がなされ,「ピラミッド構造の逆転」がなされる時,「社員を大切にする会社」となる。離職率は大幅に減り, 社員の「情熱」が新しいテクノロジーを生み, 会社が発展する。

　NASASCOMによれば,「BPO」から「IT-BPM」へと業態が急激に変貌し, かつ急速に拡大しているインド国内のIT業界において, 2012年イン

ドIT企業のサービスシェアは68％（内大手4社で35％）に達し，（先進国の）多国籍企業によるITサービス14％，グローバルな社内センターの設置18％の合計32％を完全に凌駕している。先進国企業に2つのタイプがある。ひとつは伝統的な多国籍企業が「グローバルな外部化要求」に対応してサービスプロバイダーとして自らインドに乗り込み，インドのメリットを活かして活動するケースである。そして今ひとつは経営資源と企業能力の高さから「IT-BPM」を自社開発し，賃金が低いインドにグローバルな社内センターを設置するケースである。特に後者は，典型的な「内部化グループ」と考えられる。

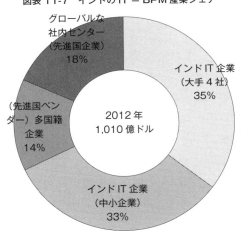

図表11-7　インドのIT＝BPM産業シェア

出所）NASSCOMより筆者作成。

　多国籍企業論の立場からいうならば，インドのIT企業＝HCL型の企業は「ネットワーク構造」，「情報の共有」，「IT-BPMサービス」といったフレームワークで，自由でフットワークの軽い「市場」を使った新しいタイプの経営管理組織を形成している。他方，20世紀型の（先進国における）多国籍企業は，「外部化の要求」という世界的な需要をグローバルな立場から立地優位を選好し行動するベンダー企業と自社開発の「IT-BPM」による「内部化グループ」とに分かれる。

古いタイプの多国籍企業は，その巨大さと中央集権型の栄光の歴史によって，ともすると「権威主義」に陥って，「情報の隠蔽」と「組織の失敗」を繰り返すケースが後を絶たない。「新しいタイプの企業」の登場は，伝統的な「内部化理論」に代わる有力な現象であり，「新しい理論」の構成要素となりうるものである。インドのIT企業が先進国におけるグローバルな多国籍企業からシェアを少しずつ，しかし確実に剥ぎ取っていく現実を，理論が説明しなければならない日が近づいている。

【用語解説】

BPO
「ビジネス・プロセス・アウトソーシング」のことで，企業内部の管理部門で行われていた総務，人事，経理に関連する業務プロセスを外部企業に委託することをいう。委託側は，コストを削減し，コア業務に専念でき，業務の効率化と高品質が期待できる。一方，受託側として，インドのIT産業は，主に欧米など先進国の企業向けの業務用ソフトウェアを輸出して成長してきた。

BPM
「ビジネス・プロセス・マネジメント」のことで，業務プロセスをモデル化し管理することにより，業務改善する手法である。具体的には，業務改善のプロセスを「設計」・「モニタリング」・「評価」・「設計」を繰り返す。実施する企業にとっては，課題の分析・解決，新業務プロセスの創出に役立つと期待されている。業務用ソフトウェアの輸出とITサービスベンダーとして国際的に発展してきたインドのIT産業は急速に業態をBPOからBPMへビジネスの深化が起こり，その変貌を遂げている。

内部化理論
伝統的な多国籍企業論の主流派理論のひとつで，多国籍企業の存在理由を説明しようとする。経営資源や中間財を取引する市場の不完全性から企業は海外事業の管理を直接するようになり，企業内部にコントロール可能な自社の市場を作ることを通じて，企業が多国籍化すると考える。1970年代から英国レディング大学などで盛んに主張され，90年代に主流派の理論と考えられるようになった。2010年代に入っても，企業内貿易や組織移転，国際的なサプライチェーンの垂直統合など多くの現象が説明されている。

【参考文献】

Cappelli, P., Singh, H., Singh, J. and Useem, M. (2010), *The India Way: How India's Top Business Leaders Are Revolutionizing Management*, Harvard Business Press.（太田正孝監訳 (2011)『インド・ウェイ 飛躍の経営』英治出版。）
Champy, J. and Hammer, M. (1993), *Reengineering the Corporation: A Manifesto for Business Revolution*, Harper Business Essentials.
NASASCOM (2012), Strategic Review Report 2012.

Nayar, V. (2010), *Employees First, Customers Second: Turning Conventional Management Upside Down*, Harvard Business School Print.（穂坂かおり訳（2012）『社員を大切にする会社』英治出版。）

The Economist (2007), "Hungry Tiger, Dancing Elephant: How India is Changing IBM's World," April 4.

伊田昌弘・斎藤豊（2013）「インドのソフトウェア産業における人事戦略と国際的図の循環」『阪南論集』第49巻第1号，阪南大学学会。

榊原英資（2001）『インドIT革命の驚異』文春新書。

榊原英資（2011）『インド・アズ・ナンバーワン 中国を超えるパワーの源泉』朝日新聞出版。

夏目啓二編（2010）『アジアICT企業の競争力 ICT人材の形成と国際移動』ミネルヴァ書房。

みずほコーポレート銀行（2008）「ITサービス産業におけるインドを核としたグローバル化の潮流」産業調査部，VOL. 28。

山本要（2004）「インドにおけるソフトウェア加工産業の隆盛」関下稔・中川亮司編『ITの国際政治経済学』晃洋書房。

WEBサイト

NASASCOMのサイト　http://www.NASASCOM.in/（アクセス日：2014/1/21）

PayScal　http://www.payscale.com/（アクセス日：2014/1/21）

ヴィニート・ナイアーのブログ　http://www.vineetnayar.com/leadership-and-business-lessons/destroying-the-offiCEOf-the-CEO/（アクセス日：2014/1/21）

（伊田昌弘）

索引

【欧文】

Amazon.com 162
BI 64, 65, 68, 69, 77
BPM 242, 255
BPO 238, 255
BT Industries AB 184
B to B（企業間電子商取引） 40
B to C（企業と消費者間の電子商取引） 40
CRM 166
Course 224
EMS 98
EPRG モデル 115
ERP 165
GE（General Electric Company） 122
　　── Beliefs 125
　　── Growth Value 122
HCL 244
IT-BPM 238
IT 人材 159
IaaS 148
KOMTRAX（コムトラックス） 183
M&A 7
　　──成立後の統合 8
OEM 98
OHQ スキーム 178
PE（Permanent Establishment） 107
PMI（Post Merger Integration） 8
PaaS 147
R&D 管理 22
SAP 150
SECI モデル 206
SFA 165

SaaS 146
U&I 247
Web2.0 時代 143
WLB 208

【ア行】

アカウンタビリティ（説明責任） 252
アクソン社 251
浅川命題 31
アドワーズ 155
アームズレングス・プライシング（arms' length pricing） 47
新たな価値創造 141
アンダー・インボイシング（under-invoicing） 50
異国間 M&A 8
意思決定権限 3
　　──の集権化か分権化 16
位置情報 160
イノベーション 17
意味付け 64
インターナショナル（international） 14
インターネット 142
　　──広告 41
インドの IT 企業 151
インナーコミュニケーション（inner communication） 7
英語共通語化 137
エクサバイト 153
応用研究 22
オフショア 240
　　──・デリバリー・モデル 241
オープンネットワーク 18

258　索引

オープン・リソース　17
オムロン　6
親会社　2
親会社および地域本社と子会社との事業間連結度　18
オンサイト　240
オンプレミス（On-premises）　149

【カ行】
海外R&D拠点（子会社）の自律性の高さ　28
海外研究開発拠点の類型化　29
海外現地法人の外国籍社長比率　129
外国人留学生の日本採用　131
開発研究　22
外部化の要求　254
外部株主集団　230, 232
外部資源　164, 253
外部情報　156
花王　7
　──ウェイ　7
価格設定管理　42, 46
核心価値　190
仮想技術（Virtual Technology）　148
価値観　194
株主価値　12
ガラスの天井　111, 127, 135, 138
カルチャー・バウンド　44
カルチャー・フリー　44
関係性形成　63, 68
慣行　194
監査委員会　232
完全組織統合　13
完全利己的経営者　218
官僚的コントロール　5
機会損失　90
危機造成　196
企業価値　12
　──志向　34
企業固有の優位性（Firm-Specific Advantages：FSA）　172
企業の国際化　69
企業文化（組織文化）　5, 252
企業理念　6
技術開発効果　32

技術使用料価格　33
基礎研究　22
既存の巨大企業　145
究極の所有者　227
競合価値観フレームワーク　199
競争優位　191
業務効率化　141
儀礼　194
金融子会社　26
クチコミ　156
クラウド（雲）　141, 144, 241
クリエイティブな人々　173
グローバル（global）　15
　──R&Dリンケージ　28
　──・インターネット販売　40
　──人材　111, 133, 138
　──戦略　4
　──・デファクト・スタンダード（global de-facto standard：事実上の業界標準）　44
　──統合・現地適応　111, 113, 138
　──に共通の人事基準・制度　129
　──・ブランド　71
　──・ブランド・アーキテクチャー　74
　──・ブランド・アーキテクチャー管理　76
　──・ブランド管理　66
　──・ブランド化粧品　55
　──・マーケティング　37
　──・マスカスタマイゼーション（global mass customization）　43
経営のグローバル化　132
経営命令　12
経営理念　5, 114
ゲートキーパー　208
権威主義　255
研究開発（Research & Development）　21
　──費用　32
権限移譲　251
権限の委譲　238, 253
現地操業年数　4
限定利己的経営者　218
公式化（formalization）　5
交渉価格設定（negotiated pricing）　55
構造化データ　154

索引　259

高度外国人材　111, 137, 139
　　——の採用・活用　134
公有制経済　220
効用関数　228
効用曲線　229
子会社の意思決定における自由裁量度　30
子会社の戦略的自律性　25
国際事業部　169
国際人的資源管理　113
国際調達 IPO　99
国際マーケティング　37
国資企業　217
国務院国有資産監督管理委員会　223
心のプログラム　193
固定技術使用料契約　32
コーポレート・ガバナンス　226
コーポレート・ユニバーシティ　121
コマツ　181
コミットメント　66, 76
コモディティ化　61
コラボレーション　68, 69, 78
コンテクスト　192
コントロール権とキャッシュフロー（配当）権　215, 228
コンバージェンス　190
コンピュータ　142

【サ行】

作業導線　88
差別化の源泉　61
事業統合　10
自国の競争優位（Country-Specific Advantages：CSA）　172
持続的競争優位　64, 68, 69
死に筋商品　162
社会化（socialization）　5
従業員第1主義　238, 243, 246, 253
集権化　2
集権型組織構造　181
集権的管理　3
集団知性　191
受注　94
需要の所得弾性値　57
情緒的葛藤　204

情熱　250, 251
情報の隠蔽　255
情報の共有　254
情報の手がかり　41
情報の非対称性　220
所有権理論　225
人材　164
人的資源の統合度　9
人的販売促進管理　39
シンボル　194
信頼と透明性　249
スタッフサービス　179
生産管理　86
政治性エージェント関係　234
製品価値　62
製品技術使用料率　54
製品政策管理　42
製品ブランド管理　76
製品ポートフォリオ　55
　　——管理　43
　　——・マネジメント　56
世界規模・製品別事業部制組織　169
世界規模の地域別事業部制組織　169
世界共通の評価制度および報酬制度　121
世界3極体制　179
世界市場到達範囲　38
世界統一のグレード制度　121
世界標準価格　57
セレンディピティ　206
漸次的変化　202
センター・オブ・エクセレンス（Center of excellence）　175
全般管理　2
　　——へのコントロール方式　5
戦略的意図　190
戦略的交渉価格設定　54
創造の摩擦　204
創発戦略　191
組織人事　10
組織の緊張　28
組織統合　9
組織能力　190
組織の失敗　255
組織は戦略に従う　169, 249

組織文化　9, 190
ソーシャル・ネットワーク・サービス（SNS）
　　156

【タ行】

ダイバシティ　190
多国籍企業　2
たまねぎ型モデル　193
地域統括本社制　176
地域本社（Regional Headquarters：RHQ）
　　18, 24
知識　172
　　――移転　9
中小企業　145
注文処理　102
追加的R&D費用　32
つぶやき　156
データ・サイエンティスト　164
同族企業経営者　216
透明性　246, 253
独立取締役　214
トップダウン方式　5
豊田自動織機　184
トランスナショナル（transnational）　15, 22,
　　174
　　――型　14
　　――型R&D　31
　　――型R&D子会社　33
　　――経営　117
　　――組織モデル　117, 118
トランスファープライシング（transfer
　　pricing）：移転価格　48, 49
　　――のメカニズム　49

【ナ行】

内部株主集団　232
内部化理論　255
ナレッジ（knowledge：知識）　17
ニアショアモデル　241
日本人駐在員　11
ネスレ　75
ネットワーク構造　254
能力開発型（創造型）R&D子会社　35
能力活用型　30

能力創造型　30

【ハ行】

媒体別広告支出額　40
媒体別の普及度と利用度　41
破壊　253
バックオフィス機能　248
発展空間　127, 135
範囲の経済性　51
非公式コントロール　6
非構造化データ　154
ビッグデータ　141, 153
ピラミッド型支配　223
ピラミッドの逆転　247
ヒーロー　194
歩留り　81
プライバシー保護　158
ブランディング（branding）　7
ブランド・アーキテクチャー　76
ブランド・イメージ　64, 68
ブランド階層　72
ブランド価値　62
　　――共創　64
ブランド管理　69, 74, 77
　　――組織　75
ブランド構築の本質的な役割　63
ブランドの範囲　70
ブランド・ポートフォリオ　72, 73
プリンシパル・エージェント理論　214
プロフィット・センター　24
分権化　2
分権型組織構造　181
分権的管理　3
分散化対統一化原理　24
分散システム　146
兵站線　89
ヘテラルキー　176
ペプシコ　152
変化管理　200
変革的な変化　202
変化ドライバー　197
包装政策管理　46
ポジショニング・アプローチ　63
ボストン・コンサルティング・グループ　43

保税区（= Free zone）　106
ボーン・アゲイン・グローバル企業　145
ボーン・グローバル企業　145
本国式のマーケティング・ミックス　38
本国ベース活用型研究開発拠点　29
本国ベース補強型研究開発拠点　29
本国本社の経営志向　172
本社　2
　──－子会社相互調整型　33
　──集権的な管理形態　68
　──集権的な組織形態　66
　──の国際化（内なる国際化）　111, 128, 133, 137, 139

【マ行】

マーケティング管理　39
マーケティングコスト　38
マーケティングにおける集権的な意思決定　38
マーケティング・ミックス　38
マニュアル化（文書化）　5
マルチナショナル（multinational）　14
メタナショナル　22
　──型　14
　──型 R&D　28, 31
　──経営論　175
持株会社　18, 26

モニタリング効果　231
モバイルワーク　206

【ヤ行】

有機的組織構造　22
輸出マーケティング　37
予想されなかった利用法　157

【ラ行】

ライフスタイル　45
楽天　162
リージョナル・ブランド管理　66
リスク分担（risk sharing）型の契約　32
リスク分担係数　33
流通経路管理　40
両手利き経営　210
類似国家市場のクラスター化　42
連結決算　4
連結の経済性　53
ローカル志向　67
ローカルルール　103
ロングテール　161, 162

【ワ】

ワンウェー・モデル　176

執筆者紹介

藤澤 武史（ふじさわ・たけし）
（関西学院大学教授　編集，第1章，第2章，第3章）

伊田 昌弘（いだ・まさひろ）
（阪南大学教授　編集，はじめに，第7章，第11章）

李　　玲（り・れい）
（広島市立大学講師　第4章）

種崎　晃（たねざき・あきら）
（三菱ガス化学，横浜国立大学大学院博士後期課程　第5章）

平賀 富一（ひらが・とみかず）
（ニッセイ基礎研究所主席研究員アジア部長　第6章）

森　樹男（もり・たつお）
（弘前大学教授　第8章）

李　炳夏（り・ぴょんは）
（阪南大学教授　第9章）

柏木 理佳（かしわぎ・りか）
（嘉悦大学付属産業文化観光総合研究所客員主任研究員　第10章）

編著者紹介

藤澤 武史（ふじさわ・たけし）
　関西学院大学商学部教授
　商学博士
　日本貿易学会会長
　国際ビジネス研究学会常任理事
　多国籍企業研究学会理事
　専攻：国際マーケティング論，多国籍企業論

伊田 昌弘（いだ・まさひろ）
　阪南大学経営情報学部教授
　多国籍企業研究学会副会長
　国際ビジネス研究学会理事
　日本国際経済学会幹事
　専攻：多国籍企業論，ｅビジネス論

新多国籍企業経営管理論

2015年12月1日　第1版第1刷発行		検印省略

	編著者	藤　澤　武　史
		伊　田　昌　弘
	発行者	前　野　　　隆
	発行所	株式会社 文　眞　堂

東京都新宿区早稲田鶴巻町533
電話　03（3202）8480
FAX　03（3203）2638
http://www.bunshin-do.co.jp/
〒162-0041　振替00120-2-96437

印刷・モリモト印刷　製本・イマヰ製本所
ⓒ 2015
定価はカバー裏に表示してあります
ISBN978-4-8309-4877-0　C3034